Jo Becker, Daniela Schlutz

Experten für Eigensinn

Berichte gelungener Zusammenarbeit
bei herausforderndem Verhalten, erzählt von
Klienten, Angehörigen und Fachkräften

Psychiatrie
Verlag

Jo Becker

hat sich als Psychiater und Psychotherapeut auf die Rehabilitation von chronisch seelisch kranken Menschen spezialisiert. Nach langjähriger Kliniktätigkeit ist er seit 2009 Geschäftsführer von Spix e.V., einem von ihm gegründeten Träger der Gemeindepsychiatrie, zu dem auch ein Institut für systemische Forschung und Ausbildung gehört. Sein Schwerpunkt ist die Entwicklung von inklusiven Arbeits- und Lebensräumen.
www.spix-ev.de

Daniela Schlutz

lebt gemeinsam mit ihrem Mann und ihrem Sohn in Rees. Als freie Fotografin, Journalistin und Sozialpädagogin vereint sie ihre Leidenschaft im Beruf: die Arbeit mit Menschen. Sie hat für dieses Buch die Fotos gemacht und die Angehörigeninterviews geführt.
www.daniela-schlutz.de

Jo Becker, Daniela Schlutz

Experten für Eigensinn

Berichte gelungener Zusammenarbeit bei herausforderndem Verhalten, erzählt von Klienten, Angehörigen und Fachkräften

Psychiatrie Verlag

Jo Becker, Daniela Schlutz
Experten für Eigensinn
Berichte gelungener Zusammenarbeit bei herausforderndem
Verhalten, erzählt von Klienten, Angehörigen und Fachkräften
1. Auflage 2019
ISBN Print: 978-3-88414-922-5
ISBN E-Book (PDF): 978-3-88414-969-0
ISBN E-Book (EPUB): 978-3-88414-970-6

Bibliografische Information der Deutschen Nationalbibliothek
Die Deutsche Nationalbibliothek verzeichnet diese Publikation
in der Deutschen Nationalbibliografie; detaillierte bibliografische
Daten sind im Internet über http://dnb.ddb.de abrufbar.

Die Herstellung des Buchs wurde gefördert von Spix e. V. –
Einnahmen aus dem Verkauf unterstützen dessen Arbeit. www.spix-ev.de

© Psychiatrie Verlag GmbH, Köln 2019
Alle Rechte vorbehalten.
Kein Teil des Werks darf ohne Zustimmung des Verlags
vervielfältigt, digitalisiert oder verbreitet werden.

Lektorat: Karin Koch, Köln
Fotos: Daniela Schlutz, Rees
Umschlagkonzeption und -gestaltung: GRAFIKSCHMITZ, Köln,
unter Verwendung eines Bildes von Daniela Schlutz
Typografiekonzeption und Satz: Iga Bielejec, Nierstein
Druck und Bindung: Westermann Druck Zwickau

Sie sehen mich positiv und ermutigen mich, nehmen mich als Person, so wie ich bin. Das tut mir sehr gut.

Carolin Bergmann, Klientin

Rückblickend war vielleicht am wichtigsten, ihn als Menschen vollständig wahrzunehmen, ihn zu respektieren.

Vanessa Dembowski, Fachkraft Betreutes Wohnen

Anderen raten würde ich, nicht über die eigenen Grenzen zu gehen. Sich auf das konzentrieren, was zählt: Hoffnung vermitteln und Liebe zeigen.

Theonimfi Sekellaridi, Schwester eines Klienten

Einleitung 8

Experten aus Erfahrung, Fachkräfte und Angehörige berichten

Mit weniger Drogen ist es relaxter 12

Mein Hund ist mein kleiner Mann im Haus 30

Ich habe mir selber eine neue Gitarre gebaut und
spiele mit einer Band 38

Kreative Arbeit hilft mir, meine Gefühle auszudrücken 48

Anfangs habe ich mir gar nichts zugetraut, jetzt geht es mir gut 58

Ich kann meine Angelegenheiten wieder alleine regeln 64

Auf einer integrativen Disco haben wir uns kennengelernt –
es ist noch ein Übergang zwischen Flirt und Liebe 74

Wenn ich mich in einer Kaffeebude am Bahnhof unterhalte,
merkt keiner, dass ich psychisch krank bin 84

Das Wichtigste in meinem Leben sind mein Hund
und meine Freundin 94

Alles, was im Heim angeleitet wurde, mache ich jetzt selbstständig ... 102

Mit dem Dreirad kann ich alle Geschäfte erreichen,
Schuhe und Kleidung selbst einkaufen 112

Ich muss unter Leuten sein, dann geht es besser 120

Früher habe ich nur Fernsehen geschaut und viel geschlafen 134

Bei mir im Kopf oben hat es klick gemacht 144

Ich habe hier einen Schonraum 152

So wie es jetzt aussieht, bin ich zufrieden, so soll es bleiben 160

Sie nehmen mich so, wie ich bin, das tut mir sehr gut 168

Durch die Medikamente ist es mir möglich,
nach vielen Jahren des Leidens ein normales Leben zu führen *178*

Selbstmordgedanken habe ich schon lange nicht mehr und
die Ängste sind viel weniger geworden *188*

Ich bin voll zufrieden und will erst mal zehn Jahre hierbleiben –
aber man weiß ja nie, was das Leben noch so bringt *200*

Methoden der Zusammenarbeit mit Experten für Eigensinn

Funktionsebenen und Störungen des Ich *210*
Menschliches Bewusstsein, ein Zusammenspiel von Geist und Seele *211*
Einsamkeit und Verunsicherung bei seelischer Erkrankung *212*

Eine empathische und wertschätzende Beziehung entwickeln *214*
Nonverbale Kommunikation:
Emotionen wahrnehmen und Blickkontakt suchen *214*
Verbale Kommunikation: Papageien, verstehendes Fragen und Humor *217*

Selbstachtsamkeit *220*
Bedarfs- und Auftragsklärung zuerst *221*
Eigene Grenzen beachten *222*
Wertschätzende Teamkultur *223*

Geduld und Zuversicht, die Basis der Rehabilitation *224*
Geduld *225*
Zuversicht *226*

Biografiearbeit *228*

Der Runde Tisch: Hilfeplanung und Clearingverfahren *230*
Einladung an Klient, Angehörige und zuständige Fachleute *233*
Gesprächsmoderation: Trialog unterschiedlicher Sichtweisen *234*
Klärung der Probleme und Lösungswege *234*
Vereinbarungen *235*

Gründung eines Konsultationsverbunds *236*
Schritte zum Aufbau eines Konsultationsverbundes *238*

Einleitung

Liebe Leserin, lieber Leser,
den größten Teil meiner Tätigkeit als Arzt für Psychiatrie und Psychotherapie habe ich in der Rehabilitation von jenen seelisch kranken Menschen gearbeitet, die in Wohnheimen und anderen Einrichtungen der Gemeindepsychiatrie keine Aufnahme fanden, weil sie als »zu schwierig« galten. In jeder Region gibt es einige wenige, in der Helferszene gut bekannte Menschen, die als »besonders schwierig« bezeichnet werden, als »Systemsprenger«, weil sie die Regeln und Grenzen einer Einrichtung regelmäßig überschreiten, oder als Klienten mit »herausforderndem Verhalten«. Was macht diese Menschen so besonders?

Sie sind nicht immer besonders schwer erkrankt. Die meisten würden sich selbst auch keineswegs als »schwierig« bezeichnen. Wir Fachleute sind es, die sie so erleben – salopp gesagt, weil sie uns besonders viel Arbeit, Ärger oder manchmal auch Angst bereiten. Mit ihrem Verhalten fordern sie uns heraus, Hilfe zu leisten, während sie es gleichzeitig ablehnen, Psychopharmaka einzunehmen, abstinent zu leben oder die Hausordnung einzuhalten. In der Beziehung zu uns erleben wir sie als unkooperativ. Betrachtet man sie dagegen unabhängig von unseren Anforderungen und Normen, sind es Menschen mit einem starken Willen zur Selbstständigkeit. Sie haben eigene Vorstellungen vom Leben und verfolgen diese hartnäckig. Sie sind Experten für Eigensinn.

Natürlich machen uns diese eigenen Vorstellungen Arbeit. Wir müssen aushandeln, was geht und was nicht. Manchmal müssen wir auch Irrwege mitgehen, damit der Klient, die Klientin Erfahrungen machen, die eine Korrektur ihrer Vorstellungen erlauben. Nicht immer gelingt das.

Es ist verständlich, dass solche Klienten deshalb nicht selten in den Einrichtungen und Diensten der Gemeindepsychiatrie auf Ablehnung treffen und immer wieder den Abbruch einer Betreuungsbeziehung erleben. Man könnte aber auch umgekehrt sagen: An diesen Klienten zeigt sich die Qualität der gemeindepsychiatrischen Versorgung. Mit ihnen zu arbeiten erfordert eine hohe fachliche Kunst, es braucht dafür die Besten im Team.

Dabei kommt es weniger auf ein besonders hohes Engagement, viele Aus- und Fortbildungen oder langjährige Berufserfahrung an, obwohl das natürlich hilft. Die Herausforderung bei Menschen mit herausforderndem Verhalten besteht vor allem darin, mit ihnen eine funktionierende professionelle Beziehung zu entwickeln – von einer emotional belastenden zu einer von gegenseitiger Wertschätzung geprägten Zusammenarbeit. Das kann man lernen.

Dieses Buch soll Kolleginnen und Kollegen der Gemeindepsychiatrie dabei unterstützen. Den Hauptteil bilden Erfahrungen einer gelungenen Zusammenarbeit aus den verschiedenen Perspektiven der Beteiligten. Im zweiten Teil werden Methoden vorgestellt, die sich in der Arbeit mit Experten für Eigensinn bewährt haben.

Für die Erfahrungsberichte habe ich unter befreundeten Kolleginnen und Kollegen nach Klientinnen und Klienten mit ehemals herausforderndem Verhalten gesucht, die bereit waren, die Geschichte ihrer positiven Entwicklung trialogisch vorzustellen, also aus ihrer persönlichen Sicht, aus der Sicht eines Angehörigen und der Sicht ihrer zuständigen Fachkraft. Fast alle Klienten waren auch einverstanden, diese Berichte mit einem Foto von sich zu veröffentlichen. Ich danke ihnen herzlich für ihren Mut!

Die Berichte aller Befragten wurden in unstrukturierten Interviews gewonnen, ohne ein bestimmtes Abfrageschema. Die Aufzeichnungen erfolgten möglichst chronologisch, ansonsten dem Gedankengang der Interviewpartner folgend. Ihre Erzählungen wurden zunächst in Stichworten notiert, dann abschnittweise während des Interviews diktiert, bei Bedarf korrigiert und später den Interviewpartnern schriftlich zur erneuten Korrektur zugeschickt.

Alle Namen, Zeitangaben und Orte sind geändert worden. Auf Wunsch konnten die Interviewten auch die Berichte der anderen Trialogpartner lesen, jedoch nicht abändern. In einem Fall zog darauf eine Klientin ihre Geschichte zurück. Auch die Bereitschaft zu einem Foto oder Angehörigeninterview wurde in Einzelfällen widerrufen. In allen anderen Fällen gelangen meiner Mitautorin einfühlsame, in Abstimmung mit den Klienten entwickelte Porträts. Daniela Schlutz hat auch die Angehörigeninterviews durchgeführt.

Die Diagnosen der Klientinnen und Klienten entsprechen der Internationalen Klassifikation von Krankheiten (ICD). Sie zu nennen wird Kritik hervorrufen: Wieso werden biografische Geschichten auf diese Weise etikettiert und pathologisiert? Die Sorge ist berechtigt. Diagnosen bergen das Risiko, zu vereinfachen und zu stigmatisieren. Sie geben nur den heutigen Stand des medizinischen Wissens wieder, der unzureichend ist. Und sie werden den komplexen, von Mensch zu Mensch sehr verschiedenen Lebens- und Leidenssituationen nicht gerecht. Diagnosen sind aber nicht nur eine wichtige Orientierung für eine fachgerechte Behandlung oder Rehabilitation. Sie sind auch die Voraussetzung, um Leistungen der unterschiedlichen Hilfesysteme zu erlangen. Sie wegzulassen hieße, einen wichtigen Teil der psychiatrischen Realität auszublenden.

Noch etwas wird durch die Nennung der Diagnosen deutlich: Alle seelisch kranken Menschen haben die Fähigkeit zu dem, was »Recovery« genannt wird. Auch wenn psychiatrische Symptome nicht ganz verschwinden, rückt allmählich wieder in den Mittelpunkt, was gelingt und das Leben lebenswert macht. Es lohnt sich, gemeinsam mit den Klienten danach zu suchen. »Schwierige Klienten« bleiben nicht schwierig. Es hilft in der Zusammenarbeit, geduldig und zuversichtlich auf diese Gewissheit zu vertrauen.

Trotzdem ergeben die verschiedenen Perspektiven von Klienten, Angehörigen und Fachkräften selten ein einheitliches Bild. Bei den Experten für Eigensinn verlieren nach und nach frühere, nicht mehr realistische Lebenskonzepte an Bedeutung und es entstehen neue Lebensperspektiven. Für Angehörige und Fachkräfte ist dagegen die Erinnerung an frühere, oft hochdramatische Ereignisse, an Rückschläge und mühsame Entwicklungsschritte viel präsenter, auch wenn manche der früheren Schwierigkeiten hier nur angedeutet werden. Alle drei Sichtweisen sind subjektiv »wahr« und ergänzen sich. Aus einer trialogischen Perspektive können wir am besten lernen, was in der Zusammenarbeit mit Experten für Eigensinn das Wichtigste ist: eine empathische und wertschätzende Beziehung zu entwickeln sowie Geduld und Zuversicht.

Jo Becker

Mit weniger Drogen ist es relaxter

Thomas Wolf ist 35 Jahre alt und lebt nach langer Obdachlosigkeit in einer Gastfamilie in einem eigenen Wohnwagen. Er wurde früher in einem Wohnheim und einer Werkstatt, später durch Betreutes Wohnen und jetzt durch Betreutes Wohnen in Familien fachlich unterstützt. Seit Kurzem hat er wieder Kontakt zu seiner Mutter. Seine Diagnose: hebephrene Schizophrenie, multipler Substanzgebrauch.

Ich bin in Ostdeutschland groß geworden, in Bischofswerda, das ist bei Dresden. Aber ich habe da nur die ersten neun Jahre gelebt. Meine Eltern wollten unbedingt in den Westen ziehen. Den Grund dafür haben sie mir nicht genannt. Erst wollte ich nicht weg, aber nach dem Umzug gefiel es mir in Dinslaken besser. Ich bin dann zur Schule gegangen, von der 3. bis zur 10. Klasse, bis zum Realschulabschluss. Mit 17 hatte ich schon eine eigene Wohnung. Ich wollte eine Ausbildung anfangen, aber da ist immer wieder was dazwischengekommen. Beim ersten Mal hatte mir jemand den Reifen aufgestochen. Ich habe ein paar Tage gefehlt und war dann raus. Von da an habe ich verschiedene Jobs gemacht, z. B. ein halbes Jahr lang bei »Praktiker«.

Dann kam die Bundeswehr und dann war ich wieder in meiner Wohnung. Dort wurde ich von einem Krankenwagen mitgenommen. Ich wusste gar nicht, worum es geht. Mein Vermieter hatte wohl gesagt, ich müsste raus, wegen Unordentlichkeit. Ich war vorher eine Zeit lang trampen, sechs oder acht Wochen zu Fuß durch Deutschland, da haben die in der Zwischenzeit beim Zählerablesen die Unordnung gesehen. Ich hatte vorher schon zwei Abmahnungen bekommen, und am nächsten Tag kam dann der Krankenwagen.

Ich war sechs oder acht Monate in der Psychiatrie. Man musste jeden Morgen aufstehen, mitarbeiten, wo man dran teilnehmen musste, hin und wieder kriegte ich auch eine Zigarette. Ich bekam immer wieder einen neuen Beschluss, weil ich noch keine neue Wohnung hatte. Ich bin erst rausgekommen, als ich einen Platz im Wilhelm-Knappmann-Haus bekam. Da habe ich bis 2012 gewohnt, etwa zehn Jahre habe ich da gewohnt. Es war immer gut da – das Essen, auch die Streitereien, einige Mitbewohner regten sich nämlich dauernd auf. Die waren sauer, dass man da wohnen muss und so wenig Geld kriegt, die haben dann öfter Fenster eingeworfen oder Sachen demoliert. Ich fand es aber nicht so schlecht da. Auch die Arbeit war gar nicht so schlecht, ich habe Lagerarbeiten in der Caritas-Werkstatt gemacht.

Ich war dann noch einmal im Krankenhaus, weil ich mich ein bisschen gestritten habe im Heim. Da sagten die, ich sollte vorsichtshalber ins Krankenhaus gehen, das habe ich dann auch gemacht. Insgesamt war ich dreimal im Krankenhaus, einmal wegen Unordentlichkeit und einmal wegen Streiterei. Das erste Mal war ich im Krankenhaus, weil meine Mutter mich eingewiesen hatte. Sie hatte mich beim Arzt angeschissen, dass ich Stimmen höre. Das stimmte aber gar nicht. Ich habe wohl viele Amphetamine genommen. Und Gras habe ich viel geraucht. Auch im Heim konnte ich mir das hin und wieder leisten, von meinem Taschengeld.

Vor drei Jahren bin ich aus dem Heim entlassen worden, weil ich da schon so lange wohnte. Da musste ich meinen Platz frei machen für Bedürftige. Eineinhalb Jahre habe ich dann in einer eigenen Wohnung gewohnt und danach ein halbes Jahr bei Kollegen. Ich musste aus der Wohnung raus, weil ich mein Wohnzimmer zwar geputzt hatte, aber noch nicht gefegt, und der Tisch war nicht aufgeräumt. Da bekam ich die fristlose Kündigung. Vorher hatte es auch schon zweimal Wasserschäden gegeben, weil die Spülung von meinem Klo kaputt war. Da musste beide Male das Technische Hilfswerk rauskommen, weil der Keller voll Wasser gelaufen war.

Zu der Zeit ging es mir hervorragend, ich war immer gut drauf. Ich hatte allerdings viel Alltagsstress in dieser Zeit, wollte jeden Tag früh raus, um etwas zu unternehmen. Ich bin dann in die Stadt gegangen und bin rumgelaufen oder nach Essen gefahren, Hauptsache irgendwohin und weg von zu Hause. Ich habe nicht viel machen können, ich hatte ja keine Kohle, konnte nur Sachen angucken und hin und wieder was einnehmen, z. B. bei Kumpels. Das Geld wurde mir von meiner Betreuerin eingeteilt. Montags bekam ich 35 Euro, da habe ich mir für 20 Euro Lebensmittel gekauft – Cola und viel Kaffee und Toast oder mal eine Pizza. Für 10 Euro habe ich Tabak geholt und für 10 Euro oder so, für was im Kopf scheppert. Mittwochs bekam ich dann 5 Euro für die Tafel und freitags noch mal 10 Euro, damit ich am Wochenende noch was habe.

Ich hatte nicht damit gerechnet, dass ich die fristlose Kündigung bekomme. Ich hatte doch alles sauber aufgeräumt. Der Vermieter hatte mich nicht leiden können, deshalb musste ich da raus. Ich habe mich dann bei Kollegen eingenistet. Schließlich hat meine Betreuerin mir vorgeschlagen, bei einer Gastfamilie von Spix zu wohnen. Das fand ich gut, weitere Lebenserfahrungen zu sammeln.

Mir ist dann eine Familie zugewiesen worden. Wahrscheinlich haben sie die per Zufallsgenerator ausgewählt. Beim ersten Treffen habe ich, glaube ich, einen guten Eindruck hinterlassen. Ich habe erzählt, dass ich gerne koche und gerne unterwegs bin. Die Familie hat zugestimmt und dann musste auch noch der Landschaftsverband zustimmen. Nach Ostern bin ich dann eingezogen.

Jetzt wohne ich seit vier Monaten da. Ich bin weiter viel unterwegs, halte mein Zimmer sauber, auch das Badezimmer, immer an den Tagen, wenn ich es machen soll. Ansonsten bleibe ich nach dem Frühstück bis mittags und haue dann ab. Mein Ziel ist, schon um 8:00 Uhr abzuhauen, nicht so lange zu trödeln. Ich muss schon um 20:00 Uhr zurück sein, sonst gibt es nichts mehr zum Abendessen. Tagsüber laufe ich durch die Gegend, manchmal auch Fahrradfahren, Kollegen besuchen. Mit Drogen geht es so, nicht mehr so viel, nur noch gelegentlich. Mit weniger Drogen ist es relaxter.

Meine Eltern haben sich schon in den 90er-Jahren getrennt. Mein Vater ist nicht mein leiblicher Vater, meinen richtigen Vater habe ich nie zu Gesicht bekommen. In den letzten Jahren hatte ich keinen Kontakt mehr zu meinen Eltern. Meine Mutter hatte ich zuletzt vier Jahre nicht gesehen. Nach Ostern habe ich sie dann das erste Mal besucht, und auch jetzt sehe ich sie hin und wieder. Ich bin einverstanden, wenn auch sie in dem Buch über mich berichtet.

Bei Klaus und Maria ist es total anders als früher im Heim, da kann ich jetzt alleine wohnen, ohne viele Mitbewohner. Wenn ich um 8:00 Uhr aufstehe, kann ich noch mit Klaus und Maria frühstücken, sonst später allein. Viel machen wir nicht zusammen, weil ich viel unterwegs bin. Wir gehen auch öfter spazieren, Klaus, Maria und ich, z. B. in Emmerich am Rhein entlang. Neulich hatten wir Straßenfest, da habe ich mit der Familie gefeiert, Bierchen trinken und viel essen, das war schön. Ich kann auch immer mit Klaus oder Maria sprechen, wenn ich irgendwelche Wünsche habe oder über was reden will. Es ist gut, einen geregelten Wohnort zu haben. Ende des Monats habe ich Geburtstag, da kriege ich ein neues Handy.

Harry Bogen vom Betreuten Wohnen

Ich kenne Herrn Wolf seit dem Frühjahr letzten Jahres. Da kam er mit seiner Betreuerin in mein Büro. Die gesetzliche Betreuerin hatte schon lange versucht, diesen Kontakt herzustellen, aber er hatte das immer abgelehnt. Er war schließlich erst bereit, Hilfe durch uns anzunehmen, als die Kündigung seiner Wohnung und seine Räumung drohte. Er lebte nämlich zu der Zeit gegen den Rat seiner Betreuerin und aller früheren Fachkräfte in einer eigenen Wohnung.

Vorher hatte er viele Jahre in einem Wohnheim gelebt, etwa acht oder zehn Jahre lang. Er war während einer psychotischen Krise gewalttätig geworden und per PsychKG ins Krankenhaus gekommen. Von dort ist er damals in das Wohnheim vermittelt worden. Kurze Zeit nach der Aufnahme kam es erneut zu einer Auseinandersetzung, wobei er nach dem Bericht des Wohnheims gewalttätig geworden sei.

Danach gab es dann eine Zeit, in der es lange gut gegangen ist. Herr Wolf hat die örtliche Werkstatt für behinderte Menschen besucht, bei Ausflügen mitgemacht und ist nicht mehr ins Krankenhaus gekommen. Allerdings hat er in den letzten ein oder zwei Jahren verstärkt Drogen konsumiert, meistens mit einem der Mitbewohner. Das führte zu einer Eskalation von Interventionen seitens des Wohnheims, das Konsumverhalten zu unterbinden und Reaktionen von Herrn Wolf bzw. dem Unterlaufen der gesetzten Regeln. Hilfeangebote, etwa zur Drogenberatungsstelle zu gehen oder eine Entgiftung mitzumachen, lehnte er entschieden ab. Der Druck für ihn wurde wohl immer größer. Er ging dann von sich aus zu einer Wohnungsbaugesellschaft und bekam tatsächlich eine Wohnung zugewiesen, obwohl er schon während der Wohnheimzeit immer sehr ungepflegt war.

In unserem ersten Kontakt war er sehr still und zurückgezogen. Die Situation war wohl für ihn sehr unangenehm. Das meiste hat seine Betreuerin für ihn gesagt. Er hat allenfalls die Probleme kleingeredet, z. B. dass er die Wohnung nicht verlieren werde, wenn er nur etwas aufräumen würde. Nachbarn, die sich wegen der Geruchsbelästigung über ihn beschwert hatten, beschrieb er als ihm feindlich gesinnt.

Im Verlauf der Betreuung war sein Mangel an Körperpflege sicher eine besondere Herausforderung. Die Kleidung war meistens stark verschmutzt und er roch so, als hätte er sich mehrere Tage nicht geduscht. Mir fiel bald auf, dass es Herrn Wolf schwerfällt, längere Kontakte auszuhalten. Das war besonders dann schwierig, wenn mehrere Personen anwesend waren. Ich besuchte ihn deshalb immer bei ihm zu Hause. Die Kündigung konnte nicht mehr abgewendet werden, sodass er bald die Wohnung räumen musste.

Die Wohnung war auch aus meiner Sicht tatsächlich unbewohnbar geworden. Aufgrund seiner Wahnerkrankung hatte Herr Wolf alle Räume verbarrikadiert, ein Messer steckte in der Couch, die Toilette war mit Kleidung vollgestopft und unbenutzbar. Herr Wolf hatte die ganze Wohnung als Aschenbecher genutzt. Er hatte aber keine Einsicht dafür, wie sehr die Wohnung verwahrlost war. Ihm war auch nicht klar, dass er wirklich ausziehen musste. Eine medikamentöse Behandlung seiner Psychose hatte er vorher schon über lange Zeit verweigert, obwohl seine Betreuerin einmal im Quartal mit ihm zum Facharzt ging.

Insgesamt waren wir ratlos, wie es mit ihm weitergehen sollte. Wir trauten ihm nicht zu, dass es ihm gelingen würde, in seinem Pflegezustand eine Wohnung anmieten zu können. Wir glaubten auch, selbst wenn dies gelingen würde, dass auch die nächste Wohnung wieder ähnlich verwahrlosen würde. Deshalb kamen wir auf die Idee, Kontakt zu seinem früheren Wohnheim aufzunehmen, obwohl Herr Wolf die Aufnahme, egal in welchem Wohnheim, strikt ablehnte. Wir verabredeten mit seinem früheren Wohnheim, dass er dort zunächst mit Grundnahrungsmitteln versorgt würde oder an den Mahlzeiten teilnehmen könnte, in der Hoffnung, dass er dann auch an Freizeitangeboten teilnehmen würde und schließlich bereit sein könnte, dort wieder zu wohnen. Parallel dazu habe ich ihn auf die Warteliste von anderen Wohnungsbaugesellschaften setzen lassen, weil er von sich aus keine Aktivitäten entwickelte, die bevorstehende Obdachlosigkeit abzuwenden.

Ich begleitete ihn dann in das Obdachlosenwohnheim in Dinslaken. Tatsächlich besuchte er in der Folgezeit zum Mittagessen sein ehemaliges Wohnheim, aber nur sehr unregelmäßig. Auch die Versuche, ihn zur Tafel zu begleiten, damit er sich dort ernähren konnte, waren nicht sehr erfolgreich. In der Obdachloseneinrichtung kam es schnell zu Konflikten, vor allem, weil er die Ruhezeiten nicht einhielt und andere Bewohner nachhaltig störte. Mit der Leitung gab es Konflikte, weil er sein Zimmer verwahrloste und mit gesammelten Gegenständen vollstellte. Offiziell durfte man dort nur einen Spind benutzen, er hatte aber sieben oder acht Müllsäcke voller Besitztümer und sammelte laufend neue Dinge, vor allem Gegenstände, die mit Mobilität zu tun haben wie Radkappen oder Fahrradschläuche. Aber auch andere Dinge wie ein durchgerissener Gürtel oder ein zerbrochener Regenschirm wurden von ihm gesammelt, wobei er auf Nachfrage immer meinte, dass man die doch noch brauchen könne. Aus meiner Sicht hatte die Sammelleidenschaft einen wahnhaften Hintergrund, weil er die Gegenstände auf bestimmte Weise arrangierte. Sein Tisch beispielsweise sah aus wie ein Altar mit Figuren aus Überraschungseiern und vielen anderen kleinen Gegenständen.

Im Laufe der Zeit wurde mein Kontakt zu ihm etwas besser, das heißt, er war weniger scheu und zurückgezogen. Er äußerte aber bis zum Schluss immer nur Bruchteile von dem, was er offensichtlich dachte oder erlebte. So lachte er plötzlich ohne für mich erkennbaren Grund oder berichtete von Dingen ohne für mich erkennbaren Zusammenhang. Auch die zeitliche Abfolge von Ereignissen ging bei ihm durcheinander. Er erzählte auch offen von seinen Drogen: Cannabis und Amphetamine in früherer Zeit und während unserer Betreuungszeit gelegentlich Alkohol und Cannabis. Aus meiner Sicht konsumiert er aber nicht wegen einer Suchtneigung, sondern eher zur Selbstbehandlung seines inneren Erlebens.

Die finanzielle Selbstversorgung war ganz schwierig, auch schon in früheren Jahren. Wegen bestehender Schulden z.B. wegen alter Handyverträge hatte er sehr wenig Geld zur Verfügung, das wurde ihm von seiner Betreuerin wöchentlich eingeteilt. Fast alles ging für Tabak und Blättchen drauf. Zur Ernährung beschränkte er sich meist darauf, ein Toastbrot in der Woche zu kaufen. Er war deshalb darauf angewiesen, auch im Wohnheim und bei der Tafel zu essen.

Schon während der Zeit im Wohnheim war sein Freiheitsdrang sehr groß. Der nahm weiter zu während der Zeit in der eigenen Wohnung und anschließend im Obdach. Er war ohne Tagesstruktur, lief den ganzen Tag und manchmal auch nächtelang für sich alleine umher oder besuchte einen ehemaligen Mitbewohner, mit dem er früher im Wohnheim Drogen konsumiert hatte und der jetzt eine eigene Wohnung hatte. Deshalb war es auch schwer, Termine mit ihm abzustimmen. Treffen waren beim Mittagessen in der Tafel oder im Wohnheim möglich. Er kam auch unangekündigt ins Büro, sodass wir mit dem Team vereinbart hatten, dass er dort immer einen Kaffee bekommt, egal, wer gerade anwesend ist, und ich als Bezugsbetreuer dann angerufen werde und nach Möglichkeit zu ihm komme.

Die weitere Verwahrlosung war aber nicht aufzuhalten. Im Obdach flog er immer wieder raus wegen seiner Regelverletzungen und es war ein zunehmend harter Kampf, die Leitung zu einer Wiederaufnahme zu überreden. Wir versuchten weiter, ihn für die Rückkehr in sein früheres Wohnheim zu gewinnen, dem er in seiner Notlage auch nicht widersprach. Mit seinem ganzen Verhalten zeigte er aber, dass ihm das Wohnheim zu eng war, mit zu vielen Regeln und Strukturen. So kamen wir auf die Idee, bei dem Familienpflegeteam von Spix eine Gastfamilie zu suchen, die ihm ein Minimum von Struktur bietet, sodass er nicht weiter verwahrlost, ansonsten aber bereit ist, seinen großen Freiheitsdrang zu tolerieren.

Erstaunlicherweise zeigte Herr Wolf durch sein Verhalten, dass er diese Idee akzeptierte, obwohl er es nicht mit Worten ausdrücken konnte. Völlig unüblich für ihn verpasste er keinen einzigen Termin, wenn er auch nicht pünktlich war, sondern immer viel zu früh zu Vereinbarungen erschien. Auch zu dem zwischen uns vereinbarten Abschiedstermin kam er nicht mehr, nahm aber wohl den Termin in seiner Gastfamilie am gleichen Tag wahr. Ich habe ihn später noch einmal getroffen, als er schon einige Monate in der Familie lebte. Mein Eindruck war, dass er deutlich weniger Angst hatte und entlastet wirkte, weil der Druck und die Not der Obdachlosigkeit vorbei waren und er jetzt wieder einen Platz hat, wo er sicher wohnen kann.

Rückblickend war es ein schwieriger Verlauf, der auch durchaus zum Tode hätte führen können, weil die Verwahrlosung und unzureichende Ernährung immer weiter fortschritten und Herr Wolf diese Entwicklung in ihrer Bedrohlichkeit gar nicht erkennen konnte. So meinte er zum Schluss, dass er im Winter in einem Zelt übernachten könne, wenn das Obdach ihn nicht mehr aufnehmen würde. Geholfen hat einmal die Bereitschaft des BeWo-Teams, ihn zu jeder Zeit zu empfangen, wenn er zufällig vorbeikam. Wichtig war, dass meine Vorgesetzten unsere Hilfe unterstützten, obwohl die Finanzierung ungesichert war. Das Betreute Wohnen wird eigentlich nur für Personen bewilligt, die eine eigene Wohnung haben. Aber schließlich war auch der Kostenträger bereit, hier eine Ausnahme zu machen, sodass eine neue Hilfeart installiert werden konnte.

Herr Wolf ist zwar ein schwieriger Klient, insofern er nicht kooperativ ist, keine Regeln einhält und natürlich auch wegen seines Geruchs und seiner Verwahrlosung schwer zu ertragen ist. Trotzdem hat er eine sonderbare Form von Beziehungsfähigkeit, indem er nämlich andere Menschen ein Stück weit an seinem inneren Erleben teilhaben lässt und dadurch in Kontakt tritt. Seine Äußerungen sind zwar oft schwer verständlich oder wirken seltsam verschroben, haben aber doch etwas Anrührendes, wodurch gerade Helfer angesprochen werden. Man spürt seine Bedürftigkeit und entwickelt dadurch Impulse der Fürsorge und des Beschützenwollens.

Die Gasteltern

Maria Militz ist 68 Jahre alt, Rentnerin und Mutter von vier Kindern. Gemeinsam mit ihrem Mann Klaus hat sie sich entschieden, einen psychisch kranken Menschen bei sich zu Hause aufzunehmen und ihm ein familiäres Umfeld zu bieten. Seit zehn Monaten lebt Thomas Wolf bei ihnen.

Wir haben uns nach reiflichen Überlegungen auf ein Inserat von Spix gemeldet. Nachdem ich die Anzeige in der Zeitung gelesen habe, dass Gastfamilien gesucht werden, haben wir uns etwa drei Monate lang überlegt, ob wir das wohl machen möchten oder nicht. Erst als das erste Gespräch stattfinden sollte, haben wir auch mit unseren Kindern darüber geredet und alles ins Rollen gebracht.

Dann ist noch fast ein Jahr vergangen, bis wir die Zusage für Thomas bekommen haben. Wir haben uns erst kennengelernt und er kam dann im vergangenen Winter zum Probewohnen. Thomas war sehr ruhig, eher schuchtern und still. Er hat sich sehr bemüht, sich anzupassen und alles richtig zu machen und wollte unbedingt hier wohnen. Nach der Woche hat er uns auch angerufen und gefragt, ob er nicht mal vorbeikommen kann. Es hat ihn schon sehr gedrängt, bei uns wohnen zu dürfen. Wir haben schließlich gesagt, dass wir uns das Zusammenleben mit dem jungen Mann gut vorstellen können und circa sechs Wochen später war er hier.

In der einen Woche Probewohnen war Thomas aber nicht der, der er eigentlich ist. In der Anfangszeit war er noch sehr bemüht, aber man muss sich auch seine Krankheit vor Augen halten. Er hat alles so gemacht, wie er kann. Er ist eben ein psychisch kranker Mensch. Im Sommer hatte er richtig viel Spaß draußen im Garten und in der Natur. Er sieht die Vögel und genießt die Landschaft. Er möchte wohl auch im Garten helfen, macht aber Zusagen, die er dann nicht einhält. Vom Wesen her ist Thomas aber ein lieber Mensch. Trotz seiner depressiven Phasen, in denen er sich hängen lässt, ist er optimistisch. Er hat einen fröhlichen Charakter.

Der Kontakt zu unseren Kindern ist gut, aber vonseiten unserer Söhne auch mit einer gewissen Distanz zu Thomas behaftet, weil sie sehen, dass er sich nicht an Abmachungen hält, obwohl wir uns so sehr um ihn bemühen. Wenn unsere Tochter zu Besuch kommt, zieht sich Thomas sogar manchmal saubere Sachen an.

Seine Tagesabläufe ähneln sich. Nach dem Frühstück fährt er meist mit dem Fahrrad oder geht zu Fuß zum Bahnhof. Dann drängt es ihn in Richtung Wesel, Voerde, Dinslaken oder Haldern. Er organisiert sich selbst. Er hat ja nicht viel Geld, braucht es aber für Zigaretten. Daher sammelt er Pfandflaschen. Es kann aber auch sein, dass er bis mittags schläft und dann erst weg ist. Einen ganzen Tag im Haus ist er aber sehr selten. Sein Drang, zu laufen und an der frischen Luft zu sein, ist groß, und er kommt oft erschöpft, aber sehr zufrieden nach Hause.

Im Zusammenleben fällt es ihm schwer, sich an die Grundregeln und Abmachungen zu halten, die man beachten sollte. Er darf zum Beispiel im Haus nicht rauchen und keinen Alkohol trinken. Auch nimmt er im Rahmen seiner Krankheit nicht wahr, wie dreckig sein Zimmer ist. In der Erziehung des eigenen Kindes würde man sich anders verhalten, aber er ist ja nicht unser Kind und wir können ihn nicht ändern. Wir akzeptieren den Dreck zwar nicht, aber wir akzeptieren, dass er so ist, wie er ist. Wir sehen alles gelassener, als wir es bei unseren Kindern sehen würden.

Wir würden uns auch wünschen, dass er zu den Mahlzeiten morgens, mittags und abends anwesend ist. Anfänglich hat er sich sehr bemüht und war viel häufiger mittags zum Essen da. Jetzt fühlt er sich mehr und mehr zu Hause und betont auch immer wieder, wie lecker ich koche, aber ihm scheint nicht klar zu sein, dass er auf Dauer nicht bei uns bleiben kann, wenn er sich nicht an gewisse Regeln hält. Das wird ihm deutlich gesagt, auch von Spix, aber er sieht es nicht. Er lebt so in den Tag hinein und denkt, es bleibt immer, wie es jetzt ist. Auch auf seine Sauberkeit achtet er gar nicht. Er kommt zum Beispiel abends betrunken nach Hause und geht so mit den Sachen ins Bett.

Ich glaube, wir haben Thomas in dem einen Jahr das Gefühl gegeben, ihm ein Zuhause zu geben. Wenn er zum Beispiel von unterwegs anruft, sagt er: »Ich komme gleich nach Hause.« Ich würde es für ihn traurig finden, wenn er wieder auf der Straße leben müsste, und der Gedanke tut mir auch weh, aber es kann passieren. Ich denke, er ist sich nicht darüber bewusst, dass er so viel aufs Spiel setzt und sich mit seinem Verhalten selbst schadet. Ich glaube auch, dass er im Hinterkopf hat, dass er ja in seiner früheren Obdachlosigkeit auch zurechtgekommen ist.

Thomas hat die Chance, hierzubleiben, aber es liegt an ihm. Die schönste Entwicklung wäre, ihn eines Tages in eine eigene Wohnung zurückführen zu können.

Die Mutter
Ella Westphal ist 52 Jahre alt. Sie ist Mutter von zwei Söhnen und arbeitet seit zwanzig Jahren als Altenpflegerin. Vor einem Jahr hat sie mit ihrem neuen Mann und dessen zwei Töchtern eine neue Familie gegründet.

Wir haben früher im Osten gelebt. Anfang des Jahres 1989 haben wir einen Ausreiseantrag gestellt. Als dann im November die Mauer fiel und die Grenzen geöffnet wurden, hat man uns die DDR-Staatsbürgerschaft aberkannt. Für den Tag der Ausreise hatten wir nur noch eine Identitätsbescheinigung. Wir waren erst in Auffangwohnungen. Das war ganz furchtbar. Nach der Datenerfassung sind wir als Übersiedler nach Dinslaken verlegt worden.

Als Kind war Thomas immer wahnsinnig sensibel. An ihm ist echt ein Mädchen verloren gegangen. Er hat immer geschmust, hat sich mit Schmuck von seiner Oma und mir behangen und es musste immer alles harmonisch sein. Mit 16 Jahren war er dann ein bisschen auffälliger im Verhalten. Ich habe mir überhaupt nichts dabei gedacht, bis mir eine Nachbarin, deren Mann Polizist ist, dann gesagt hat, dass sie gesehen hat, wie er gekifft hat. Ich bin aus allen Wolken gefallen. Dann bin ich härter geworden und habe versucht zu kontrollieren, was gar nicht mehr zu kontrollieren war. Immer wieder hatte er rote Augen und kein Gespräch hat genützt. Er hat sich bei seiner Oma ausgeweint, bis meine Eltern schließlich gesagt haben, dass es so nicht mehr weitergeht. Sie haben beim Bauverein angerufen und für Thomas eine Wohnung besorgt.

Dann ging alles bergab. Es war ja keine Kontrolle mehr da. In einer Nacht kam Thomas nach der Disco bei uns vorbei und hat uns aus dem Bett geklingelt. Er hatte ein Hemd an, aber die Arme waren nicht in den Ärmeln und er war total zugeknöpft. Er hat mich gefragt, ob ich ihm helfen kann, aus dem Hemd rauszukommen. Er war wie gefangen. Ich habe es auf den Alkohol geschoben und ihm dann auch geholfen. Später haben wir dann herausgefunden, dass ihm jemand eine Ecstasy-Pille in einem Getränk verpasst hat.

Ab dem Zeitpunkt hatte er immer mehr Stimmen im Kopf und immer mehr Wahnvorstellungen. Irgendwelche Leute kamen aus den Wänden und aus dem Boden. Wir konnten uns nicht vorstellen, was das ist. Dann ist er gerade 18 geworden und in der Nacht bei meinen Eltern aufgetaucht. Sie haben mich total verzweifelt angerufen und gesagt, dass Thomas da ist. Er sei total verändert und bedrohe die beiden mit dem Messer. Er hatte die ganzen Wände mit Sprüchen wie »Ich muss euch retten, sonst holt euch der Satan« beschmiert. Ich habe die Polizei gerufen, aber als die gekommen sind, saß Thomas schon wieder schön brav auf der Couch. Sie sind dann unverrichteter Dinge wieder gegangen, weil ja nichts passiert war. Ich war damit völlig überfordert. Sie gaben mir den Tipp, zum Ordnungsamt zu gehen. Da bin ich am nächsten Morgen um 8 Uhr mit Thomas hingefahren. Die Dame hat aber gesagt, ich sei viel zu früh und sie müsse erst noch eine Übergabe mit ihrem Kollegen machen. Außerdem sei sie nicht zuständig und ich solle zum Sozialpsychiatrischen Dienst gehen. Das habe ich dann auch gemacht. Die haben sich lange mit Thomas unterhalten und auch gesagt, dass er auffällig ist. Helfen konnten sie uns aber auch nicht und haben uns zum Neurologen Dr. Winter geschickt. Der hat gesagt, Thomas müsse psychiatrisch behandelt werden. Wir hatten das Problem, dass er erst »Ja«, dann aber kurz darauf »Nein« gesagt hat. Dr. Winter hat damals zu Thomas gesagt: »Es tut mir leid, Herr Wolf, aber sie haben zuerst ›Ja‹ gesagt und das nehmen wir jetzt auch so. Sie brauchen nämlich dringend Hilfe.«

Thomas hat sich gewehrt und wollte weglaufen, aber ich habe es geschafft, ihn festzuhalten, bis der Krankenwagen kam. Er war dann sechs Wochen in der Psychiatrie. Sie haben ihn in der geschlossenen Abteilung regelrecht eingesperrt und mit Tabletten abgeschossen. Mein Ex-Mann war mit der Situation komplett überfordert. Er war aber auch nicht Thomas leiblicher Vater. Ich hatte keinen Halt und habe mich dann von ihm getrennt, nachdem Thomas wieder aus der Psychiatrie raus war. Ich wollte einen Partner an meiner Seite, der mir hilft, und nicht einen, der mich in so einer schwierigen Situation alleine lässt.

Thomas ist dann wieder in seine Wohnung gegangen und die Sache ging von vorne los. Bis er plötzlich zum Bund eingezogen wurde. Durch seine ganze Wesensveränderung war er aber gar nicht in der Lage, alles Nötige aufzunehmen. Beim Umgang mit den Waffen haben sie es dann gemerkt und in Düsseldorf bei Dr. Borgmann für ihn einen Termin gemacht. Der hat ihn krankgeschrieben und Thomas musste nicht mehr zum Bund. Endlich hatte die Krankheit einen Namen: »Hebephrene Schizophrenie«. Von der Diagnose war ich aber nicht begeistert, weil mir der Doktor gesagt hat: »Wenn Thomas mal einen richtig klaren Moment hat, bringt er sich um.« Deshalb habe ich mir immer gewünscht, dass er nie einen klaren Moment hat.

In der Zeit, die Thomas krankgeschrieben war, fing es an, dass die Wohnung immer mehr verwahrlost ist. Er hat eine Ausbildung als Schreiner angefangen, sie aber nach kurzer Zeit wieder abgebrochen und hat geklaut. Er wurde auf dem Markt zusammengeschlagen, weil er gebettelt hat. Er ließ sich aber nicht helfen und hat keinen Kontakt mit uns gehalten. Schließlich hat der Bauverein eine Räumungsklage eingereicht, weil Thomas die Wohnung in einen schlimmen Zustand gebracht hat. Es war alles voller Maden und die Wohnung hat fürchterlich gestunken, sodass sich die Mitmieter beschwert haben.

Dann ist Thomas in das Wilhelm-Knappmann-Haus gekommen und wir waren erst mal zufrieden, dass er betreut untergebracht war. Er war dann in der Behindertenwerkstatt, aber sie haben keinen Tagesrhythmus in ihn hineinbekommen. Er hat die ganze Nacht durchgemacht und war dann zu müde zum Arbeiten. So ging das Jahre. Sie haben auch versucht, das Zimmer mit ihm aufzuräumen, aber es war immer wieder schnell zugemüllt. Thomas hatte auch keine Körperhygiene, obwohl er im Heim gelebt hat. Mein Kind lief immer rum wie der letzte Penner.

Als Thomas die Depotspritzen abgesetzt hat, hat er sich mehr und mehr rumgetrieben. Er hat dann auch im Heim einen kennengelernt, der ständig mit Drogen gedealt hat. Der wurde dann zwar rausgeschmissen, hat Thomas aber weiter mit Drogen versorgt. Thomas stand dann immer wieder vor meiner Tür und wollte Geld. Ich war mit dem Kind überfordert und wurde immer depressiver. Ich habe mir die Schuld dafür gegeben, dass ich das Problem nicht von Anfang an erkannt habe. 2009, als es mir eigentlich richtig gut ging, weil ich meinen neuen Mann kennengelernt hatte und mein Job gut war, ging plötzlich nichts mehr. Ich hatte meinen ersten Burnout und war drei Jahre lang krank. Durch die Therapien habe ich zwar gelernt, mit meiner Situation umzugehen, aber ich muss mich immer noch vor Thomas schützen, sonst krieg ich das nicht gebacken. Das habe ich mir nicht für mein Kind gewünscht. Also das ist ganz schlimm. Immer noch.

Christina Stojevic, Fachkraft des Betreuten Wohnens in Familien

Herr Wolf lebt jetzt seit zweieinhalb Jahren in der Gastfamilie, ein Zusammenleben mit Höhen und Tiefen. Die ersten anderthalb Jahre waren aus verschiedenen Gründen schwierig. Zum einen ist Herr Wolf ein Freigeist und will sein eigenes Leben führen, während die Familie sich eine engere Integration und Gemeinschaft gewünscht hätte. Ein besonderes Problem war auch sein Rauchverhalten. Obwohl von Anfang an vereinbart war, dass er nur außerhalb des Hauses rauchen sollte, rauchte er hartnäckig in seinem Zimmer. Das Zimmer lag im Keller und durch die Hauskonstruktion ließ es sich nicht vermeiden, dass der Rauchgeruch sich im ganzen Haus verbreitete. Außerdem sammelte Herr Wolf alle möglichen Dinge, die er auf der Straße fand, und verwahrte sie in seinem Zimmer. Auch das führte zu Geruchsbelästigungen.

In dieser Situation fand die Gastfamilie eine kreative Lösung. Sie schenkte Herrn Wolf zum Geburtstag einen gebrauchten Wohnwagen und stellte ihn auf den Hof neben dem Haus. Dort wohnt er nun seit einem Jahr. Dusche und Toilette nutzt er weiter im Haus und für den Winter wurde eine stärkere Heizung im Wohnwagen installiert. Herr Wolf ist glücklich, jetzt ein eigenes Reich zu haben. Sein Tabakkonsum stört keinen mehr und er akzeptiert, dass Frau Militz einmal in der Woche mit ihm zusammen den Wohnwagen aufräumt und Müll entsorgt. Seine Sammelleidenschaft ist aber deutlich zurückgegangen.

Seit er im Wohnwagen lebt, ist Herr Wolf auch sesshafter geworden. Er ist nicht mehr tagelang weg, sondern nur noch tagsüber. Meistens zieht er nach einem gemeinsamen Frühstück los und wenn er abends heimkehrt, wartet eine warme Mahlzeit auf ihn. Zu Herrn und Frau Militz ist inzwischen ein herzliches Verhältnis entstanden, mit viel gegenseitigem Respekt. Neu ist auch, dass er das Gespräch zu Frau Militz sucht, wenn er etwas auf dem Herzen hat. Dadurch merkt sie frühzeitig, wenn sein psychotisches Erleben wieder stärker wird. Neben der Behandlung mit einem Depotpräparat akzeptiert Herr Wolf seit einiger Zeit auch ein zusätzliches Bedarfsmedikament, das die Familie für ihn verwahrt. Wenn Frau Militz merkt, dass es ihm nicht gut geht, rät sie ihm dazu, es einzunehmen, und er vertraut ihr.

Auch die Bindung zu uns Fachkräften ist enger geworden. Obwohl er sonst viele Sachen verliert, passt er auf sein Handy auf wie ein Luchs, damit ist er mit uns in engem Kontakt. Eine Entwicklung der letzten Monate erst ist, dass er gedanklich etwas klarer wird und bis zu drei Minuten am Stück geordnet erzählen kann, z. B. von seiner Psychose. Er erlebt Geister in seinem Kopf, die Funken auf seiner Festplatte sprühen lassen, für ihn ein faszinierendes Erleben und manchmal auch unheimlich und bedrohlich. Früher hat er uns nie davon erzählt.

Mein Hund ist mein kleiner Mann im Haus

Elke Kühling ist 29 Jahre alt und lebt in einer eigenen Wohnung, zusammen mit ihrem Hund Samy. Nach Jahren als Grenzgängerin war die Klinik für sie die bisher beste fachliche Erfahrung. Aktuell wird sie durch eine Mitarbeiterin des Betreuten Wohnens unterstützt. Ihre Diagnose: Borderline-Persönlichkeitsstörung.

Ich bin auf dem Bauernhof meines Großvaters in Niedersachsen zur Welt gekommen. Meine Mutter wollte bis zum Schluss nicht glauben, dass sie schwanger ist, und hat mich auf dem Sofa geboren. Zunächst wuchs ich bei den Großeltern auf und ab dem vierten Lebensjahr bei meiner Mutter und dem Stiefvater.

Meine Kindheit war grauenvoll. Vom sechsten bis 14. Lebensjahr wurde ich von meinem Stiefvater vergewaltigt, immer wieder. Meine Mutter wusste Bescheid. Sie hat mich immer wieder zum Stiefvater geschickt. Mit 14 wurde ich von ihm schwanger. Meine Tochter starb mit zwei Jahren an einer Atemwegserkrankung.

Als ich 16 war, fand ich den Mut, zu meiner Klassenlehrerin zu gehen und mir Hilfe zu holen. Die hat dafür gesorgt, dass ich in ein Internat in Osnabrück umziehen konnte. Dort habe ich schließlich den Realschulabschluss gemacht und eine Ausbildung zur Kinderpflegerin abgeschlossen. Vorher hatte ich die Sonderschule besuchen müssen, weil meine Mutter mir immer gesagt hat, dass ich nichts kann und zu nichts tauge.

Durch meine Erlebnisse bin ich natürlich früh erwachsen geworden. Ich habe früh gemerkt, dass mit mir etwas nicht stimmt. Als ich 15 war, habe ich mit einer kaputten Bierflasche gespielt und hatte plötzlich starkes Verlangen, mich damit zu schneiden. Erst während meiner Ausbildung habe ich gemerkt, dass Missbrauch nicht sein muss und dass es andere, normalere Kindheiten gibt. Ich war aber nicht in der Lage, meinen Beruf als Kinderpflegerin auszuüben.

Deshalb beschloss ich, in ein Kloster zu gehen. Dabei lernte ich Franziskanerinnen kennen, die aus dem Kloster ausgetreten waren, um eine eigene Gemeinschaft in Kevelaer zu gründen. Denen schloss ich mich an und blieb etwa zwei Jahre. Es war aber wie in einer Sekte. Ich selbst stand in der Gemeinschaft ganz unten, durfte nichts selber entscheiden. Schließlich wusste ich nicht mehr, was richtig oder falsch ist, aber ich merkte, dass mir das Leben dort nicht guttat.

Noch vor der Internatszeit hatte ich über meine Lehrerin Kontakt zu meinem leiblichen Vater gefunden. Meine Mutter hatte mir immer gesagt, dass der keinen Kontakt zu mir wolle, das stimmte aber nicht. Wir haben miteinander telefoniert und wollten uns treffen. Bevor es aber dazu kam, ist er tödlich verunglückt. Seine damalige Frau hielt aber den Kontakt zu mir und während der Zeit bei den ehemaligen Franziskanerinnen erhielt ich eine Erbschaft von 20.000 Euro. Damit wollte ich in ein neues Leben starten.

Über das Internet hatte ich eine Freundin in Nürnberg kennengelernt, zu der zog ich, obwohl ich sie vorher noch nie gesehen hatte. Wir wohnten mit drei Erwachsenen in einer Wohnung von 36 m², zusammen mit einer Katze, einem Kaninchen und meinem Hund Samy. Aber zu der Zeit konnte ich nicht richtig mit Geld umgehen. Meine Erbschaft war bald verbraucht für viele unsinnige Anschaffungen. Ich hatte auch keine feste Arbeit, immer nur Gelegenheitsjobs. Und ich wurde immer dicker, bis ich 180 Kilo wog.

Als das Geld fast verbraucht war, zog ich an den Niederrhein zurück. Dort habe ich seit sechs Jahren eine schöne Wohnung. Ich hatte sechs Jahre lang eine Beziehung zu einer Frau, die eine dissoziative Persönlichkeitsstörung hat. Diese ging im Mai in die Brüche. Seitdem habe ich das Gefühl, zu leben und frei zu sein.

Schon in Nürnberg war meine Vergangenheit hochgekommen, die ich lange verdrängt hatte. Ich bekam heftige Gefühlsschwankungen, zwischen Himmel und Hölle. Ganz kleine Anlässe genügten dafür: plötzlich ging ich hoch oder stürzte ab, wie auf Knopfdruck. Am Niederrhein war ich dann lange in der Psychiatrie. Das war für mich schockierend. Aber ich wusste jetzt, was mit mir los ist. Ich bin borderlinekrank, bin eine Grenzgängerin.

Durch die Klinik habe ich Kontakt zu Papillon bekommen und zwei Jahre eine Selbsthilfegruppe für Borderline-Kranke besucht. Das hat mir sehr geholfen, meine Krankheit zu reflektieren und mich nicht mehr zu schämen, zum Beispiel wenn ich mich zurückziehen möchte oder das Bedürfnis nach Nähe habe. Ich lasse mich auch nicht mehr so ausnutzen wie früher. Und es stimmt, wenn gesagt wird, dass Borderline-Kranke viel Aufmerksamkeit verlangen. Wir finden oft die Grenze nicht und haben gelernt, uns Aufmerksamkeit zu holen, indem wir zeigen, wie schlecht es uns geht. Inzwischen weiß ich, dass ich auch Beachtung bekomme, wenn es mir gut geht. Auch die Medikamente helfen mir dabei, vor allem die Antidepressiva. Und ich habe nach und nach auch wieder abgenommen, etwa 60 kg.

Vor drei Jahren war ich das erste Mal in einer Reha. Das ist eine Zeit wie unter einer Käseglocke. Ich hatte mir viel zu viele Ziele vorgenommen und bin am Ende völlig zusammengebrochen, habe nur noch geheult. Ich kam wieder in die Psychiatrie, diesmal nach Bedburg-Hau. Das war für mich die bisher beste Erfahrung mit fachlicher Hilfe. Wegen Selbstmordgefahr war ich auf der geschlossenen Station. Dort habe ich mich zweimal bis auf die Knochen geschnitten. Danach bin ich in der Gummizelle gelandet. Erst war es für mich wie eine Strafe für Impulse, gegen die ich doch nichts tun konnte. Aber das annehmende und schützende Klima auf der Station, die guten Kontakte zu den Schwestern und die Trainingsgruppen waren eine Riesenhilfe, wie eine große ehrliche Gemeinschaft. Auch nach dem Auslaufen des Gerichtsbeschlusses blieb ich noch in der Klinik, insgesamt drei Monate lang.

Wenn vorher meine Freundin mal wieder Schluss mit mir gemacht hatte, musste ich mich immer sofort schneiden, weil ich es anders nicht ausgehalten habe. Seit dem Klinikaufenthalt weiß ich, dass – auch wenn ich verzweifelt bin – es wieder bessere Tage geben wird. Borderline ist zwar nicht heilbar, aber man kann lernen, besser damit umzugehen und sich nicht mehr so zu schädigen.

Bei Papillon werde ich ernst genommen, obwohl ich einen an der Klatsche habe, das weiß ich ja selber. Das sage ich auch im Scherz zu meinen Freunden. Ich habe wundervolle Freunde, auf die ich zählen kann und die mich mit all meinen »special effects« lieben. Aber dass ich heute noch lebe, liegt vor allem an meinem Hund Samy. Er hätte ja sonst niemanden mehr, wenn ich nicht mehr wäre. Er ist mein kleiner Mann im Haus.

Miriam Hetjens vom Betreuten Wohnen

Ich habe Frau Kühling vor vier Jahren als studentische Mitarbeiterin kennengelernt und habe sie zunächst mit einer Kollegin zusammen betreut. Seit fast zwei Jahren bin ich alleine für sie zuständig, als Bezugsbetreuerin im Betreuten Wohnen.

Frau Kühling braucht ab und zu Unterstützung im Haushalt, etwa beim Aufräumen und Müllsortieren. Es fällt ihr manchmal schwer, aus eigener Motivation solche Arbeiten anzupacken. Früher musste sie auch zu allen wichtigen Terminen geweckt und begleitet werden, weil sie morgens lange im Bett blieb. Das gelingt inzwischen besser. Es fällt ihr auch schwer, sich unter vielen Menschen aufzuhalten. Sie wohnt gegenüber einer Schule und hat eine Liste mit den Pausenzeiten der Schule am Spiegel hängen, damit sie während dieser Zeiten nicht das Haus verlässt. Früher musste ich sie deshalb auch immer zum Einkaufen begleiten, weil sie sich alleine nicht in den Supermarkt traute. Das gelingt ihr inzwischen immer öfter. Die Stimmungsschwankungen sind auch längst nicht mehr so stark wie vor meiner Zeit mit Frau Kühling. Aber es kommt häufig vor, dass ihre Stimmung sehr schlecht ist. Darüber können wir immer reden und es hilft ihr, Dampf abzulassen, auch mal richtig wütend zu sein. Meistens können wir am Ende zusammen darüber lachen.

Wenn es besonders stressig ist, fahren wir zusammen in ein Lebensmittel-Outlet-Geschäft, wo es Käse, Wurst und andere Produkte zu günstigen Preisen gibt. Dort kann sie sich dann mit leckeren Essenssachen belohnen. Das hilft manchmal mehr, als über den Stress zu reden. Einmal hat sie auch schon für mich gekocht. Ich finde die Zusammenarbeit mit ihr schön und unkompliziert.

Die beste Freundin
Irmlinde Lütkemeier arbeitet als Sozialarbeiterin an der Grundschule in Geldern. Sie ist seit vielen Jahren mit Elke Kühling befreundet.

Kennengelernt haben wir uns in einem Kloster in Kevelaer. Nach knapp zehn Monaten habe ich das Kloster verlassen, Elke blieb noch länger da. Einmal, als es im Kloster schwierig für sie war, hat sie zwei Monate bei mir gewohnt, bis ich sie rausgeschmissen habe. Irgendwann haben wir uns dann wieder getroffen und den Kontakt bis heute gehalten, obwohl es immer wieder sehr schwierig war und ist. Mal bricht der Kontakt ab, dann kommt er wieder zurück, dann bricht er wieder ab und so weiter.

Ich habe Elke so erlebt, dass das Zusammenleben mit ihr so lange super funktioniert, wenn man zu 100 oder besser noch zu 120 Prozent für sie da ist. Es geht also entweder ganz oder gar nicht. Umgekehrt hat man als Freundin wenig Raum, seine eigenen Belange und Schwächen loszuwerden. Elke ist oft antriebslos und für jemanden, der einen Tagesablauf hat, ist es schwierig, wenn sich der andere bis 15 Uhr nicht bewegt.

Ich empfinde Elke manchmal als sehr ambivalent. Sie sagt, dass ihr etwas nicht gefällt, oder bindet sich an Menschen, die ihr nicht guttun, zieht aber keinen Schlussstrich. Anders hingegen in Freundschaften. Wenn ich ihr zu nahekomme und ihr sage, was ich denke, bricht sie den Kontakt zu mir sofort ab. Als ich ihr in meiner Wohnung damals zum Beispiel gesagt habe, dass es so nicht weitergeht, war sie sehr aufbrausend und zerstörerisch für sich selbst und für die Menschen in ihrer Umgebung. Beim letzten Abbruch unserer Freundschaft mit einer Blockade auf Facebook ging es um 10 Euro. Das ist dann schwer auszuhalten, wenn es um Kleinigkeiten geht, die überhaupt nicht im Verhältnis stehen. Ich sehe heute schon eine Besserung ihrer Gesamtsituation, aber ich finde immer noch, dass ich als Freundin auch ein Recht habe, ihr zu sagen, dass sie mir gerade nicht guttut.

Als ich im vergangenen Jahr einen Bandscheibenvorfall hatte, habe ich sie um Unterstützung gebeten und ihr dann auch für diesen Zeitraum angeboten, bei mir zu wohnen. Elke hat zwar »Ja« gesagt, aber es wurde leider nichts aus ihrem Angebot, mir zu helfen. Ich kam aus dem Krankenhaus nach Hause, hatte mir so sehr gewünscht, dass einiges gemacht ist, aber das Gegenteil war der Fall. In einem desolaten Zustand nach Hause zu kommen und dann ein Chaos vorzufinden, war schwer für mich. Als ich sie darauf angesprochen habe, hat sie sich damit entschuldigt, dass sie schlecht geschlafen hat und dass es ihr auch nicht gut geht. Es geht eben oft um sie und ihre Geschichte. Sie nimmt sich wenig zurück, dreht sich im Kreis und kommt nicht da raus.

Dass ich sie dennoch als meine Freundin bezeichne liegt daran, dass es bei Elke eben sowohl das eine als auch das andere Extrem gibt. Wenn es ihr gut geht, ist sie sehr fürsorglich und denkt fast schon zu viel an andere. Sie macht einem dann Geschenke, kocht und tut alles. Sie kann dann gut zuhören und man wird regelrecht überhäuft mit Freundschaft. In solchen Zeiten hat sie auch ein gutes Gespür für die Belange anderer. Ich habe mich zum Beispiel in einer Zeit von meinem Mann getrennt, als es Elke gerade gut ging. Da war sie wirklich eine gute Freundin. Sie ist dann auch sehr strukturiert, hat ihre Termine im Griff und denkt vorausschauend. Solche positiven Phasen können Tage, Wochen, aber auch Monate dauern. Irgendwie ist es so, dass in guten Zeiten der Blinde sprichwörtlich den Lahmen stützt. Wenn unsere Freundschaft nur negativ behaftet wäre, würde ich sie ja nicht aufrechterhalten.

Es gibt Momente, in denen würde ich Elke am liebsten schütteln und bitten, ihr Leben mal realistischer zu sehen. Es gibt so viele Dinge, die sie dahin gebracht haben, wo sie gerade steht. Ihre schlechten Zeiten waren noch vor zehn Jahren deutlich länger, als sie es heute sind, und zerstörerischer. Ich glaube, dass sie durch das Betreuungsangebot von Papillon sehr gut aufgefangen wird. Mittlerweile nimmt sie ja wohl auch Medikamente. Auch ist sie heute ein bisschen reflektierter. Früher waren die anderen zu 1000 Prozent schuldig. Mittlerweile kann sie Fehler auch eingestehen.

Ihr Hund fängt sie gut auf. Im Umgang mit ihm gelingt es ihr sogar, ein Mittelmaß zu finden. Ich würde mir wünschen, dass ihr das auch bei Menschen mehr gelingt. Ich habe manchmal das Gefühl, sie bricht den Kontakt ab, weil sie Angst hat, Menschen zu enttäuschen oder überfordert zu werden. Diese Punkte gibt es beim Hund nicht. Vielleicht liegt es auch an ihrer Geschichte beziehungsweise an der Enttäuschung durch Menschen, dass sie im Umgang mit Tieren unbefangener sein kann.

Im Grunde ist sie eine sehr liebenswerte Person, die sich aufgrund ihrer Störung selbst im Weg steht. Manchmal würde ich ihr gerne sagen: »Du bist gerade gut, wie du bist«, damit sie das selbstverurteilende Verhalten mal zur Seite schiebt. Ich würde mir wünschen, dass sie vor allem an ihren positiven Erlebnissen festhält. Hätte ich ein Patentrezept, ich würde es Elke geben!

Ich habe mir selber eine neue Gitarre gebaut und spiele mit einer Band

Kostas Sekellaridis ist 46 Jahre alt und lebt mit einem anderen Mann in einer Wohngemeinschaft. Er wurde zunächst in einem Wohnheim und jetzt vom gleichen Träger ambulant betreut. Dass seine Betreuerin einen ähnlichen Musikgeschmack hat, wie er selbst, findet er großartig. Seine Diagnose: paranoide Schizophrenie.

Ich bin in Griechenland aufgewachsen, in einem kleinen Dorf, bin also ein Dorfkind. Ich habe bei meinen Großeltern gelebt, weil meine Eltern in Deutschland gearbeitet haben. Jedes Jahr im Sommer habe ich sie besucht. Deshalb konnte ich auch schon als Kind ein bisschen Deutsch sprechen. Später habe ich in Patras Maschinenbau studiert. Nach zwei Jahren bin ich umgezogen und habe in Mülheim weiterstudiert. Es war aber zu schwer für mich, ich habe es nicht geschafft und schließlich abgebrochen. Mein Vater gibt meiner Gitarre die Schuld.

Zu der Zeit hatte ich eine Beziehung zu einer zwanzig Jahre älteren Frau. Die hat mich verwöhnt mit Geld und Urlauben. Wir waren etwa vier Jahre zusammen. In der Zeit habe ich gut mit ihr gelebt. Aber dann wurde ich krank. Ich habe es nicht gemerkt, aber für unsere Beziehung war es schwierig. Ich bekam eine hebephrene Schizophrenie. Deshalb hatten wir am Schluss keinen Sex mehr zusammen. Ich lebte in einer Welt voller Kannibalen und Nazis. Ich war besessen von der Idee, dass vor allem ausländische Menschen andere verspeisen würden. Zunächst war ich begeistert, in einer komplett anderen Welt zu leben. Es war ein Hochgefühl für mich. Aber dann fühlte ich mich plötzlich verfolgt und dachte, dass auch ich verspeist werden sollte. Meine Freundin hat mich schließlich aus der Wohnung geworfen. Sie sagte, sie will einen Mann und kein Kind.

Ich war ein halbes Jahr obdachlos und lebte im Obdachlosenheim am Hafen. Tagsüber bin ich mit einem schweren Koffer mit all meinen Sachen durch die Stadt gelaufen, immer bis zum Bahnhof und zurück. Ich dachte, dass auch die in dem Obdachlosenheim Menschenfleisch essen, und hatte schreckliche Angst. Ich wollte fliehen, aber kam nicht weg. Schließlich bin ich zu einem Beratungsbüro der Diakonie gegangen, die haben mich zu einem Psychiater gebracht. Der hat mich ins Johanniter-Krankenhaus in Oberhausen eingewiesen. Das war gut. Da habe ich mich wieder sicher gefühlt. Auch meine schreckliche Unruhe ging dann weg.

Ich hörte aber weiter Stimmen, von verschiedenen Leuten, vor allem aber von einer Person. Die war für mich wie ein Freund, der mich immer begleitet und über alles mit mir redet. Ich habe auch immer laut mit ihm geredet, damit er mich hört. Die Angst war zwar weg, aber die Stimmen und die Idee mit den Kannibalen blieben. Deshalb kam ich vom Krankenhaus in ein Wohnheim vom Regenbogen.

Während der Zeit mit meiner Freundin bin ich einmal fremdgegangen und die Frau ist gleich schwanger geworden. Ich habe einen Vaterschaftstest gemacht und bin zu 99,9 % der Vater. Ich habe mich aber nicht um meine Tochter gekümmert, ich konnte mich nur um mich selbst kümmern. Später, als sie 14 war, bekam ich einen Brief mit einem Foto, aber ich habe nicht geantwortet. Ich habe mich geschämt, dass ich nicht für sie gesorgt habe. Ich habe sie bis heute noch nie gesehen. Das ist ein Trauma für mich, was ich meistens verdränge. Ich weiß nicht, ob ich sie irgendwann mal sehen werde.

Im Wohnheim vom Regenbogen habe ich mich sicher gefühlt, aber draußen waren für mich weiter Kannibalen, die hinter mir her waren. Ich habe Deutsch bei der Volkshochschule gelernt und viel Gitarre gespielt. Die Gitarre habe ich aber schließlich kaputtgemacht, weil sie mir nicht gehorchen wollte.

Meine Stimme hat mich immer unterhalten. Sie hat meistens auf Griechisch mit mir gesprochen, manchmal auch auf Deutsch. Sie hat sich auch immer eingemischt, wenn ich mit anderen gesprochen habe. Ich habe ihr nur geantwortet, wenn kein anderer dabei war, weil sie mein großes Geheimnis war. Es war aber auch eine furchtbare Zeit für mich, weil ich durch die Stimme immer im Stress war. Ich habe mit ihr geschimpft, um sie loszuwerden, ich habe sie gehasst, aber sie ging nicht weg.

Von dem Wohnheim bin ich nach zwei Jahren in eine eigene Wohnung gezogen. Jeden Tag bin ich zum Treff vom Regenbogen gegangen, da gab es auch ein Mittagessen. Die Stimme hat mich weiter gequält, insgesamt acht Jahre lang. Es war eine deprimierende Phase in meinem Leben. Ich habe zwar meinem Psychiater gesagt, dass ich Stimmen höre, aber die Medikamente haben nicht genug geholfen. Ich habe sie auch nur unregelmäßig genommen und bin öfter ins Krankenhaus gekommen.

Irgendwann bekam ich eine Betreuerin vom Regenbogen, die mir empfohlen worden war, die Frau Dembowski. Sie hat einen ähnlichen Musikgeschmack wie ich. Ich kannte sie noch von früher aus der Wohnheimzeit. Sie ist mit mir zu einem anderen Psychiater gegangen und der hat mir eine Depotspritze verordnet. Seitdem bin ich die Stimme los. Das ist für mich wie ein neues Leben, eine neue Lebensphase.

Jetzt wohne ich in einer Wohngemeinschaft mit Bernd zusammen. Zweimal in der Woche gehe ich zur Arbeit. Ich verdiene nicht viel, 50 Cent die Stunde, aber ich mache das gern, weil ich dann etwas zu tun habe. Ich kann da auch Dart oder Tischtennis spielen, das wird als Arbeitszeit angerechnet. Als Nächstes habe ich mir vorgenommen, weniger Kaffee zu trinken und weniger zu rauchen. Ich rauche ein Paket Tabak am Tag. Morgens zittere ich, bevor ich die erste Zigarette anzünde.

Ich habe Geld gespart und mir inzwischen selber eine neue Gitarre gebaut, aus einem Bausatz. Und einen Verstärker habe ich mir auch gekauft. Ich habe regelmäßig Gitarrenunterricht und spiele in einer Band mit dem Gitarrenlehrer und noch einem Schüler zusammen. Unsere Gruppe heißt »Straight ahead« – geradeaus. Einmal im Monat haben wir einen Auftritt zusammen.

Zwei- oder dreimal in der Woche kommen Frau Dembowski oder Frau Schleip vom Betreuten Wohnen. Sie begleiten mich zum Beispiel zum Einkaufen, zum Zahnarzt oder zur Depotspritze. Die müssen sich auch mein Gejammer anhören. Ich bin ein Hypochonder, habe dauernd Angst vor Krankheiten, zum Beispiel vor Krebs oder vor einer Augenkrankheit. Aber ich traue mich nicht, zum Augenarzt zu gehen.

Sonst bin ich mit meinem Leben zufrieden. Mein Mitbewohner kocht gerne, es ist schön, bekocht zu werden. Auch unsere beiden Nymphensittiche sind ein Glücksfall in meinem Leben. Ich rede mit ihnen und sie hören mir zu. Sie gehorchen auch, wenn ich ihnen zeige, dass sie in den Käfig gehen sollen. Der Graue ist Miss Marple und der andere ist Dr. Watson.

Vanessa Dembowski vom Betreuten Wohnen

Kostas kenne ich noch aus der Zeit, als er im Wohnheim lebte. Er war sehr dünn und auf skurrile Weise verrückt. Er ist ein wenig rationaler Mensch, eher blumig und sehr gefühlvoll. Das hängt wohl auch mit seiner griechischen Mentalität zusammen. Damals schon war er sehr hilfsbereit und gastfreundlich, hatte meistens andere Hausbewohner in seinem Zimmer zu Besuch. Aber nach seinem Auszug aus dem Heim war er die meiste Zeit stark psychotisch und litt auch darunter. Weil er mich in sein Herz geschlossen hatte, kam er regelmäßig zu Besuchen zu mir. Er wirkte dann immer voller Angst und ganz hilflos, so als drohe ihm eine Katastrophe, die nicht abgewendet werden kann. Der Gesprächskontakt schien ihm zu helfen. Aber er musste dennoch regelmäßig in die Psychiatrie, fast einmal im Monat. Erst nach einigen Jahren war er bereit, unsere ambulante Hilfe anzunehmen. Seitdem bin ich seine Bezugsbetreuerin.

Ich fand damals eine katastrophale Wohnsituation vor, mit Unrat und Ungeziefer. Abflüsse waren verstopft, die Waschmaschine kaputt. Wir brauchten einige Monate, bis er die Wohnung wieder halbwegs bewohnbar halten konnte. Er musste aber weiter immer wieder ins Krankenhaus, weil seine Verfolgungsängste immer einige Wochen nach der letzten Behandlung ganz extrem wurden. Meistens ging er dann auch freiwillig zur Behandlung. Erst nach längerer Zeit fand ich heraus, dass im Krankenhaus immer ein starkes Schlafmittel gegeben und auch als Entlassungsmedikation empfohlen wurde, das die Hausärztin aber immer absetzte. Zu Hause schlief er dann unzureichend und wurde zunehmend psychotisch. Schließlich konnte ich eine Verständigung zwischen den Ärzten des Krankenhauses und der Hausärztin erreichen.

Einmal bezog er mich in seinen Verfolgungswahn ein. Er hatte sich einen Knüppel mit in die Wohnung genommen, um sich zu verteidigen, und drohte plötzlich, mich zu schlagen. Ins Krankenhaus wollte er auf keinen Fall. In der Folgezeit bin ich nicht mehr alleine in seine Wohnung gegangen, sondern zusammen mit einem Kollegen. Schließlich war er wieder bereit, seine Medikamente zu nehmen. Möglicherweise hat er sie aber nur unregelmäßig eingenommen. Seine Behandlung blieb unzureichend, bis er nach einem Facharztwechsel auf ein Depotpräparat eingestellt wurde. Seitdem ist er nur noch einmal psychotisch geworden.

Dennoch blieb er mit seiner Wohnsituation überfordert, es war ihm alles zu viel. Eigentlich wollte er deshalb wieder in das Wohnheim zurück. Er ließ sich aber dann doch auf meinen Vorschlag ein, mit einem anderen Klienten zusammen eine neue Wohnung zu suchen, nicht mehr alleine zu leben. Das war eine gute Entscheidung.

Seitdem sorgt Kostas gut für die Wohnung, er kocht für sich und seinen Mitbewohner, schmückt den Tisch mit Blumen. Er ist mit seiner Lebenssituation zufrieden, auch wenn seine Belastbarkeit in den letzten Jahren deutlich geringer geworden ist. Die Haushaltsarbeiten fallen ihm zunehmend schwer und zum Gitarrenunterricht muss ich ihn fahren, sonst wäre ihm der Weg zu anstrengend. Aber ich sehe, wie sehr ihn die Musik glücklich macht. Und er genießt es, im Treff zu sein, Tischtennis oder Dart zu spielen.

Die Schwester
Theonimfi Sekellaridi ist 43 Jahre alt, gebürtige Griechin und lebt in München. Sie hat einen Sohn und ist Sprachwissenschaftlerin.

Der Ausbruch der Krankheit meines Bruders Kostas war quasi Auslöser für einen Rollentausch. Ich habe diese Phase daher sehr bewusst mitbekommen. Mein Bruder war immer mein großes Vorbild. Er war ein sehr smarter junger Mann und ist ja immer noch hochintelligent. Er wurde sehr gefördert, ging auf die bessere Schule und hat schon als kleines Kind an Diskussionsrunden teilgenommen und wirklich Gespräche geleitet. Er war ein außergewöhnlich begabter Junge.

Als Kostas Student wurde, fingen die Probleme an. Ich war damals 16 Jahre alt und er Anfang 20. Die Krankheit ist ja erst in einem sehr späten Stadium ausgebrochen. Zumindest haben wir sie erst spät als solche wahrgenommen. Ich wusste damals nicht, was mit ihm los ist. Er hat abstrakte Geschichten erzählt, zum Beispiel, dass er Pinguine im Frack sieht und dass ihn Vampire auffressen wollen. Ich dachte, er erzählt absurde Geschichten. Dass er diese enormen Ängste hatte, aufgefressen zu werden, hat er nicht erzählt.

Wir haben gemerkt, dass Kostas nur noch auf den Straßen unterwegs war. Er hat angefangen zu kiffen, und wir haben als Familie dazu geneigt, auf den Drogenkonsum zu schieben, dass er vom Weg abgewichen war. Die Krankheit als solche haben wir erst viel später begriffen. Im Grunde erst kurz vor dem Tod unserer Mutter. Da war Kostas aber eigentlich schon zehn Jahre krank.

Unsere Mutter war chronisch krank und es war ihr innigster Wunsch, Kostas noch mal vor ihrem Tod zu sehen. Mein Vater hat meinen Bruder für das Leid meiner

Mutter verantwortlich gemacht und deshalb jeglichen Kontakt verboten. Ich habe mich jedoch über den Wunsch meines Vaters hinweggesetzt und ein Treffen organisiert. Meine Mutter wollte Kostas mitteilen, dass sie sterben wird und dass es das letzte Treffen sein wird. Als selbst die Todesnachricht meinen Bruder nicht erreicht hat, weil er ganz in seiner Welt war, war mir klar, dass er krank ist. Zur Beerdigung ist mein Bruder auch nicht erschienen. Ich glaube, dass ihr Tod für ihn bis heute abstrakt ist.

Über psychologische Krankheiten zu sprechen, wurde damals sehr stark tabuisiert. Für meinen Vater ist es bis heute leichter, alles auf die Drogen zu schieben. Die beiden haben keinen Kontakt zueinander. Auch ich hatte lange Phasen, in denen ich den Kontakt zu meinem Bruder vermieden habe. Intensiviert habe ich den Kontakt erst wieder vor vier Jahren, als ich Mutter wurde. Kostas wusste weder von meiner Schwangerschaft noch von der Geburt meines Sohnes. Ich habe ihn erst danach informiert, weil es eine enorme Distanz zwischen uns gab. Durch meine Mutterschaft haben sich die Rollen wieder verändert und Kostas ist heute ein sehr fürsorglicher Onkel. Er kümmert sich, interessiert sich für meinen Sohn und ich nehme ihn als vollwertigen Onkel wahr. Mir war es von Anfang an wichtig, meinem Kind zu vermitteln, dass sein Onkel genauso viel wert ist wie jeder andere Mensch auch. Unabhängig davon, wie er lebt und was er sagt.

Ich habe meinen Bruder immer wieder in Phasen erlebt, in denen er die Krankheit gut unter Kontrolle hatte und auch ansprechbar war. Wenn er seine Medikamente dann abgesetzt hat, hat er wieder auf der Straße gelebt. Ich habe diese Zyklen über zwei Jahrzehnte mitgemacht, sodass ich mich einfach distanziert habe, um mich zu schützen. Anders hätte ich, glaube ich, nicht überlebt. Was für mich aber immer klar war, und ich glaube, das spürt mein Bruder auch heute in unserer Beziehung, ist, dass er von mir genauso geliebt und akzeptiert wird, wie er ist. Ich habe weder versucht, ihn zu verändern noch ihm Vorwürfe gemacht und ihn nie meinem Partner gegenüber verheimlicht.

Kostas hat lange nicht akzeptiert, dass er krank ist. Ich würde fast sagen, dass mein Bruder seine Krankheit erst jetzt in der WG-Situation mit Bernd angenommen hat. Zwischendurch hat er zwar immer wieder Hilfe gesucht, aber es war wie ein Kreislauf. Er ist zusammengebrochen bis zum Eklat. Er musste ganz unten sein und hat sich dann wieder aufpäppeln lassen. Wenn er dann wieder gut eingestellt war, hat er gedacht, dass er keine Medikamente braucht. Er ist immer wieder zusammengebrochen. Zwei, drei Mal im Jahr, und alles ging wieder von vorne los. Er hat eine neue Wohnung bekommen, hat alleine gelebt, sich etabliert, die Wohnung wieder zugemüllt, war nicht mehr ansprechbar, ist wieder auf der Straße gelandet, hat sich Hilfe gesucht und diese Kreisläufe gingen über zwei Jahrzehnte. Das war sehr ermüdend.

Er hat ja eine Tochter und er sagt, dass er sich an das Thema noch nicht herantraut. Ich wollte ihn dabei unterstützen, aber er hat immer wieder abgeblockt und gesagt, dass er noch nicht so weit ist. Ich glaube, dass er sich schämt, weil er nicht weiß, was er ihr sagen soll und warum er den Kontakt zu ihr nicht schon früher gesucht hat. Ich könnte sie sicher ausfindig machen und den Kontakt zu ihr herstellen, aber ich weiß nicht, ob ich das darf, oder ob dieser Moment nicht doch ihm gehört.

Mein Bruder und mein Vater haben seit fast zwanzig Jahren keinen Kontakt mehr. Vielleicht hadert Kostas deshalb auch so mit seiner eigenen Vaterrolle. Vielleicht denkt er, dass ihn sein eigenes Kind auch so hasst wie er seinen Vater. Er hat sich nie von unserem Vater geliebt gefühlt, aber ich glaube, dass das so nicht stimmt. Unser Vater ist eher überfordert. Es gibt ein Verbot, in der Familie über meinen Bruder zu sprechen. Dem kann man nur mit der gleichen Stärke entgegentreten und die habe ich. Ich verleugne meinen Vater nicht und genauso sage ich meinem

Vater, dass ich Kostas besuche. Es ist ihm zwar nicht recht, aber ich mache es trotzdem. Ich bin Schwester und Tochter zugleich und habe damit meinen Frieden gefunden.

Ich weiß nicht, wie sich alles weiterentwickeln wird, aber ich habe das Gefühl, jetzt wo Kostas die Krankheit angenommen hat, damit lebt und eine Balance gefunden hat, habe ich auch eine Balance in der Rolle als Schwester. Stabilität hat er erst durch die Depotspritzen bekommen und das wirkt sich sehr positiv aus. Vorher wusste man nie, in welcher Phase man ihn antrifft. Heute telefonieren wir etwa einmal wöchentlich.

Anderen raten würde ich, sich keine Rolle aufbürden zu lassen, die einem nicht entspricht und nicht über die eigenen Grenzen zu gehen. Wenn man mal nicht kann, sollte man das dem Angehörigen auch sagen. Wichtig ist, das eigene mentale und körperliche Überleben zu sichern und dann für den anderen da sein, wenn man genug Kraft hat. Sich auf das konzentrieren, was zählt. Nur geben, was man kann und sich nicht zum Teppich zu machen, auf den der andere drauftritt. Und man sollte sich nicht verstecken. Unabhängig davon, welchen Status der ein oder andere erreicht hat, eine Familie sein und sich nicht schämen. Hoffnung und Glauben vermitteln, Liebe zeigen, aber sich nicht ausnutzen lassen.

Kreative Arbeit hilft mir, meine Gefühle auszudrücken

Valentin Gierling ist 56 Jahre alt und freut sich, dass seine Freundin stadtweise näher zieht. Aktuell wohnt er alleine in einer Wohnung im Ruhrgebiet. Er wird fachlich durch Betreutes Wohnen begleitet und hat einen speziell für ihn eingerichteten Arbeitsplatz, den er auch nachts aufsuchen kann. Seine Diagnose: schizoaffektive Psychose.

In der Bevölkerung gibt es nur eine ganz kleine Lobby für Menschen mit Psychiatrieerfahrung. Viele wissen viel zu wenig darüber, manche haben sogar Angst vor seelisch kranken Menschen. Deshalb mache ich gerne mit bei diesem Buchprojekt.

Bei mir fing es in der Familie an. Meine Schwester hatte eine Wochenbettpsychose nach der Geburt ihres Kindes und kam in die Psychiatrie. Ich war damals total ablehnend gegenüber Psychopharmaka. Es war sehr belastend für mich, sie mit meinen Eltern in der Klinik zu besuchen. Vielleicht war das mit ein Auslöser für meine Krankheit. Und auch frühere Belastungen, zum Beispiel, dass mein Vater mich geschlagen hat. Jedenfalls wurde ich schon mit 19 Jahren sehr depressiv und wusste nicht mehr, wie es mit meinem Leben weitergehen soll. Ich habe damals Tagebuch geführt, um meine Gefühle auszudrücken, das hat wohl geholfen. Jedenfalls ging es nach einer Weile wieder besser.

Nach dem Abitur zog ich nach Duisburg und schrieb mich an der Uni für ein Lehramtsstudium ein, Sport und Mathematik. Kurz darauf kam ich in die Psychiatrie. Die Diagnose war »drogeninduzierte Psychose«, weil ich vorher Marihuana geraucht und viel Alkohol getrunken hatte. Vorher hatte ich drei Jahre ein Kolleg besucht, um das Abitur zu machen. Davor habe ich eine Lehre zum Modellschreiner gemacht, die wollte ich unbedingt schaffen. Das ist mir dann am Ende auch gelungen. Davor musste ich die Realschule abbrechen, weil ich zweimal sitzen geblieben bin. Ich bin mit einem Hauptschulabschluss entlassen worden.

Meine Schwester fand mich verhaltensauffällig und rief deshalb unseren Familienarzt Dr. Wrobel. Der hat etwas mit mir geredet und mich dann eingewiesen. Ich selber fand mich nicht krank, war aber wohl total unruhig, deshalb habe ich auch so viel geraucht und Kaffee getrunken und Alkohol. In der Psychiatrie war es auch lustig. Ich wurde fixiert, weil ich mir die Gardine über die Schulter gelegt hatte und die Pfleger dachten, ich wollte Selbstmord begehen, mich mit der Gardine aufhängen. Ich war so dünn, dass ich dreimal aus der Fixierung rausgeflutscht bin, weil die Fesseln nicht noch enger gezogen werden konnten.

Ich blieb drei Monate in der Psychiatrie. Das war 1991. Während der Zeit im Krankenhaus lernte ich auch das Kontakt- und Beratungszentrum kennen, da bin ich nach der Entlassung hingegangen. Ein Sozialarbeiter hatte mich eingeladen, der Herr Brücker. Ich hatte gute Gespräche bei ihm, deshalb kam ich dann auch regelmäßig. Ich habe in den Gesprächen Rat gesucht und ging zusätzlich einmal in der Woche in eine Gesprächsgruppe, wo wir uns unter Leitung von Herrn Brücker ausgetauscht haben. Da bin ich bis letztes Jahr hingegangen, 25 Jahre lang, nur mit Unterbrechungen, wenn ich im Krankenhaus oder Ausland war. Es war eine Mischung aus Selbsterfahrungsgruppe, Beratung und Austausch unter Betroffenen. Aktuell bevorzuge ich Einzelgespräche mit Herrn Brücker und über Medikamente mit meinem Psychiater.

Ich bin in meinem weiteren Leben noch dreimal im Krankenhaus gewesen. Das erste Mal war schon etwa ein Jahr nach der ersten Entlassung. Ich dachte damals, mir geht es wieder gut, da brauche ich auch keine Tabletten mehr. Seitdem nehme ich die Medikamente ziemlich regelmäßig. Wenn ich sie mal für ein paar Tage nicht nehme, werde ich ganz schnell überdreht und psychotisch, aber ohne, dass ich ins Krankenhaus muss. Ich mache dann die Nächte durch, schreibe viel und die Gedanken schießen mir nur so durch das Gehirn. Alles, was ich erlebt habe oder dazu denke, geht wild durcheinander, ohne Faden und Struktur. Auch wenn ich es versuche, kann ich mich dann nicht selbst beruhigen. Erst wenn ich die Tabletten wieder nehme, werde ich nach ein bis zwei Tagen wieder geordneter im Denken. Was mir auch hilft, ist Yoga. Das habe ich von einem richtigen indischen Yogi gelernt. Ich konzentriere mich auf meinen

Atem, lasse ihn bewusst ein- und ausfließen, das beruhigt. Auch kreative Arbeit hilft mir, meine Gefühle auszudrücken: Malen, Gitarre spielen oder Singen.

Seit vier Jahren bin ich mit meiner Lebensgefährtin zusammen. Wir sind dabei, uns städtisch anzunähern. Sie hat vorher in Berlin gelebt und danach in Köln, jetzt in Essen. Gestern hatte sie Geburtstag. Wir sind noch so verliebt wie am ersten Tag.

Udo Brücker, Leiter des Kontakt- und Beratungszentrums

Ich habe Herrn Gierling vor etwa dreißig Jahren kennengelernt. Damals war ich der erste Sozialarbeiter bei der Caritas Oberhausen, der sich um seelisch kranke Menschen gekümmert hat. Bei einer Krankenhausvisite sind wir uns das erste Mal begegnet. Nach der Entlassung kam er dann in unseren Treff. Die Krankheit hatte ihn und seine Familie völlig verunsichert und er wusste nicht, wie sein Leben weitergehen sollte. Ich erlebte ihn als sehr angepasst und ängstlich. Bei uns machte er Freizeitangebote mit und suchte regelmäßig den Gesprächskontakt. Unsere Zusammenarbeit zielte in den ersten Jahren darauf, dass er nach und nach lernte, mit seiner Krankheit zu leben. Ich versuchte, ihn auch in psychotischen Zuständen zu verstehen, auch wenn sein Welterleben dann aus meiner Sicht völlig unrealistisch war. In den Wahnphasen war er in manischer Stimmung und konnte die vielen Eindrücke der Umwelt nicht filtern, war damit überfordert. Es fiel mir dann schwer, die notwendige professionelle Distanz einzuhalten, weil ich ihn dann als sehr egoistisch erlebte und manchmal wütend auf ihn wurde. Trotzdem entstand gerade durch die Begleitung der psychotischen Phasen ein intensives Vertrauensverhältnis zwischen uns.

Während der psychotischen Hochphasen wollte Valentin sein Leben besonders intensiv erleben. Er fand alles wunderbar, verschleuderte sein Geld, hielt sich nicht an Regeln und war zeitweise verbal aggressiv. An Gruppenangeboten konnte er in diesen Zeiten nicht teilnehmen. Es dauerte immer ziemlich lange, bis er sich endlich wieder auf eine Behandlung einließ und die psychotische Phase allmählich zurückging. Für die Umwelt war es immer eine Erleichterung, wenn diese anstrengende Zeit vorbei war. Für ihn aber fing dann das eigentliche Leiden erst an, weil er jedes Mal in eine Art postpsychotische Depression abrutschte. Einmal dauerte diese Phase zwei Jahre lang. In diesen Zeiten wurde er völlig inaktiv, blieb zum Beispiel tagelang im Bett und hatte an nichts mehr Interesse. Auch dann konnte er sich von den Umweltreizen nicht genug abgrenzen. Er wurde überschwemmt von allem Elend auf der Erde, etwa Berichten über Kriege. Er litt unter Mitleid und Mitgefühl und identifizierte sich mit dem Unglück, bis sein Leiden für ihn unerträglich wurde und er ins Krankenhaus ging.

Im Laufe der Jahre konnte ich immer besser verstehen, dass die Hochphasen für ihn Abschnitte besonderer Lebensqualität waren, die er keineswegs missen wollte. Für unsere Zusammenarbeit war wichtig, dass wir in gesunden Zeiten die Verabredung getroffen hatten, dass ich ihn ins Krankenhaus bringen darf, wenn das aus meiner Sicht dringend nötig ist. Wenn es so weit war, konnte er das zwar in dem Moment nicht einsehen, vertraute mir aber und ging mit.

Von außen betrachtet verlief sein Leben ziemlich chaotisch. Zunächst wohnte er noch bei den Eltern, nach deren Tod gemeinsam mit seiner Schwester im Elternhaus. Dann zehn Jahre lang konflikthaft mit einer Frau zusammen. Er hatte ständig wechselnde Wohnungen, lebt auch mal ein halbes Jahr in Thailand. Vor seiner Krankheit hatte er eine Ausbildung zum Modellschreiner abgeschlossen, wurde übernommen, konnte aber nach einem halben Jahr seinen Beruf aus psychischen Gründen nicht mehr ausüben. Immer wieder nahm er Gelegenheitsjobs an, machte am Kolleg sein Abitur nach, studierte einige Semester Mathe und Sport, anschließend Sozialarbeit.

In manischen Phasen fängt er bis heute zahlreiche Projekte gleichzeitig an und bringt nichts zu Ende. Dabei ist er handwerklich sehr begabt und außerhalb der manischen Zeiten auch in der Lage, längere Zeit an Projekten zu arbeiten und diese abzuschließen. Gerne nehmen Freunde seine Hilfe bei Wohnungsrenovierungen, Gartenbau etc. an. Mit Geld kann er bis heute nicht richtig umgehen. Meistens ist schon zur Monatsmitte alles weg. Er hat aber Freunde, die ihn in Zeiten von Geldknappheit unterstützen.

Eine Zeit lang litt Valentin sehr unter den Nebenwirkungen der Medikamente, vor allem unter dem ständigen Zittern. Inzwischen ist aber eine Dosierung und Kombination von Medikamenten gefunden worden, die er gut verträgt. Er ist zwar ständig etwas psychotisch, mit merkwürdigen Gedanken, aber es gibt keine so ausgeprägten Hochstimmungen oder depressiven Phasen mehr. So kann er sein kreatives, lebendiges Leben führen, auch wenn er weiter sehr dünnhäutig und empfindsam ist, manchmal auch impulsiv und schnell gereizt. Seit sieben Jahren ist er nicht mehr im Krankenhaus gewesen.

Ein Förderverein, der die Arbeit des SPZ unterstützt, hat eine Werkstatt eingerichtet, dazu hat er einen Schlüssel. Er arbeitet nämlich nur selbstbestimmt und manchmal ganz intensiv, sogar nachts. Es gibt aber auch Phasen, wo er wenig oder gar nicht arbeitet. Am liebsten macht er Drechselarbeiten mit Holz. Valentin ist beliebt, auch wenn es durchaus anstrengend mit ihm ist. Er ist sehr hilfsbereit, indem er zum Beispiel einen Rollstuhlfahrer versorgt, für andere einkauft oder Dinge repariert. Seit einigen Jahren hat er auch wieder eine feste Freundin. Sie lebt in einer anderen Stadt. In Stressphasen fällt es beiden schwer, die Beziehung zu leben. Sie haben dann einige Zeit keinen Kontakt.

Stress ist auch heute noch »Gift« für ihn. Ihm helfen dann Meditation, Gespräche mit mir und konkrete Unterstützung bei der Lösung von Problemen. Unsere Beziehung ist für ihn sehr wichtig, sie gibt ihm Halt und Orientierung. Auch wenn Valentin nicht zu meinem privaten Freundeskreis zählt, ist die Beziehung zu ihm auch für mich sehr wertvoll.

Der gute Freund
Arno Lukoschat ist 41 Jahre alt. Mit Valentin Gierling verbindet ihn eine langjährige Freundschaft.

Ich habe Valentin 1998 in der Psychiatrie in Oberhausen kennengelernt. Ich hatte auch einige Episoden psychischer Erkrankung und war damals zusammen mit Valentin erst auf der geschlossenen und nachher auf der offenen Station. Ich habe Valentin als jemanden kennengelernt, der immer gut drauf war. Er kam mit der Gitarre auf die Station und hat einfach gesungen. Im Krankenhaus haben wir ganz viel zusammen gemacht. Die Ärzte haben uns zum Teil sogar siamesische Zwillinge genannt. Wir waren damals, man kann schon sagen, eher manisch als depressiv. Und aus dieser Zeit ist eine starke Freundschaft entstanden.

Nach meiner Ausbildung bin ich nach Köln gezogen, um dort zu studieren. In der Zeit haben wir zwar telefoniert und uns auch ab und zu gesehen, wenn ich in Oberhausen war, aber der Kontakt zueinander wurde erst wieder intensiver, als ich zurück ins Ruhrgebiet kam. Valentin hatte da gerade eine depressive Phase. Ich war oft bei ihm, wir haben uns viel unterhalten und Zeit miteinander verbracht. Da hatte er noch eine andere Partnerin und hat im elterlichen Haus gewohnt. Er hat in der Zeit auch extrem zugenommen.

Valentin hat sich immer seine positive Seite und sein Lächeln bewahrt. Das fand ich schon immer ganz toll an ihm. Und die Musik ist, seit ich ihn kenne, eine große Grundlage. Das Gitarrespielen und lustig sein ist ein großer Vorteil bei so einer Erkrankung. Vor allem, wenn man sich dann doch aufrafft, etwas mit Freunden zu unternehmen. In so einer Zeit ist es aber auch ganz wichtig, dass man jemanden hat, der einen in den Hintern tritt und sagt: »Komm, wir gehen einfach mal raus.«

Ich hatte ja selbst auch solche Phasen in meiner psychischen Erkrankung und dann konnte ich natürlich auch immer gut nachempfinden, wie sich Valentin fühlt. Ich habe zum Beispiel zwei Mal die Erfahrung gemacht, dass ich ohne Medikamente wieder erkrankt bin. Deshalb war es mir immer wichtig, Valentin dazu zu bewegen, dass er seine kontinuierlich nimmt.

Valentin ist ein total herzlicher und feinfühliger Mensch. Er hat eine sehr positive, fröhliche Ausstrahlung. Das kann aber auch ins extreme Gegenteil umschlagen, sodass er ganz empfindlich ist und auch sehr verletzlich. Wenn zum Beispiel jemand etwas Negatives über ihn sagt, setzt ihm das sehr zu. In depressiven Phasen hat er also mehr daran zu knacken, wenn jemand Kritik übt.

Valentin kann auch sehr hibbelig und nervös sein. Dann ist es für mich schwierig, lange Zeit mit ihm zu verbringen. Er kommt dann nicht zur Ruhe und springt im Gespräch von Thema zu Thema. Ich sage ihm aber auch, wenn ich mit etwas nicht klarkomme. In Bezug auf Alkohol zum Beispiel. Auch könnten organisatorische Sachen besser sein und das Haushalten mit Geld fällt Valentin etwas schwer, aber er beherrscht es noch.

Aber dann, wenn es mir mal nicht so gut geht, ist Valentin auf jeden Fall immer für mich da. Das ist eine echte Bereicherung, und er ist wirklich ein Freund. Er lässt mich ausreden, hat ein Ohr für mich, nennt mir seinen Standpunkt und hilft mir dabei herauszufinden, was jetzt erst mal wichtig ist. Manchmal kitzelt er dann auch ein Lachen aus mir heraus. Unsere Freundschaft ist also genauso, wie man sie sich eigentlich wünscht. Ich kann ihm helfen und er mir auch.

Was ich schon immer nicht so gut fand, ist das Chaos in Valentins Bude und wie er sich so organisiert. Er ist manchmal ziemlich verpeilt, es dauert dann alles länger bei ihm oder er vergisst einfach etwas. Sobald er dann lacht, ist das aber wieder vergessen. Ich versuche, ihm bei bestimmten Sachen auch meine Meinung zu sagen, aber Valentin argumentiert dann immer. Er wird zwar nicht sauer, dafür kennen wir uns zu gut, aber er versucht, sich dann immer zu erklären.

Ich habe auch die Phase mitbekommen, in der er seine Rente beantragt hat. Das war ein großer Schritt für ihn und nicht so einfach. Er war ja schon in jungen Jahren Rentner. Man fühlt sich dann ja quasi leer und abgeschrieben. Da fand ich ganz gut, dass er immer nach Möglichkeiten gesucht hat, Jobs zu machen. Jetzt hat er ja eine kleine Werkstatt bei der Caritas und sogar einen eigenen Schlüssel. Da arbeitet er viel mit Holz. Das kann er richtig gut. Er hat ja eine Ausbildung als Modellschreiner gemacht und ich finde sehr gut, dass ihm mit der Werkstatt ein Mittelpunkt geschaffen wurde, zu dem er immer hingehen kann.

Auch macht die Caritas zum Beispiel immer ein Showdrechseln. Aus ganz verschiedenen Holzarten macht Valentin da die Griffe von Kugelschreibern und kann anderen Mensch zeigen und erklären, wie er arbeitet. Er hat mir auch schon Kugelschreiber geschenkt. Sich gebraucht zu fühlen, ist ganz wichtig für psychisch Kranke. Durch den Verkauf der Stifte tragen die Betroffenen etwas zur Gesellschaft und zur Caritas bei. Sie sind etwas wert.

Ich denke, es ist gut, wenn es einen Verbund aus Leuten gibt, die ähnliche Erfahrungen gemacht haben und sich auch gegenseitig stützen, aber ich finde auch gut, wenn der Kontakt zu Nichterkrankten da ist. Valentin und ich haben auch immer Kontakte zu allen gepflegt. Wir haben uns nie abgeschottet. Das finde ich sehr positiv und wichtig. Dazuzugehören und sich nicht ausgegrenzt zu fühlen.

Anfangs habe ich mir gar nichts zugetraut, jetzt geht es mir gut

Senem Kara (rechts) im Gespräch mit Frau Sürücü

Senem Kara ist 51 Jahre alt und lebt in eigener Wohnung in Duisburg. Sie bekam lange Zeit immer wieder andere Medikamente gegen Depressionen, aber es wurde nicht besser. Im Sozialpsychiatrischen Zentrum nutzt sie kreative Gruppen, einen Gesprächskreis und Einzelgespräche. Ihre Diagnose: rezidivierende depressive Störungen.

Ich bin in Istanbul groß geworden und zur Schule gegangen. Dort habe ich auch eine Ausbildung zur Krankenschwester gemacht, das dauert in der Türkei vier Jahre. In dem Beruf habe ich auch gearbeitet. Mit 20 Jahren habe ich meinen Cousin geheiratet, der in Duisburg lebte. So bin ich vor 31 Jahren auch nach Duisburg gezogen. Das war ein großer Fehler. Die türkische Gemeinde dort war ganz konservativ, anders als in Istanbul, es war wie auf einem anderen Planeten. Die Frauen mussten überwiegend zu Hause bleiben oder liefen mit einem Kopftuch umher. Wenn ich einem Mann die Hand geben wollte, zog er sie zurück, weil es sich in dieser Gemeinschaft nicht gehörte, als Frau einen Mann zu begrüßen.

Wir haben mit den Schwiegereltern in einem Haus gewohnt. Ich habe einen Näh- und Deutschkurs besucht und zwei Kinder bekommen, eine Tochter und einen Sohn. Fünf Jahre musste ich auf meine Arbeitserlaubnis warten und dann gab es Probleme mit der Anerkennung meiner Ausbildung. Ich musste erst sechs Monate ein Praktikum machen und ein Jahr als Helferin arbeiten, bevor ich wieder als Krankenschwester arbeiten konnte.

Nach elf Jahren sind mein Mann, meine Kinder und ich in eine eigene Wohnung umgezogen. Mein Mann hat aber keine Arbeit gefunden. Das war schwer für mich. Außerdem gab es Mobbing am Arbeitsplatz und ich hatte immer Kopfschmerzen. Ich war deprimiert. Deshalb war ich vier Jahre in Psychotherapie und habe auch eine Kur mitgemacht. Der Arzt dort sagte, ich sei ausgebrannt.

Vor fünf Jahren ist dann bei einer Untersuchung mit Kontrastmitteln herausgekommen, dass ich eine seltene Erkrankung der Blutgefäße im Gehirn habe. Die waren schuld an meiner Müdigkeit und den Kopfschmerzen. Ich musste zu einer Operation nach Berlin kommen, da habe ich einen Gehirnbypass bekommen. Seitdem habe ich nur noch selten Kopfschmerzen. Aber ich musste alles wieder lernen, sprechen und laufen z. B., das hat etwa acht Monate lang gedauert.

Zu der Zeit waren die Kinder schon aus dem Haus und mein Mann arbeitete als Taxifahrer. Nach einer Weile fand ich heraus, dass er eine Freundin hat. Ich war ganz alleine zu Hause, habe immer geweint. Schließlich habe ich meinen Mann rausgeschmissen, wollte ihn nie wieder sehen. Danach ging es mir weiter sehr schlecht. Ich habe von einer kleinen Rente leben müssen und hatte noch Schulden, weil ich für einen Kredit meines Mannes unterschrieben hatte.

Seelisch ging es mir immer schlechter. Ich war mal traurig, mal aggressiv. Ich traute mich nicht mehr vor die Tür, konnte auch meine Wohnung nicht mehr versorgen. Früher war sie immer ganz ordentlich, jetzt stank es in meiner Wohnung. Ich hatte das Gefühl, die Wände würden mich erdrücken. Ich bekam immer wieder andere Medikamente gegen Depressionen, aber es wurde nicht besser.

Über eine Bekannte hörte ich vor vier Jahren von den Angeboten des Regenbogens. Dort habe ich auch Frau Sürücü kennengelernt. Seitdem komme ich regelmäßig hierher. Dort mache ich Schmucktherapie, Entspannungstherapie, Maltherapie und Ergotherapie. Es gibt auch eine Gruppe von türkischen Frauen, in der wir uns austauschen. Es bringt mich auf andere Gedanken, dort Kontakte zu haben und eine Beschäftigung.

Es hat sicher zwei bis drei Jahre gedauert, bis es mir wieder besser ging. Anfangs habe ich mir gar nichts zugetraut. Noch heute ist es ein Auf und Ab. Es gibt Tage, da kann ich zum Regenbogen gehen und an anderen Tagen schaffe ich es nicht. Ich nehme noch antidepressive Medikamente und bekomme Psychotherapie. Eine Beziehung zu einem Mann werde ich nie wieder eingehen, um Gottes willen! Damit möchte ich nichts mehr zu tun haben. Aber ich habe einen sehr guten Kontakt zu meinen Kindern.

Jetzt geht es mir gut. Aber ich kann nicht glücklich werden. Gott sei Dank gibt es Menschen wie hier beim

Regenbogen, da kann ich über alles reden, andere würden mich nicht verstehen. Es soll so bleiben, wie es ist.

Aische Sürücü, Pädagogin im Sozialpsychiatrischen Zentrum

Als Frau Kara vor vier Jahren in unser Sozialpsychiatrisches Zentrum kam, war sie noch sehr tief depressiv erkrankt. Sie kam mit einer anderen Besucherin unseres Zentrums zusammen, war sehr ruhig und zurückhaltend. Bei allem war sie wenig selbstbewusst und fragte z. B. oft: Darf ich das erzählen? Sie war nicht in der Lage, einfachste Dinge in ihrem Haushalt zu erledigen. Wir haben ihr ambulante Hilfen angeboten, aber weil es ihr so schlecht ging, zog die Tochter zurück in ihren Haushalt. Die Tochter hat sich dann um den Haushalt gekümmert und auch der Sohn hat viel geholfen.

Uns ging es zunächst darum, ihr zerstörtes Selbstbewusstsein schrittweise wieder aufzubauen. Wir haben anfangs mit ganz einfachen kreativen Techniken gearbeitet, z. B. habe ich ein Motiv auf die Leinwand gemalt und sie hat die Farben mit einem Schwamm aufgetragen. Das waren ihre ersten Erfolgserlebnisse und sie war so stolz darauf, dass sie oft das Bild vor lauter Ungeduld mit dem Föhn trocken geföhnt hat, um es mit nach Hause zu nehmen und ihrer Tochter zu zeigen.

Als Nächstes nahm sie an den Treffen der türkischen Frauen im Zentrum teil. Die Gruppe hat sehr unterschiedliche kulturelle Hintergründe, es sind konservative und moderne Frauen, sunnitische und alevitische. Die meisten sind innerhalb ihrer Familie wegen ihrer seelischen Erkrankung isoliert, werden nicht richtig für voll genommen. Auch die Kinder von Frau Kara haben ein distanziertes Verhältnis zu der Erkrankung ihrer Mutter. Sie wollen nicht gerne darüber reden. Hier im Zentrum findet sie Menschen, die sie so akzeptieren, wie sie ist.

In den ersten Monaten war sie in einem tiefen Loch, emotional gedrückt durch ihre Depression. Ganz allmählich im Verlauf vieler Monate ist dann eine Stabilisierung eingetreten. Frau Kara lernte Schritt für Schritt und mit viel Geduld, ihre Ressourcen in sich zu entdecken, z. B. mit einem Pinsel umzugehen oder Schmuck herzustellen. Anfangs hat sie nur mit großen Perlen gearbeitet, inzwischen kann sie auch filigrane Modelle mit kleinen Perlen herstellen. Lange Zeit hat sie nur vorgegebene Muster nachgearbeitet, inzwischen ist sie aber auch kreativ und entwickelt eigene Schmuckstücke. Die zeigt sie dann voller Stolz den anderen Frauen, die zum Teil von ihr Ideen übernehmen.

Im Gesprächskreis und auch in den Arbeitsgruppen gibt es oft gegensätzliche Meinungen, z. B. über die aktuelle türkische Politik. Im Laufe der Zeit hat Frau Kara sich immer mehr an diesen Gesprächen beteiligt und wurde dabei auch emotional immer lebendiger. Sie ist ein sehr temperamentvoller Mensch und kann auch schon mal eine abweichende Meinung laut und kämpferisch vertreten. Manchmal, wenn ein Konflikt zu eskalieren droht, greife ich ein und glätte die Wogen. Aber auch nach der hitzigsten Diskussion lachen die Besucherinnen am Ende alle miteinander. Unter den Teilnehmerinnen herrscht eine freundliche Atmosphäre.

Als junge Frau hat Frau Kara in Istanbul ein modernes Leben geführt, kam aber durch die Eheschließung in eine sehr konservative Familie. Durch die Art, wie ihre Ehe zu Ende gegangen ist, hat sie sehr viel Selbstbewusstsein verloren. Hier im Zentrum hat sie nach und nach wieder gelernt, in gemischten Gruppen Ausflüge oder gemeinsame Mahlzeiten zu haben. Manchmal sagt sie dazu, dass sie sich wie wiedergeboren fühle, so wie sie früher ganz selbstverständlich mit ihren Kollegen in Istanbul ausgegangen ist. Wenn jemand die Rolle der türkischen Frau kritisiert, vertritt sie sehr entschieden die Position, dass türkische Frauen die gleichen Rechte haben wie Männer. Sie setzt sich gerne zu anderen Besuchern und lacht oft über die Witze eines Besuchers.

Außerhalb des Regenbogens hat Frau Kara auch wieder Kontakte zu anderen Gruppen sowie Vereinen knüpfen können. Dennoch fühlt sie sich, wie sie immer sagt, beim Regenbogen am wohlsten, weil sie hier verstanden wird und Stärkung sowie Unterstützung erfährt. Ich glaube, ohne die Hilfen hier wäre sie in Gefahr, wieder stärker depressiv zu werden und das Haus nicht zu verlassen. Tiefpunkte gibt es vor allem dann, wenn sie Kontakte zu ihrer Familie über die Kinder hinaus bekommt, beispielsweise wenn die Großeltern zu den Kindern Kontakt aufnehmen. Dann reißen für sie alte Wunden wieder auf. In Einzelberatungsgesprächen können wir das aufarbeiten.

Ich kann meine Angelegenheiten wieder alleine regeln

Hans Langwald ist 51 Jahre alt und ist nach vielen Jahren intensiven Drogenkonsums seit 15 Jahren clean. Er engagiert sich im Heimbeirat und wünscht sich für die Zukunft eine eigene Wohnung. Seine Diagnose: paranoide Schizophrenie, Zustand nach multiplem Substanzgebrauch mit Abhängigkeitssyndrom.

Ich bin in Essen aufgewachsen und hatte eine ganz normale Kindheit. Auf dem Gymnasium gab es aber Probleme, weil ich mit Drogen angefangen habe, Hasch und LSD und Trips. Da haben sich meine Noten drastisch verschlechtert. Deshalb bin ich mit der zwölften Klasse abgegangen. Ich habe überlegt, wie es beruflich weitergehen könnte, und habe kurze Zeit eine Lehre angefangen. Dann habe ich mich bei der Bundeswehr für vier Jahre verpflichtet.

Nach der Grundausbildung bin ich in Dortmund stationiert worden. Aber mit den Drogengeschichten ging es weiter, das war schlecht für meine Ausbildung und meine Zeugnisse. Dann habe ich von der Bundeswehr aus eine Drogentherapie gemacht. Die war in Hamm, im Westfälischen Institut für Jugendpsychiatrie. Ich war wegen Haschisch und Halluzinogenen da.

Eigentlich sollte die Therapie 18 Monate dauern. Es gab aber eine strenge Kontaktsperre zur Außenwelt und nur 40 DM Taschengeld im Monat. Meine Bundeswehrbezüge wurden in der Zeit auf einem Konto angespart. Nach ein paar Monaten hat mich das ganze Geld gelockt und ich habe die Therapie abgebrochen. Ich habe mir ein Auto gekauft, denn damals hatte ich noch einen Führerschein, und bin nach Frankreich abgehauen. Aber in Marseille bin ich in eine Baustelle gefahren – Totalschaden. Und Frank, der mit mir die Therapie abgebrochen hatte und mitgereist war, hat mir mein ganzes Geld gestohlen, als ich betrunken war. Mit Trampen und Hilfe der Botschaft habe ich mich nach Deutschland durchgeschlagen und habe dann wieder bei meinen Eltern gelebt.

Ein Jahr habe ich Renovierungsarbeiten bei der Stadt Essen gemacht, um genug Zeiten zusammenzubekommen, damit mir das Arbeitsamt eine Ausbildung bezahlt. Die Ausbildung zum Kommunikationselektroniker habe ich aber abgebrochen, weil es mit den Drogen immer weitergegangen ist, insgesamt etwa dreißig Jahre lang. Deshalb haben auch meine Beziehungen nicht lange gehalten.

Einige Jahre habe ich Holografien gemacht und mit einer Frau zusammengelebt. Sie hat einen Kredit von 15.000 DM aufgenommen, damit ich mir ein Labor für die Herstellung der Holografien kaufen und mich selbstständig machen kann. Wegen meines Drogenkonsums hat sie mich aber dann verlassen. Später habe ich eine Ausbildung zum Industrieelektroniker angefangen, aber auch die abgebrochen. Ich habe immer Haschisch und viel Alkohol konsumiert und gelegentlich auch Kokain.

Mit 18 Jahren war ich das erste Mal in der Psychiatrie wegen einer drogeninduzierten Psychose. Ich habe mit Leuten gesprochen, die es gar nicht gibt, und auch deren Stimmen gehört. Ich hatte das Gefühl, als sei ich mit denen in Kontakt und sie hielten sich in einem anderen Zimmer auf. Es wurde aber auch immer bedrohlich, so als wenn ein Komplott gegen mich im Gange wäre. Insgesamt bin ich 15 oder 16 Mal in der Psychiatrie gewesen, immer ein paar Wochen bis zu zwei Monaten. Ausgelöst wurde das immer durch die Drogen. Unter Medikamenten ging es auch immer wieder weg. Aber nach den Krankenhausaufenthalten habe ich die Medikamente wieder abgesetzt. Das lag an den Nebenwirkungen. Ich bekam von den Neuroleptika immer Blickkrämpfe und Muskelkrämpfe und andere Nebenwirkungen. Heute habe ich eine Kombination von Präparaten, die haben zwar auch Nebenwirkungen, aber die sind erträglich.

Eine Zeit lang lebte ich im Haus der Eltern von einer Freundin in Hamburg, aber da musste ich irgendwann weg. Da war ich 32 oder 33 und meine Eltern wollten mich nicht mehr aufnehmen. Ich wohnte dann im Männerwohnheim in Düsseldorf und ging tagsüber in die Tagesstätte des psychosozialen Fördervereins. Dort lernte ich Verena kennen, eine Betreuerin. Sie wusste von meinem Drogenkonsum und dass ich viel Alkohol trinke, aber wir fingen eine Beziehung an und ich zog zu ihr in ihre Wohnung. Damals war ihre Tochter Alexandra fünf oder sechs Jahre alt.

Wegen unserer Beziehung wurde Verena zu einer anderen Einrichtung des Trägervereins versetzt. Später wechselte sie zu einer Drogenberatungsstelle. Sie vermittelte mir einen Studienplatz in Mathematik an einer Fernuniversität, damit ich eine Tagesstruktur habe. Aber Verena stellte schließlich fest, dass sie mir trotz allem Bemühen nicht helfen konnte, und trennte sich von mir.

Danach bin ich völlig abgesackt. Ich lebte von der Sozialhilfe in einer kleinen Wohnung, kam aber mit dem Geld vorne und hinten nicht klar. Deshalb habe ich Obdachlose und Junkies bei mir aufgenommen. So kam ich auch mit Heroin in Kontakt, aber ohne abhängig zu werden, nur gelegentlich. Meine Wohnung war völlig verwahrlost und schließlich musste ich raus. So wurde ich obdachlos.

Ich war weiter bekifft und habe regelmäßig Alkohol getrunken und war auch auf Psychose. In so einer Situation wollten mir Polizisten einen Platzverweis erteilen, aber ich dachte, die wären vom militärischen Abschirmdienst, und fing eine Schlägerei mit der Polizei an. Nachdem ich zwei Monate im Knast saß, merkte die Psychologin, dass ich eine Psychose habe. Später bekam ich einen Wohnplatz im Wilhelm-Knappmann-Haus in Oberhausen mit der gerichtlichen Auflage, dort fünf Jahre ohne Drogen und Alkohol zu leben und meine Medikamente einzunehmen. Das habe ich auch getan. Trotzdem bekam ich kurz vor Ablauf der fünf Jahre von allein wieder eine Psychose. Ich wurde lautstark auffällig in Oberhausen, drohte z. B. damit, eine Atombombe auf die Stadt zu werfen. Der Richter ging in der Verhandlung davon aus, dass weitere Straftaten von mir zu erwarten seien, und brachte mich in der Forensik in Viersen unter. Von dort wurde ich nach einem Jahr in das Paul-Löbe-Haus in Düsseldorf dauerbeurlaubt. Ich bekam aber wieder eine Psychose, auch wieder ohne Drogenkonsum.

In einem normalen Krankenhaus durfte ich nicht behandelt werden, weil ich ja noch forensisch untergebracht und nur beurlaubt war. Deshalb musste ich zur Behandlung in die Forensik zurück. Dadurch hat sich die Zeit bis zu meiner Bewährung verlängert. Das passierte mir noch einmal während der nächsten Dauerbeurlaubung. Die Behandler in der Forensik meinten, ich sei im Paul-Löbe-Haus nicht sorgfältig genug betreut worden, und entließen mich deshalb vor fünf Jahren hier in das Wohnheim Magnusstraße.

Jetzt lebe ich seit 15 Jahren ohne Drogen. Durch die Medikamente bin ich im Lauf der Jahre insgesamt 50 kg schwerer geworden. Das ist aber für mich das kleinere Übel. Mein Leben verläuft jetzt wieder in geordneten Bahnen. Alle meine Schulden habe ich inzwischen abgetragen. Eine gesetzliche Betreuung habe ich nicht bekommen, weil die Fachleute meinen, dass ich meine Angelegenheiten alleine regeln kann.

Aber acht Stunden am Tag könnte ich nicht arbeiten, da würde ich wieder eine Psychose kriegen. Ich mache meine Hausarbeit und besuche die Ergotherapie und arbeite im Heimbeirat mit. Mein Hobby ist Fernsehen, der Kasten läuft bei mir die ganze Zeit, ich verfolge verschiedene Serien. Außerdem spiele ich gerne am Computer.

Ich stehe zwar noch unter Bewährung, aber darf mir in sechs Monaten eine eigene Wohnung nehmen. In Kürze werde ich mit meinem Betreuer vom Regenbogen Kontakt zum Betreuten Wohnen in Essen aufnehmen. Dort will ich nach einer Wohnung in der Nähe von meinen Eltern suchen. Seit ich ohne Drogen lebe, habe ich zu denen wieder ein gutes Verhältnis. Und auch wenn ich jemand aus der alten Szene treffen sollte, habe ich keine Sorgen, wieder rückfällig zu werden.

Ich habe hin und wieder mal geschaut, was aus früheren Weggefährten geworden ist, über Facebook und andere Netzwerke. Die meisten haben ihren Weg gemacht, auch wenn sie mal Drogen genommen haben, während ich dran hängen geblieben bin. Ich habe zu niemandem Kontakt aufgenommen, weil ich denke, die wollen keinen zu mir. Alexandra hat studiert und ist jetzt Lehrerin und spielt in einer Band mit. Verena arbeitet weiter als Sozialtherapeutin und hat inzwischen zwei Bücher geschrieben. Sie ist jetzt 59, ich werde 52 Jahre alt. Vielleicht nehme ich doch Kontakt zu ihr auf, wenn ich wieder in einer eigenen Wohnung lebe.

Carsten Radtke, Bezugsbetreuer und stellvertretender Wohnheimleiter

Ich habe Herrn Langwald etwa ein Dreivierteljahr vor seinem Einzug im Wohnheim kennengelernt. Da lebte er noch in der forensischen Abteilung der Klinik in Viersen. Bei Besuchskontakten dort und auch hier im Wohnheim fand ich ihn sehr beeindruckt und verängstigt von dem System der Forensik. Er machte sich große Sorgen, wegen einer erneuten psychotischen Erkrankung zurück in die Forensik zu müssen, weil er das vorher im früheren Wohnheim zweimal bereits mitgemacht hatte. Die Angst blieb auch bestehen, als er bei uns eingezogen war. Aber die Kollegen der Klinik haben versucht, ihm seine Sorgen zu nehmen. Unsere Zusammenarbeit mit der Forensik war sehr gut abgestimmt und für Herrn Langwald dadurch hilfreich. Aber auch Herr Langwald war sehr kooperativ. Er hielt alle Verabredungen genau ein und tauschte sich immer offen mit mir, seinem Bezugsbetreuer, aus. So wusste ich immer genau, wie weit er gerade psychotische Dinge erlebte. In Zeiten mit psychotischem Erleben hatte er immer einen hohen Redebedarf, was für ihn offensichtlich entlastend war.

Zunächst hat man bei Herrn Langwald den Eindruck, er wäre sehr fit, weil er im Gespräch eher normal wirkt.

Aber seine Belastbarkeit ist doch sehr gering. In früheren Jahren war er z. B. bei zu viel Arbeit schnell überlastet und wurde psychosekrank. Wir haben das respektiert, wollen ihn so lassen, wie er ist, und das rechte Maß finden, das zu ihm passt. Das ist, glaube ich, bei seiner Mitarbeit im Haus und dem Besuch in der Ergotherapie gut gelungen. Auch was die Sauberkeit der Wohnung angeht, ist ein Kompromiss entstanden zwischen unseren und seinen Ansprüchen.

Anfangs lebte Herr Langwald sehr zurückgezogen. Er ging fast gar nicht vor die Tür und nahm nur wenig Kontakt zu anderen auf. Da ist eine bedeutende Weiterentwicklung zu sehen. Zwar verlässt er immer noch wenig seine Wohnung. Aber er erhält täglich viel Besuch von den anderen und wurde kürzlich mit großer Mehrheit in den Heimbeirat gewählt. Er kann auch gut seine begrenzten Geldmittel einteilen und ist großzügig anderen gegenüber. Durch seine hilfsbereite und fürsorgliche Art ist er sehr beliebt. Früher hat er sich dabei ausnutzen lassen. Jetzt zu Silvester hat er dagegen Geld von anderen eingesammelt und eine Feier veranstaltet, aber auch nur die zugelassen, die sich finanziell beteiligt haben. Im Jahr davor hat er noch alle anderen mitbewirtet.

Wenn im Haus Drogen konsumiert werden, macht er sich große Sorgen um die Mitbewohner. Dabei kann man sich fast wie mit einem Kollegen mit ihm austauschen, er ist ja auch ein Profi auf diesem Gebiet. Zugleich wird dabei deutlich, wie weit er selbst sich von diesem Kapitel seines früheren Lebens distanziert hat.

Ich schätze an Herrn Langwald, dass eine so gute vertrauensvolle Beziehung zwischen uns entstanden ist, dass man sich immer eine offene Rückmeldung geben kann. Auf diese Weise gelingt es auch gut, ihn bei seiner weiteren Lebensplanung zu unterstützen. Ich bin zuversichtlich, dass er es schaffen wird, außerhalb eines Wohnheims zu leben. Allerdings gibt es das Risiko der sozialen Vereinsamung, das man im Auge behalten muss. Am liebsten wäre mir, ich würde ihn nicht ganz aus den Augen verlieren und er bliebe im näheren Umfeld wohnen. Aber ich respektiere seinen Wunsch, in seine Heimatregion zurückzukehren. Dafür gestalten wir zurzeit den Übergang. Auch wenn wir manchmal schwierige Situationen miteinander hatten, ist die Beziehung zu Herrn Langwald für mich ein großer Gewinn in meinem Leben, sowohl beruflich als auch persönlich.

Die ehemalige Lebensgefährtin
Die 60-Jährige ist gelernte Auslandskorrespondentin und hat als Sozialtherapeutin gearbeitet. Sie geht offen damit um, dass ihr Vater Alkoholiker war und dass auch sie alkohol- und medikamentenabhängig ist. Sie schreibt Theaterstücke und hat an einem Buch mitgewirkt.

Kennengelernt haben wir uns während meiner einjährigen Sozialarbeiterzeit beim psychosozialen Förderverein in Düsseldorf. Die hatten ein niederschwelliges Angebot für psychisch Kranke. Ich war die erste Ansprechpartnerin am Telefon. Wenn Leute zu uns gekommen sind, habe ich die Erstgespräche geführt und dann geguckt, wo es langgeht und was wir anbieten können. So habe ich Herrn Langwald kennengelernt.

Seinerzeit ging es mir richtig mies. Ich hatte gerade wieder angefangen zu trinken und war sofort wieder tief drin. Das war mir aber damals nicht bewusst. Meine alte Beziehung funktionierte nicht und dann habe ich mir gedacht: »Ich will jetzt da raus und nicht mehr alleine sein.« Meine Tochter war zu der Zeit acht oder neun Jahre alt. Ich habe gedacht: »Der ist es wert. Den muss ich retten.« Er war einerseits sehr intelligent, andererseits völlig ohne soziale Fähigkeiten. Ich habe relativ früh gemerkt, dass unsere Beziehung nicht funktioniert, habe aber trotzdem weitergemacht. Wie das so geht. Er wohnte dann auch bei mir und das habe ich natürlich beim Förderverein offengelegt. Da man sich nicht mit Klienten einlassen darf, haben die mich an eine andere Stelle versetzt.

Die Zeit mit Herrn Langwald war eine Katastrophe. Ständig hat er mich auf der Arbeit angerufen. Dann war er ständig unterwegs bei sogenannten Kumpels. Das Einzige, was die gemacht haben, war Drogen zu nehmen. Das wusste ich alles und ich habe überlegt, wie ich da wohl wieder rauskomme. Aber ich war immer so hin- und hergerissen. Mal gab es Grenzen, mal keine. Unzuverlässigkeit war das Stichwort. Ich hatte also gar nichts, woran ich mich halten konnte. Ich wollte in dieser Beziehung alles besser machen, habe nur schnell gemerkt, dass es nicht funktioniert. Er nahm dann auch oft keine Medikamente und hatte ganz irre Sachen im Kopf. Leute, die ihn verfolgen. Das war einfach unerträglich und ich konnte nachts teilweise überhaupt nicht mehr schlafen, weil er herumgegeistert ist.

Dann habe ich es irgendwie geschafft, ihn rauszuschmeißen. Ein paar Wochen später habe ich ihn dann aber angerufen und gesagt: »Lass uns doch mal reden.« So bin ich wieder da reingeraten, aber nach ein paar Tagen habe ich dann gesagt, dass jetzt endgültig Schluss ist. Ich habe ihm dann mit Mühe und Not den Haustürschlüssel abgeschwatzt, habe alles beendet, seine Klamotten gepackt und sie ihm hingestellt. Dann ging es los. Heute würde man das »Stalking« nennen. Er hat mich angerufen, stand ständig vor meiner Türe und einmal habe ich die Polizei gerufen.

Ich muss sagen, dass er zu meiner Tochter Alexandra immer sehr, sehr nett war. Ich habe nie Angst gehabt, dass er meinem Kind etwas antut. Da konnte ich ihm trauen. Irgendwann ist er dann aber wirklich durchgedreht und erschien im Kinderhort. Er meinte, er würde das Sorgerecht beantragen. Eine Zeit lang habe ich Alexandra immer abgeholt und wir haben uns hinten rausgeschlichen, weil er vor der Türe stand. Es war wirklich furchtbar und ich hatte nur noch Angst.

Das war das letzte Mal, dass ich eine so selbstzerstörerische Beziehung angefangen habe. Ich habe eine Therapie angefangen, habe aufgehört zu trinken und bin dann zu den Anonymen Alkoholikern gegangen. Die Grundlage unserer Beziehung war krank. Ich habe mir ein System geschaffen, das ganz mies war. Das war die schlimmste Phase meines Lebens. Während ich das so erzähle, merke ich, dass da auch ein bisschen Scham aufkommt. Gott sei Dank habe ich das alles so hingekriegt. Meine Tochter hat mich die ganze Zeit über motiviert. Ich habe mir immer gesagt, dass ich ja verantwortlich für sie bin. Durch dieses Interview versuche ich, das Ganze abzuschließen. Als Teil eines Buches. Und meine Botschaft an Herrn Langwald ist, dass ich auf keinen Fall wieder Kontakt zu ihm haben will.

Auf einer integrativen Disco haben wir uns kennengelernt – es ist noch ein Übergang zwischen Flirt und Liebe

Jörg Oberländer ist 29 Jahre alt. Sein Leben wurde immer mehr von Zwangshandlungen beherrscht, trotz jahrelanger intensiver Therapien. Jetzt lebt er in einem Wohnheim am Niederrhein und besucht eine Werkstatt. Zurzeit trainiert er für den Triathlon. Seine Diagnose: Zwangsstörung.

Ich bin in Geldern groß geworden und habe da auch die höhere Handelsschule besucht. Meine Ausbildung zum Bürokaufmann habe ich danach auf einem Internat für behinderte Menschen gemacht, weil ich zu dem Zeitpunkt nach der Definition schon behindert war. Das war wegen meiner Zwänge, vor allem wegen des Waschzwangs.

Vielleicht begann es damit, dass ich in der Kindheit Stress hatte, weil ich in der Schule lange gemobbt wurde. Allerdings fingen die Zwänge erst ein paar Jahre später an, auf der Handelsschule. Mir selbst fiel das damals gar nicht auf, aber meinen Eltern. Sie wunderten sich, dass ich immer so lange im Bad mit meiner Hygiene beschäftigt war, vor allem mit dem Händewaschen. Mir selbst kam es aber gar nicht lange vor. Eine rechte Erklärung hatte ich aber auch nicht. Manchmal kamen mir allerdings Gedanken, etwas Ekelhaftes angefasst zu haben, zum Beispiel Spermaspuren vom Onanieren.

Wenig später kamen auch Kontrollzwänge dazu. Ich hatte immer das Gefühl, etwas falsch zu machen, z. B. die Wohnung zu überfluten, weil ich vergessen habe, den Wasserhahn zu schließen oder zu viel Strom zu verbrauchen, weil das Licht noch brennt. Ich musste dann immer wieder im Bad nachschauen, ob das Licht aus ist und der Wasserhahn zu. Meine Geschwister gingen schließlich vor mir ins Bad, weil sie sonst nicht zur Schule gekommen wären.

Ich bin ein Jahr lang bei einem Psychiater zur Gesprächstherapie gewesen und habe gleichzeitig von ihm ein Medikament bekommen. Zuerst ein anderes, dann aber das, was ich auch heute noch nehme. Durch das Medikament bin ich ruhiger geworden, aber die Zwänge sind nicht weggegangen, auch nicht durch die Gespräche. Aber mir ist dadurch bewusster geworden, wie sehr meine Zwänge mich im Alltag beeinträchtigen.

Im Internat kam ich dauernd zu spät, weil meine Mutter mich jetzt nicht mehr an Termine erinnern konnte.

Dort habe ich auch meine erste Freundin kennengelernt. Sie hatte eine leichte geistige Behinderung. Wir hatten eine schöne Beziehung, haben Zärtlichkeiten ausgetauscht, Kuscheln und Petting. Vor Sex hatte sie große Angst, vor dem ersten Mal, darauf habe ich Rücksicht genommen. Meine Freundin hat immer versucht, mich von meinen Zwängen abzuhalten. Das fand ich unangenehm, weil es mich aus meiner Routine herausgerissen hat, aber andererseits war ich auch ein wenig froh über ihre Unterstützung. Ich konnte die Zwangshandlungen aber immer nur aufschieben. Es hat sich in mir jeweils so aufgestaut, dass es sich später entladen hat. Ich musste es also nachholen und mir hinterher umso mehr die Hände waschen.

Nach der Ausbildung habe ich leider nicht in meinem Beruf arbeiten können. Zunächst war ich wieder bei meinen Eltern und arbeitslos und in Fernbeziehung zu meiner Freundin. Dann fand ich eine Stelle in der Registratur des Arbeitsamtes, eine befristete Anstellung. Es war schwierig. Ich musste Akten anfassen und im Computer passende Namen suchen. Vor allem die Akten fand ich unangenehm, weil sie vom langen Lagern Staub angesetzt hatten. Ich musste mir immer wieder die Hände waschen, die Haut war deshalb ganz gerötet. Damals hatte ich aber nicht das Gefühl, dass meine Hände beschädigt wurden, es hat mich nicht gestört. Aber ich war bei der Arbeit so langsam, dass mein Vertrag nach drei Monaten nicht verlängert wurde.

Von dem verdienten Geld habe ich mir einen Laptop gekauft und die Zeit der Arbeitslosigkeit überwiegend mit Computerspielen verbracht. Ich musste regelmäßig zum Arbeitsamt und die haben mich schließlich in eine Integrationsmaßnahme von Integra vermittelt. Dort gab es im Wechsel Unterricht und Werkstattarbeit. Aber auch da blieb ich immer ganz lange auf der Toilette. Erst mal musste ich mich ganz lange waschen und danach kontrollieren, ob Licht und Wasserhahn aus sind. Oft verharrte ich noch lange in dieser Kontrolle, musste zum Beispiel durch einen Spalt der Tür schauen, ob wirklich alles aus ist.

Ich war während des Internats und auch danach weiter in psychotherapeutischer Behandlung, insgesamt acht Jahre lang. Es war für mich positiv, mit jemandem über die Zwänge reden zu können. Weniger sind sie dadurch aber nicht geworden. Schließlich waren meine Eltern und Geschwister so genervt von meinem Verhalten, dass sie veranlasst haben, dass ich in eine Klinik gehe. Acht Wochen war ich in einer Klinik in Norddeutschland, die sich auf Zwangskrankheiten spezialisiert hat. Alle Kollegen, die ich auf meiner Station kennenlernte, hatten auch so Zwangssachen, die meisten wie ich einen Waschzwang. Wir haben eine Expositionstherapie gemacht. Dazu sind wir in die Stadt gegangen und mussten alles Mögliche berühren, Hauswände und Ampelknöpfe, und mussten das dann aushalten, ohne uns zu waschen. Es war das erste Mal, dass ich versucht habe, mich von meinen Zwängen abzuhalten. Das ist mir auch eine ganze Weile gut gelungen. Aber als ich wieder zu Hause war, kamen die Zwänge allmählich zurück, in ähnlichem Umfang wie zuvor.

Ich wusste nicht mehr, wie es weitergehen sollte. Das Zusammenleben mit meiner Familie war durch die Zwangssachen sehr schwierig geworden. Schließlich haben meine Eltern und ich Kontakt zu Papillon aufgenommen. Es gab erst mal Gespräche, ich habe meiner Betreuerin meine Lebensgeschichte erzählt. Parallel ging ich zum Kontakt- und Beratungszentrum von Papillon, zweimal in der Woche. Das ist ein Treffpunkt, wo ich andere Leute kennengelernt habe, mit Problemen, wie ich sie habe. Ich habe recht schnell einen Kumpel gefunden mit ähnlichen Computerinteressen wie ich.

Dann bin ich mit einem anderen Mann zusammen in eine Wohnung gezogen. Unsere Betreuerin hatte uns geholfen, die zu finden. Es war für mich das erste Mal, Verantwortung für einen Haushalt zu haben. Die Betreuerin kam mindestens einmal am Tag vorbei. Anfangs hat sie uns unterstützt, die Zimmer nach und nach einzurichten und später, die Bude sauber zu halten. Wir haben einen Plan aufgestellt, wer sich wann um Putzen, Wäschewaschen oder Kochen kümmern soll, und die Betreuerin hat die Einhaltung überwacht.

Anfangs lief es gut, mit dem Elan des Neuen. Später habe ich aber meine Pflichten vernachlässigt. Eine Arbeit oder Beschäftigung hatte ich nicht. Ich bekam ALG II, auch die Miete wurde vom Amt übernommen. Schließlich habe ich gar nicht mehr geputzt und auch mein Zimmer vernachlässigt. Es gab regelmäßig Ärger mit dem Mitbewohner. Ich blieb viel im Bett oder saß am Computer und habe mich nur noch vom Fast Food gegenüber ernährt. Meine Betreuerin hat schließlich mit mir vereinbart, dass ich in ein Wohnheim von Papillon umziehe.

Da lebe ich nun schon fast vier Jahre. Auch hier habe ich einen Mitbewohner. Der wichtigste Unterschied ist, dass ich hier mehr Unterstützung bekomme. Die Betreuer sind direkt nebenan im Büro. Dort lagern auch die Tabletten, die ich einmal in der Woche für mich stelle, immer sonntags. Ich bespreche jeden Tag meinen Tagesablauf mit den Betreuern und sie überprüfen, ob ich meine Sachen auch gemacht habe. Wir haben nach und nach einen Plan gemacht, welche Hausarbeiten ich habe und dass ich pünktlich zur Arbeit gehe. Einmal in der Woche gibt es eine Hausversammlung. Da planen wir gemeinsam Ausflüge und besprechen, was im Haus repariert oder gemacht werden muss.

Seit vier Jahren arbeite ich in einer Werkstatt für behinderte Menschen, in der Datenarchivierung. Ich arbeite von 8:00 bis 16:10 Uhr. Lange Zeit hatte ich große Probleme mit der Pünktlichkeit, ich bin immer zu spät zur Arbeit gekommen. Mein Arbeitschef, meine Betreuerin und ich haben uns irgendwann darauf geeinigt, dass ich für jedes Zuspätkommen einen Urlaubstag abgezogen bekomme.

Seitdem ist bei mir der berühmte Groschen gefallen und ich bin immer pünktlich.

Im Großen und Ganzen bin ich mit meinem Leben zufrieden. Mit meiner Familie geht es viel besser, seit ich nicht mehr zu Hause wohne, wir sind in regelmäßigem Kontakt. Außerdem bahnt sich zurzeit bei mir eine neue Beziehung an. Es ist noch ein Übergang zwischen Flirt und Liebe. Wir haben uns auf einer integrativen Disco für Menschen mit und ohne Behinderung kennengelernt, die einmal im Monat hier stattfindet. Außerdem trainiere ich für den kommenden Triathlon. Ich werde für das Team von Papillon an den Start gehen. Meine Zwänge sind zwar noch da, aber ich muss nicht mehr so lange daran haften bleiben, kann mich jetzt eher davon losreißen als in früheren Zeiten.

Die Wohnheimleiterin Hedwig Heidemeyer

Wir kennen uns seit drei Jahren, seit ich für die Wohngruppe zuständig wurde, in der Herr Oberländer lebt. Er war damals nicht glücklich mit seinem Mitbewohner, vor allem weil der ein starker Raucher ist und Herr Oberländer nicht raucht. Wir haben deshalb einen Umzug im Haus organisiert, das war für ihn eine Entlastung. Beim Umzug fiel mir auf, dass er bei komplexen Abläufen Probleme hat, sie anzupacken, dass er dann vor einer großen Hürde steht und sehr lange Zeit dafür braucht. Es geht dann darum, mit ihm die Dinge vorzudenken, die er anschließend selbst ausführt, ohne dass man sie direkt begleiten oder ihm abnehmen muss. So fiel es ihm zum Beispiel schwer, seine Sachen in den Schrank einzuräumen. Nachdem wir aber den Ablauf im Einzelnen vorbesprochen hatten, eine Struktur der einzelnen Handlungsschritte, klappte es gut.

Zu der Zeit war Herr Oberländer bei Herrn Dr. Schüring in Gesprächstherapie. Mit seiner Zustimmung haben wir an einigen Sitzungen teilgenommen und gemeinsam einen Wochenablaufplan entwickelt, der genauso kleinschrittig war. Das hat sehr geholfen. Herr Oberländer hat jetzt seinen Tagesablauf im Griff und kann alle wichtigen Erledigungen selbstständig bewältigen. Auch die Pünktlichkeit, lange Zeit ein großes Problem, ist seit einem halben Jahr kein Thema mehr.

Für den Erfolg kommt es auf eine engmaschige Zusammenarbeit an. Jeden Nachmittag reflektieren wir den Tagesplan: Wie ist heute das Aufstehen gelungen? Das Zähneputzen? Der Weg zur Bushaltestelle? Das, was im Plan steht, ist die Pflicht, darüber hinausgehende Dinge werden nur thematisiert, sozusagen als Kür. Der Plan ist aber natürlich nicht statisch, sondern wird immer wieder aktualisiert, immer so, dass keine Überforderung eintritt.

Wenn sich Abläufe gut stabilisiert haben, können neue Themen in den Plan aufgenommen werden. Aktuell ist das seine Neigung, immer mehr Gegenstände in den Hosentaschen zu sammeln, bis diese randvoll gefüllt sind. Zu einem vereinbarten Zeitpunkt des Tages leert er nun seit Kurzem seine Taschen und sortiert aus. Es ist wichtig, dass nicht wir seine Taschen kontrollieren, sondern er selbst Herr seines Tagesablaufs ist. Er hakt alle vereinbarten Handlungsschritte wie auf einer Checkliste ab.

Aus meiner Sicht ist jetzt deutlich mehr Lebensqualität möglich als noch vor drei Jahren. Langfristig kann man auch an noch mehr Selbstständigkeit denken, in einer eigenen Wohnung. Auf dem Weg dahin befinden wir uns sozusagen in der Mittelphase, noch nicht in der Endphase der Vorbereitung. Aktuell geht es aber auch darum, das Erreichte zu würdigen und den Erfolg zu genießen.

Die Schwester
Vera Oberländer studiert Geschichte und Germanistik in Düsseldorf. Sie ist 26 Jahre alt und lebt in Geldern.

Ich kann mich noch gut daran erinnern, dass Jörg oft im Haus geblieben ist, wenn ich mit meinem älteren Bruder zusammen draußen Fußball gespielt habe. Er hat lieber am Computer programmiert. Das konnte er schon als Kind gut. Eine Art Schlüsselerlebnis war, als er sich einmal beim Spielen den Kopf an der Stange einer Wäscheleine gestoßen hat. Da hat er gesagt: »Holt meine Eltern« statt »Holt unsere Eltern«. Das war irgendwie komisch. Oder einmal hat er sich in der Schule die Schulter ausgerenkt, weil er geärgert wurde. Da ist er aggressiv gegen seine Mitschüler geworden. Zu Hause ist er auch manchmal laut geworden.

Mein Bruder war verbal, aber auch körperlich aggressiv, wenn wir uns als Kinder gestritten haben. Einmal ist er so richtig ausgetickt und hat mir seinen Ellenbogen in den Rücken gestoßen. Deswegen hatte ich auch manchmal ein bisschen Angst vor ihm und bin ihm lieber aus dem Weg gegangen. Meistens ging es in unseren Streitsituationen darum, dass er so langsam war. Entweder er hat sich die Schuhe nicht angezogen, wenn wir eigentlich wegwollten, oder ist dann noch mal lange ins Bad gegangen. Dann hat sich alles hinausgezögert und die Stimmung war schlecht. Wenn wir ihm gesagt haben, dass er sich mal beeilen soll, ist er aggressiv geworden. Wir haben eben immer gedacht, dass es nur schlechte Angewohnheiten sind und die kann man sich ja abgewöhnen.

Als Kind habe ich meinen Bruder als sehr nervig wahrgenommen. Er war immer sehr lange auf der Toilette. Er hat ständig abgespült und man konnte nicht schlafen, weil es so laut war. Ich weiß nicht, warum er das gemacht hat. Bis heute nicht. Wenn er sich gebadet hat, war er bestimmt zwei, drei Stunden im Bad. Das war natürlich besonders morgens stressig. Dann konnte man sich noch nicht einmal die Zähne putzen. Wir haben dann immer an die Türe geklopft, aber er hat nicht aufgemacht. Ich weiß, dass er sich oft seine Hände gewaschen hat, aber sonst habe ich keine Ahnung, was er immer so lange im Bad gemacht hat. Ich habe ihn natürlich oft gefragt, aber er hat sich nie dazu geäußert. Wenn ich ihn zum Beispiel gefragt habe, warum er die Türe so oft auf- und zumacht, hat er gesagt, dass er nur guckt, ob das Licht auch aus ist, aber das sieht man ja. Meistens bin ich auf mein Zimmer gegangen und habe ihm gesagt, dass er die Tür einfach zumachen soll, aber dann hat er trotzdem weitergemacht. Bis er irgendwann aufgehört hat. Ich habe sein Verhalten nicht als Krankheit, sondern als lästige Angewohnheit wahrgenommen.

Wir haben zwar immer vermutet, dass etwas nicht stimmt, aber so richtig etwas unternommen haben wir erst sehr spät. Wir haben immer wieder mit ihm gesprochen und haben ihn gebeten, etwas zu ändern, aber der Erfolg war immer nur sehr kurz. Irgendwann haben meine Eltern dann gesagt, dass er zu einem Psychologen muss. Er war dann in Kleve in Behandlung, aber ich weiß nicht mehr, wie alt er da war. Er war später ja in Bocholt in der Schule und hat da seine Ausbildung gemacht. Das war eine Schule für Leute mit Behinderung. Erst da wurde mir richtig bewusst, dass er krank ist.

Heute habe ich nur sehr selten Kontakt zu Jörg. Ich weiß auch nicht, was ich so mit ihm reden soll. Er kommt meist nur zum Geburtstag unserer Eltern. Von sich aus meldet er sich nicht, aber meine Mutter ruft ihn immer an. Wenn er zu Besuch kommt, merken wir, dass es viel besser geworden ist. Es geht alles viel schneller und man kann einen Erfolg gut erkennen. Seitdem er den Arzt gewechselt hat, geht es ihm besser. Früher hat er nur Medikamente bekommen. Heute hat er Therapien. Er muss zum Beispiel lernen, dass er sich nicht die Hände zu waschen braucht, nachdem er sich die Schuhe angezogen hat.

Wenn wir gewusst hätten, dass es eine Krankheit ist, hätten wir nicht so lange gewartet. Er hätte viel früher eine Therapie bekommen müssen. Die Stimmung war zu Hause immer gereizt. Hätten wir die Krankheit früher erkannt, hätte das sicher unser Zusammenleben erleichtert. Man sieht ja heute, dass ihm die Therapie hilft.

Wenn ich mich in einer Kaffeebude am Bahnhof unterhalte, merkt keiner, dass ich psychisch krank bin

Angelika Berger mit ihrem Partner Osman

Angelika Berger ist 53 Jahre alt. Nach vielen krankheitsbedingten Ortswechseln lebt sie seit einigen Jahren mit ihrem Partner in einem Wohnheim und plant den Auszug in eine gemeinsame Wohnung. Von ihrem Teilzeitjob in der Werkstatt spart sie auf Geschenke für Osman und ihre Enkel. Ihre Diagnose: paranoide Schizophrenie, Zustand nach chronischem Alkoholmissbrauch.

Ich bin in Münster groß geworden, mit zwei Brüdern. In der Schule war ich nicht so gut, deshalb habe ich danach nur eine Anlehre als Serviererin gemacht. Dabei habe ich auch Udo kennengelernt, meinen späteren Mann. Der war Straßenwärter. Wir haben geheiratet, als ich 21 war, ein Jahr später wurde Melanie geboren. In den Jahren danach kamen noch ein Sohn und meine jüngste Tochter zur Welt. Finanzielle Sorgen hatten wir nie. Mein Mann hat mich aber von Anfang an misshandelt, geschlagen und gewürgt. Ich hatte immer blaue Flecke, einmal auch einen Bänderriss und einen Nasenbeinbruch. Das ging über dreizehn Jahre, ein Hin und Her. Ich war öfter im Frauenhaus, bin aber immer wieder zu ihm zurück. Er hat mir immer versprochen, mich nicht mehr zu schlagen. Heute weiß ich nicht mehr, wieso ich das so lange ausgehalten habe.

Meine Krankheit fing so an, dass ich sieben Tage und sieben Nächte nicht mehr schlafen konnte. Ich hatte Fantasien, vor allem, dass mein Mann meine Kinder sexuell missbraucht. Dabei ist mir das in meiner Kindheit selber passiert, das hatte ich verdrängt, aber in der Phase kam das wieder hoch. Ich wollte mit meinen Kindern fliehen, war aber total durcheinander und lief mit ihnen über die Hauptstraße. Die Kleine war da gerade drei Jahre alt. Fünf Polizisten mussten mich überwältigen, so kräftig habe ich mich gewehrt. Ich kam mit Hand- und Fußfesseln nach Bedburg-Hau, Haus 23. Später wurde ich auf die Geschlossene in 42-2 verlegt, da war Schwester Sandra damals noch im Dienst. Es war eine schreckliche Zeit. Ich habe dauernd nach meinen Kindern geschrien und habe viele Beruhigungsspritzen bekommen.

Ich wurde mit Haldol und anderen Tabletten entlassen, mein Mann hat mich nach Hause geholt. Aber mit den Medikamenten war ich kein richtiger Mensch mehr. Mal lief mir Speichel aus dem Mund, dann war mein Mund wieder zu trocken. Und ich war dauernd müde, konnte nicht mehr viel machen. Mein Mann hat mich nicht mehr geschlagen, aber sexuell war nichts mehr zwischen uns.

Ich musste schon bald wieder ins Krankenhaus, diesmal nach Dinslaken. Da bin ich etwa neun Monate geblieben. Danach wollte ich nicht mehr zu meinem Mann zurück. Man hat mich in ein Wohnheim in Emmerich entlassen, das Bonifatiushaus. Aber da gefiel es mir gar nicht. Ich wollte Abstand zu meinen Kindern haben. Es tat mir zu weh, so nah bei ihnen zu leben, ohne sie zu sehen. Ich bin dann freiwillig wieder in die Klinik gegangen nach Bedburg-Hau. Von der Krankenstation bei Sandra kam ich zu einer Wohntrainingsgruppe, die von dem Psychologen Breuer. Dort blieb ich neun Monate. Einmal die Woche kam Herr Breuer zum Frühstück zu uns. Wir haben uns immer gefreut, wenn er Käse mitgebracht hat, den gab es in der Klinik nicht genug. In der Wohngruppe habe ich auch meine Freundin kennengelernt, Gisela Rock. Die wollte auch von ihrem Mann weg. Zusammen haben wir uns um einen Platz in einer Wohngemeinschaft von Spix beworben. Wir haben dann in Hamminkeln zu sechst gewohnt, zwei Frauen und vier Männer. Ich habe bei Spix in der Küche gearbeitet und ab und zu bei Georg in der Schreinerei. Dafür gab es im Monat 50 Mark.

Meine Kinder habe ich zu der Zeit ein Jahr nicht gesehen. Frau Wohlgemuth von Spix hat mir dann geholfen, dass ich sie wieder treffen konnte, zuerst beim Jugendamt, immer eines allein. Später konnten meine Kinder dann auch mal bei mir übernachten. Zu der Zeit bekam ich das Medikament Fluanxol, das war viel besser als die früheren Medikamente. Ich war fitter, konnte mich um alles besser kümmern und auch die Arbeit besser durchhalten. Nach zwei Jahren habe ich sogar einen Putzjob bei einer Firma geschafft, zwei Stunden am Tag, da bekam ich mehr als bei Spix.

1999 lernte ich durch einen Bekannten den Olaf kennen. Der war nicht psychisch krank, ein Bergmann, geschieden, mit einem Kind. Mit dem bin ich dann zusammengekommen und wir sind schließlich auch zusammengezogen. Ich habe in Krankenhäusern geputzt, das war viel Stress, sechs Stunden am Tag, aber ich habe 900 Euro verdient. Das ging fünf Jahre gut. Wir waren glücklich zusammen. Aber ich wollte noch mehr arbeiten, noch mehr Geld verdienen, und habe deshalb heimlich die Spritze und die Tabletten abgesetzt. Sechs Wochen später war der Zusammenbruch. Ich kriegte einen Putzwahn, wollte z. B. Nikotin und Kalk von den Fenstern und Fliesen kratzen. Direkt von der Arbeit wurde ich ins Krankenhaus nach Duisburg gebracht. Da bin ich vier Monate geblieben. Danach sagte mir mein Freund, dass er mich noch lieb hat, aber mit meiner Krankheit nicht klarkommt.

Ich habe vorübergehend bei einer Freundin gewohnt und dann mit meiner gesetzlichen Betreuerin eine eigene Wohnung gesucht. Das ging gar nicht gut. Ich kam nicht alleine klar, die Einsamkeit und die Erinnerungen haben mich fertiggemacht. Diesmal bin ich freiwillig ins Krankenhaus gegangen, zusammen mit meiner Betreuerin. Da bin ich fast ein Jahr geblieben. Von dort kam ich nach Haus Johann in Xanten. Da kam nach kurzer Zeit die Krankheit wieder. Ich habe die Tabletten und das Essen verweigert und bin wieder in die Klinik Bedburg-Hau gekommen. Das ist jetzt zehn Jahre her, das letzte Mal, dass ich im Krankenhaus war.

Nach Haus Johann bin ich in das Wohnheim von Papillon gezogen, Riswickerstr. 14 und später hier in die Riswickerstr. 16. Etwa ein Jahr habe ich in einer Werkstatt gearbeitet, aber das war nichts für mich. Jetzt gehe ich dreimal in der Woche für zwei Stunden im Tageszentrum arbeiten.

Seit drei Jahren lebe ich mit meinem Freund zusammen in einer Wohnung hier im Wohnheim. Wir bleiben vielleicht noch ein Jahr hier. Dann wollen wir uns eine eigene Wohnung in Duisburg suchen, wo Osman herkommt. Eine gesetzliche Betreuerin habe ich seit zwei Jahren nicht mehr, Gott sei Dank. Aber die letzte war lieb, ich rufe sie noch oft an, wie eine Freundin. Zu meinen Kindern habe ich weiter einen sehr guten Kontakt. Allen dreien geht es gut. Mit meiner großen Tochter telefoniere ich fast jeden Tag und alle besuchen mich.

Ich habe auch schon vier Enkel, zwischen zwei und dreizehn Jahren alt. Ich spare jedes Jahr 140 Euro von meinem Taschengeld und Arbeitsgeld, das schafft hier im Haus keiner. 60 Euro davon sind für ein Geburtstagsgeschenk für Osman. Und zu Weihnachten bekommt jedes Enkelkind von mir 20 Euro.

Hier bei Papillon habe ich zwei Bezugsbetreuer, die machen z. B. Kühlschrankkontrolle und Gespräche mit mir. Anfangs war ich ganz unselbstständig. Nach und nach habe ich aber wieder gelernt, einen Haushalt zu führen und sparsam mit Geld umzugehen. Es hat mir auch sehr geholfen, dass die mit mir zu meinen Eltern und Geschwistern gefahren sind. Jetzt mach ich das aber mit Osman alleine.

Ich bin glücklich mit meinem Leben, es hätte alles viel schlimmer kommen können. Meistens habe ich gute Laune. Die Medikamente tun mir gut, die werde ich nie mehr absetzen oder vergessen. Wenn ich bei der Kaffeebude am Bahnhof sitze und mich mit den Leuten dort unterhalte, merkt keiner, dass ich psychisch krank bin.

Heimleiterin Anna Gonzales und Bezugsbetreuerin Monika van den Bruck

Wir kennen Frau Berger seit fünf Jahren. Sie leidet an einer chronisch verlaufenden Schizophrenie und Persönlichkeitsveränderungen durch Alkoholmissbrauch. Allerdings ist der Alkoholmissbrauch kein Problem mehr. Sie hat auch keine akuten Zeichen der Wahnkrankheit. Eher ist sie durch die Krankheit in ihrem Wesen verändert, z. B. in ihren Gefühlen und ihrem Kritikvermögen. Wir erleben sie in der Regel laut, dominant, fordernd und etwas überdreht. Das ist vor allem so, seit auf ihren Wunsch die Medikamente gesenkt wurden. Sie ist zwischenzeitlich aber auch wieder bereit gewesen, die Dosis leicht zu erhöhen.

Damals, als sie bei uns einzog, hat sie sich noch wie eine alte Frau gekleidet, lief immer in dunklen Klamotten rum und war nicht sehr gepflegt. Das ist heute ganz anders. Sie pflegt sich immer sehr gut und kleidet sich sehr weiblich, oft auch mit sehr kurzem Rock. Dann ist sie manchmal ganz erstaunt über die Reaktionen der Männer.

Lange Zeit war die Einstellung ihrer Zuckererkrankung ein Problem. Sie hatte einen unbeständigen Tagesablauf mit sehr unregelmäßigen Mahlzeiten, sodass sie öfter unter- oder überzuckert war und eine Einweisung ins Krankenhaus drohte. Es hat zwei bis drei Jahre gedauert, bis sie die Notwendigkeit der Behandlung verstehen konnte und bis sie mitgearbeitet hat bei der Dokumentation, den Insulingaben, dem Einhalten von Zwischenmahlzeiten usw. Das ging in ganz kleinen Schritten: selber den Zucker messen, selber die Spritze aufziehen, immer mit Lob durch uns und die Aussicht, in die selbstständigere Wohneinheit nebenan umziehen zu können.

Frau Berger kann sich nicht lange auf eine Tätigkeit konzentrieren und sie durchhalten. Trotzdem hat sie ein Jahr lang eine Arbeit in der Werkstatt geschafft, war dabei aber wohl eher überfordert. Jetzt hat sie die richtige Menge an stundenweiser Beschäftigung gefunden.

Sie ist ein sehr geselliger Mensch und genießt es, viele Kontakte zu haben, die früher aber eher kurz und oberflächlich waren. Oft sind die bis heute einseitig: sie redet, der andere hört zu. Früher kam es wegen ihres geringen Einfühlungsvermögens auch oft zu Konflikten, weil sie sich anderen gegenüber rücksichtslos verhalten hat. Das kommt jetzt nur noch selten vor.

Ein großer Entwicklungsschritt war sicherlich, dass sie sich auf eine langfristige Beziehung einlassen konnte. Sie lebt jetzt seit drei Jahren mit ihrem Partner zusammen, mit dem üblichen Auf und Ab, wie in jeder Beziehung. Der

Vater von Osman hat Schwierigkeiten damit, dass sie keine Türkin ist, aber mit der Mutter und der Schwester kommt sie gut klar. Beide planen, nach Duisburg in eine eigene Wohnung zu ziehen. Das wird ein großer Schritt sein, sicher auch mit Risiken.

Frau Berger neigt dazu, sich manchmal euphorisch und unkritisch zu überfordern und Sicherheiten vorschnell aufzugeben. Dass es ihr heute so viel besser geht, liegt wahrscheinlich daran, dass sie sich hier stabile soziale Netzwerke aufgebaut hat und dass es genau zu ihren Bedürfnissen passende, haltgebende und regulierende Strukturen der Wohnbetreuung und Beschäftigung gibt. Wir schauen deshalb schon jetzt mit ihr nach Angeboten professioneller Hilfe in Duisburg und wollen den Übergang mit ihr langfristig vorbereiten.

Die Tochter
Petra Rusche ist 31 Jahre alt und Mutter von vier Kindern. Beruflich dreht sich bei ihr alles um die Themen Sport und Ernährung. Privat lebt sie mit ihrer Familie als Rohkostveganerin.

Ich erinnere mich nicht an viele Situationen aus meiner Kindheit, aber ich bin die Älteste von drei Kindern und habe wohl auch am meisten mitbekommen. Meine Mutter hat früher sehr viel geschrien und mein Vater ist nicht damit klargekommen. Er ist dann ausgerastet. Beide haben sich gegenseitig hochgeschaukelt. Sie hat nicht die Ruhe bewahrt und mein Vater war cholerisch. Zu der Zeit war ich ungefähr vier Jahre alt und mein Bruder war noch nicht auf der Welt. Wenn sie sich so heftig gestritten haben, hat mein Vater mich immer zu seinen Eltern gebracht. Meine Mutter konnte sich dann beruhigen und mein Vater ist zum Fußballplatz gefahren. Immer wenn er mich danach abholen wollte, habe ich ein Riesenspektakel gemacht und habe Rotz und Wasser geheult. Ich wollte partout nicht nach

Hause. Wir haben damals in Wesel gewohnt und meine Großeltern in Emmerich. Deshalb habe ich immer gesagt: »Ich gehe nicht nach Doofen-Wesel zurück«, weil sich meine Eltern immer gestritten haben.

Ich kann mich nicht an viele Einzelheiten erinnern, aber wir waren, glaube ich, auch mal in einer Frauenauffangstation. Da haben wir überbackene Auberginen gegessen. Na ja, und an einschneidende Erlebnisse kann ich mich erinnern. Ich war so fünf oder sechs Jahre alt. Mein Bruder war noch ganz klein. Da habe ich mit einer Fahne vor meinem Bruder herumgewedelt und meine Mutter hat sie mir einfach abgenommen, ohne etwas zu sagen. Sie konnte sich nicht emotional in mich hineinfühlen.

Als ich im zweiten Kindergartenjahr war, so mit sechs Jahren ungefähr, sind wir nach Rheinberg umgezogen. An einem Abend haben sich meine Eltern richtig gestritten und ich bin dann aus meinem Zimmer runtergekommen. Mein Vater hat meine Mutter verprügelt und wollte sie treten. Als ich mich dann vor meine Mutter gelegt habe, um sie zu schützen, hat mein Vater mich getroffen. Das wollte er aber nicht. Ich habe mich schon immer gegen meinen Vater aufgelehnt.

Ich war etwa elf Jahre alt, als sich meine Eltern dann haben scheiden lassen. Das war eine harte Zeit und ich frage mich heute noch, wie das passieren konnte und warum meine Eltern das so zugelassen haben. Meine Mutter ist damals mit mir und meiner kleinen Schwester abgehauen, aber mein Bruder war noch im Haus. Weil sie so große Angst vor meinem Vater hatte, sollte ich ihn holen. Mein Vater hat sich so aufgeregt, dass er meinen Bruder in der Couch eingeklemmt und nicht rausgelassen hat. Irgendwann konnte ich meinen Bruder dann aber doch mitnehmen. Zu dem Zeitpunkt, als wir abgehauen sind, hatte meine Mutter einen Freund im Asylbewerberheim. Ich weiß aber nicht, ob wir auch da geschlafen haben. Meine Mutter ist jedenfalls mit uns durch die Gegend gezogen und hatte kein Geld. Wir waren in einer Pommesbude und haben dort gegessen, weil wir Hunger hatten, aber meine Mutter konnte nicht bezahlen. Als dann die Polizei kam, haben sie meine Mutter mit uns nach Hause geschickt, aber sie hatte Angst vor meinem Vater und hat sich weiter mit uns herumgetrieben, bis es dunkel wurde. Später ist sie dann richtig durchgedreht und ich habe wirklich Angst gekriegt. Als dann die Polizei mit zwei Autos kam, hat sie voll herumgeschrien. Sie hat gesagt, der Teufel sei da und »Petra hilf mir!«. Die Polizei hat meine Mutter dann die Böschung heruntergeschmissen, um sie zu überwältigen, und sie dann in ein Auto gesetzt und uns drei Kinder in ein anderes.

Dann haben sie uns zur Polizeiwache gefahren und uns getrennt von meiner Mutter in ein Zimmer gebracht. Ich habe geschrien und wollte zu meiner Mutter, aber sie haben mich nicht zu ihr gelassen und eine Frau vom Jugendamt hat einfach die Türe abgeschlossen. Dann haben sie meine Mutter in die Psychiatrie nach Bedburg-Hau gebracht. Das war furchtbar.

Wir haben dann unseren Vater angerufen. Hätte der uns nicht abgeholt, wären wir ins Kinderheim gekommen. Ich habe dann ein paar Wochen bei meiner Klassenlehrerin gewohnt, weil mein Vater ja erst mal einiges organisieren musste. Er hat Vollzeit gearbeitet und hatte nachts Bereitschaftsdienste. Da habe ich die Verantwortung für meine Geschwister getragen. Der Kontakt zu meiner Mutter war zu der Zeit nicht einfach, weil mein Vater versucht hat, ihn zu unterbinden. Wir hatten dann auch eine Privatnummer, damit sie uns nicht erreichen kann. Ich glaube, mein Vater wollte mit den Besuchskontakten abwarten, bis meine Mutter aus der Klinik raus ist, weil sie ja auch vom Teufel erzählt hat. Ich hätte es schöner gefunden, nicht von meiner Mutter getrennt zu werden. Ich finde, Kinder gehören zu ihrer Mutter. Ich habe bestimmt ein Jahr lang oft abends geweint, weil ich sie so vermisst habe. Ich hatte ein Hochzeitsbild von meinen Eltern in meinem Zimmer und habe dann immer meine Mutter angeguckt.

In Dinslaken habe ich meine Mutter in der Psychiatrie besucht und später, als ich älter war, konnte ich ja sowieso Kontakt zu ihr aufnehmen, aber nach Bedburg-Hau war der Weg zu weit. Später in Hamminkeln war sie im Betreuten Wohnen. Sie hat in einer WG gewohnt und ich habe jedes zweite Wochenende bei ihr geschlafen, manchmal auch mit meinem Bruder zusammen. Wirklich gut ging es ihr da aber noch nicht und ich habe ihr immer gesagt, sie soll nicht in der Vergangenheit hängen bleiben. Ich habe nicht verstanden, warum sie so negativ denkt. Das Leben geht weiter und man muss das Beste daraus machen. Egal, was passiert ist.

Die Wende kam dann vor ein paar Jahren, als sie es geschafft hat, eigenständig für sich selbst zu entscheiden, ohne einen Vormund zu haben. Viele Dinge haben ihr nicht gepasst. Sie hatte zum Beispiel Geld gespart, das man ihr nicht geben, sondern einteilen wollte. Darüber hat sie sich sehr aufgeregt und das ging dann auch vor Gericht. Als die Richterin gemerkt hat, dass meine Mutter superfit ist, hat man ihr den Vormund weggenommen.

Dass meine Mutter krank ist, war mir als Kind nicht klar, aber ich glaube, sie wusste es ja selbst nicht. Erst war es ja eine Neurose, die sich dann später manifestiert hat und zu einer Psychose wurde, weil sie nicht behandelt wurde. Ich war einfach traurig darüber, dass meine Mutter damals lange keine Fortschritte gemacht hat und nur mit ihren eigenen Problemen beschäftigt ist. Und darüber, dass sie nicht für uns gekämpft hat. Als Kind fühlt man sich machtlos und möchte gerne zu seiner Mutter. Heute schätze ich ihre fröhliche Art. Obwohl sie alles negativ sieht, kann sie lachen. Je nachdem, in welcher Phase sie gerade steckt, sie ist ja manisch-depressiv, hat sie viel Witz und das mag ich sehr. Wir haben einen guten Kontakt, aber sehen uns nicht so oft, weil sie so weit weg wohnt. Sie will ja gerade organisieren, dass sie mit ihrem Freund nach Duisburg ziehen kann, weil seine Familie dort wohnt, aber das ist nicht so einfach. Wenn es klappt, wäre das schön. Dann könnten wir uns öfter sehen.

Das Wichtigste in meinem Leben sind mein Hund und meine Freundin

David Goldschmidt mit Partnerin Corinna und Hund Buddy

David Goldschmidt ist 46 Jahre alt. Depressive Gedanken und Selbstbeschädigungen kommen nur noch selten vor. Er arbeitet in Teilzeittätigkeiten durch Zeitungsaustragen und in einer Werkstatt und wird durch eine Fachkraft des Betreuten Wohnens begleitet. Seine Diagnose: Borderline-Persönlichkeitsstörung.

Ich hatte ein schlechtes Elternhaus. Als ich vier war, haben die Eltern sich getrennt. Ich habe noch zwei kleinere Stiefbrüder, beide von verschiedenen anderen Männern. In der ganzen Kindheit gab es nur Tritte und Schläge, immer durcheinander. Meine Oma war meine einzige Bezugsperson, die habe ich besucht, so oft es ging.

Mit zwölf Jahren bin ich dann abgerutscht, von zu Hause abgehauen, nach mehrfacher Vergewaltigung durch den Stiefvater. Ich lebte auf der Straße, kam zwischendurch in Schutzheime, bin auch da immer abgehauen und habe in der Punkerszene gelebt. Natürlich habe ich auch Straftaten begangen, um zu überleben. Köln, Essen, Dortmund.

Mit 15 oder 16 habe ich meine erste Frau kennengelernt. Wir fanden eine Absteige in Essen. Obwohl ich mich nicht angemeldet hatte, weil das Jugendamt und die Polizei mich suchten, haben die mich aufgespürt. Ich bin über das Flachdach abgehauen, habe mir dann erst mal zwei Wochen die Kante gegeben, dann habe ich mich gestellt. Ich hatte Glück, weil der Richter Hofmann die Verhandlung führte, mit dessen Tochter ich mal zusammen war. Der drohte mir nur: »Das nächste Mal gehst du richtig ab«, sodass ich nach vier Wochen wieder frei war.

Ich bin bei meinem Vater in eine kleine Baufirma eingestiegen, fünf Leute, es wurde viel schwarzgearbeitet. Ich war zwar ungelernt, habe aber nach einem Jahr schon den Kran geführt. Wir bekamen zwei Kinder, haben aber beide stark getrunken. 2003 war die Ehe zu Ende. Sie ist im Haus fremdgegangen. Ich hatte noch verschiedene Freundinnen, später auch was Ernstes, die hat mir die Pistole auf die Brust gesetzt: »Entweder ich oder der Alkohol.« Ich habe eine Entgiftung in Grafenberg gemacht und danach drei Monate stationäre und einen Monat ambulante Therapie. Diesen Herbst bin ich seit zwanzig Jahren trocken.

Später habe ich noch mal geheiratet, es war aber keine Liebe, ich war ihr nur hörig. Da fing es bei mir auch schon psychisch an. Ich habe bestimmt fünf Jahre bei ihr nur auf dem Sofa gepennt, habe das nur frei gemacht, wenn andere Männer kamen. Zwischendurch hatte ich immer wieder Klinikaufenthalte, wegen Depressionen und Selbstmordgedanken. Ich hau dann auch mit dem Kopf gegen die Wand und so Sachen, ist aber jetzt nur noch selten.

Ich habe mich endlich getrennt, als ich völlig am Ende war. Ich wusste, dass ich alleine nicht klarkommen würde, und habe mir Hilfe bei der Caritas gesucht. Da war ich schon ganz schön fertig, im Gegensatz zu jetzt. Ich habe alles mitgenommen, was es gab: Gespräche, Skillsgruppe, ich war fast jeden Tag da. Am besten waren die Gespräche mit Frau Ivanek, das war erleichternd. Und dass man hier ernst genommen wird.

Ich habe immer noch diesen blöden Kritiker in mir und kann nicht Nein sagen. Das Wichtigste in meinem Leben sind mein Hund und meine Freundin. Komisch, dass der Hund noch vor dem Mensch steht, ist aber so. Für die Zukunft wünsche ich mir, dass ich mit meinem Geld klarkomme. Egal, wie viel ich habe, am 10. ist alles weg. Und dass ich eine bessere Arbeit bekomme als beim Zeitungsaustragen, wo die den Mindestlohn umgehen, indem sie den Bezirk größer machen. Und dass ich keine Rückfälle mehr mit den Depressionen bekomme. Andere freuen sich über Sonne. Ich gehe am liebsten raus, wenn es dunkel ist.

Ziza Ivanek vom Betreuten Wohnen

Ich kenne Herrn Goldschmidt seit etwa sieben Jahren. Er ist als ältestes Kind einer alleinerziehenden Mutter aufgewachsen und hat durch seine Mutter viele Entwertungen und körperliche Misshandlungen erlebt, mehr als seine Geschwister. Er ist auch sexuell misshandelt worden, durch den Lebensgefährten der Mutter. Er lief dann immer öfter weg und lebte als Jugendlicher lange Jahre obdachlos. Zur Caritas kam er erst mit Mitte 30, nach mehreren gescheiterten Beziehungen und langer Zeit der Alkoholabhängigkeit. Nach seiner Aussage fingen seine seelischen Probleme erst an, nachdem er durch eine Therapie trocken geworden war.

Er war zu der Zeit tief depressiv, oft suizidgefährdet, und fiel immer wieder in dissoziative Zustände. Sobald er sich irgendwo hinsetzte, tauchte er ab und saß dann stundenlang wie geistesabwesend oder völlig in sich versunken. Nur nach wiederholten Fragen gab es kurze Reaktionen.

Seine winzige Wohnung unter dem Dach hatte damals keine Möbel, er schlief ohne Matratze auf dem Boden, sodass unsere ersten Schritte dem Lebensnotwendigsten galten. Auch die finanzielle Situation war chaotisch, mit vielen Schulden. Bis heute kann er sein Geld nicht richtig einteilen.

Seine stärksten Beschwerden sind seit Jahren heftige Rückenschmerzen. Alle Untersuchungen haben keine ausreichende körperliche Erklärung dafür ergeben. Erst in letzter Zeit ist eine deutliche Besserung eingetreten, vielleicht in Zusammenhang mit der Behandlung seiner frühen Traumatisierungen.

Im Lauf der Jahre ist zwischen uns eine gute Beziehung entstanden, nach anfänglich längerer Phase des Misstrauens. Mein Ziel war, seine stark entwertende Selbstwahrnehmung zu verändern und ihm zu helfen, auch Stärken wahrzunehmen. Bis heute reagiert er unter Belastung depressiv, manchmal immer noch mit Suizidfantasien und selbstschädigendem Verhalten, etwa indem er mit dem Kopf gegen die Wand schlägt. Das ist ihm aber peinlich. Er sucht in Stresszeiten den Kontakt von sich aus und wenn er von negativen Gefühlen überflutet wird, hilft es ihm, sich an der Realität zu orientieren, sich auf alltägliche Anforderungen zu konzentrieren und im Gespräch mit mir nach Auslösefaktoren zu suchen.

Im Vergleich zur Zeit vor sieben Jahren ist Herr Goldschmidt heute ein ganz anderer Mensch. Er ist fast durchweg wach und anwesend, nur noch sehr selten dissoziativ entrückt. Seit rund zwei Jahren besucht er an drei Tagen die Woche für einige Stunden eine Werkstatt der Caritas. Unter Anleitung eines väterlichen, ehrenamtlich tätigen Handwerkers von über 80 Jahren drechselt er Pilze, die auf Kunsthandwerkermärkten verkauft werden. Außerdem verdient er regelmäßig etwas Geld durch Zeitungsaustragen.

Der Hund von Herrn Goldschmidt ist sein wichtigster Gefährte, er teilt sein Leben Tag und Nacht und ist überall dabei. Selbst in tief depressiven Zeiten schafft er es aus Verantwortungsgefühl dem Hund gegenüber, mit ihm kurz vor die Tür zu gehen. Zu seiner Mutter hatte er keinen Kontakt mehr, aber nach deren Tod hat er die gesetzliche Betreuung für seinen geistig behinderten jüngeren Bruder übernommen. Er tut auf ganz fürsorgliche Art alles, was im Rahmen seiner Möglichkeiten liegt. Und seit drei Jahren hat er auch eine Freundin, die ebenfalls traumatisiert und borderlinekrank ist. Trotz des zum Teil heftigen Auf und Ab der Beziehung ist das für ihn ein weiterer großer Gewinn an Lebensqualität. Auch Corinna ist so ausgeglichen wie seit Langem nicht mehr. Es ist wunderbar zu sehen, wie ein Mensch sich trotz so schwerer Startbedingungen im Leben so toll entwickeln kann.

Die feste Freundin

Corinna Holländer (46) ist seit dreieinhalb Jahren mit Herrn Goldschmidt in einer Beziehung. Sie ist selbst psychisch erkrankt und empfindet die Zeit mit ihm als große Bereicherung für ihr Leben.

David und ich haben uns über die Caritas kennengelernt. Wir hatten damals dieselbe Betreuerin und die hat den Kontakt vermittelt, nachdem David sie gefragt hat, ob sie nicht mal anleiern kann, dass wir uns treffen. Es hat ein bisschen gedauert, bis ich das gepeilt habe, weil sie erst immer durch die Blume gesprochen hat, aber wir sind dann mal zusammen spazieren gegangen.

Ich habe David schon früher gesehen, aber ich hatte damals das Gefühl, dass er so unter Medikamenteneinfluss steht und gar nicht ansprechbar ist, dass wir gar nicht ins Gespräch gekommen sind.

David war damals sehr schüchtern und ruhig. Er war in sich gekehrt, aber sehr nett und zuvorkommend. Nach einer gewissen Zeit, die wir zusammen waren, hörte ich dann von der Caritas, dass sich David total zum Positiven entwickelt hat. Ich bin halt 'ne »Quaktasche«, total offen und gehe auf die Menschen zu. Auf einmal hat sich David durch mich dann wohl auch geöffnet und den Menschen anvertraut. Vorher hat er sich eher von den Klienten der Caritas distanziert.

David kann jetzt aus sich herausgehen und lacht auch. Das konnte er früher nicht. Manchmal sagt er zu mir: »Seit ich dich kenne, Corinna, bekomme ich vor lauter Lachen sogar Magenschmerzen, mir kommen die Tränen und ich spüre meine Wangen gar nicht mehr. Das befreit so. Ich kenne das gar nicht mehr.« Und seine Augen strahlen wieder. Das ist das, was mir auch guttut. Bei der Caritas sagen sie immer, dass wir beide zusammenpassen wie die Faust aufs Auge.

Seine Vorgeschichte hat er mir so nach und nach erzählt. Für uns als Paar hat sie aber eher keine Bedeutung. Wir versuchen, möglichst normal miteinander umzugehen. Dass es in seinem Unterbewusstsein arbeitet, merkt man allerdings an seinen Albträumen und daran, dass er nachts sehr oft schreit und dann um sich schlägt. Er zuckt auch sehr viel. Sein Körper kommt gar nicht zur Ruhe. Manchmal wird er von seinem Schreien wach, aber meistens weiß er morgens gar nichts davon. Er ist dann zwar abgekämpft und müde, weiß aber nicht, warum. Tagsüber merkt man ihm aber nichts an.

Wir wohnen in einem Haus, leben aber nicht zusammen. Ich hatte vorher auch eine Stelle bei der Caritas. Da sind wir immer mittags nach der Arbeit aufeinandergetroffen. Dann hat David schon mal gekocht und wir haben zusammen gegessen.

David und ich sind wie Seelenverwandte. Manchmal denken wir in der gleichen Minute dasselbe und sprechen es auch zusammen aus. Ich hatte schon aufgegeben, daran zu glauben, dass es jemanden gibt, der zu mir passt.

In depressiven Phasen ist David sehr ruhig, müde und kraftlos. In sich zusammengesackt. Er spricht aber nicht viel darüber und sagt immer: »Ich will dich nicht damit belasten. Dir geht es ja auch nicht gut.« Ich finde das aber traurig, weil ich doch auch dafür da bin. Ich halte es auch aus. Er macht das aber dann mit sich selbst aus oder spricht eher mit seiner Psychotherapeutin darüber als mit mir.

Oft genug sagt er dann auch, dass er wütend auf sich ist und sich fragt, wieso er so ist. Das ist manchmal ganz schön heftig. Zum Beispiel schläft er schon seit drei Wochen nicht mehr. Er kommt nicht zur Ruhe. Er hofft, dass ihm die Therapeutin hilft, weil er nicht mehr kann. Ich denke, dass es mit seiner Vorgeschichte zu tun hat, aber ich weiß es nicht. Als er sie mir erzählt hat, hat er sich sehr geschämt, aber ich habe ihm gesagt, dass er sich nicht zu schämen braucht und ja nichts dafürkann.

David ist sehr beliebt, aber er kann es nicht haben, wenn er gelobt wird. Manchmal wird er dann auch richtig unruhig. Vielleicht, weil er es nicht kennt. Er wurde ja früher immer nur bestraft. Ich weiß, wie ihn seine Mutter behandelt hat und was sein Stiefvater mit ihm gemacht hat. Er wurde im Keller eingesperrt und musste vergammelte Essensreste essen. Sogar Ratten waren im Keller.

Man sollte niemals nie sagen und sich ruhig auf eine Beziehung mit einem psychisch kranken Partner einlassen. Wenn der andere Depressionen hat, kann man es nachvollziehen und weiß, wie er sich fühlt. Das habe ich mit einem gesunden Partner nie gehabt. Da kamen immer eher Vorwürfe und Kritik.

Wenn es mir mal nicht gut geht, versucht David herauszufinden, was mir helfen könnte. Er fragt mich dann: »Was können wir jetzt machen?« und hilft mir, Lösungen zu suchen oder Wege zu finden, wie es mir wieder besser geht. David ist in den dreieinhalb Jahren auch noch nie laut geworden. Er ist immer ruhig und sachlich. Dafür bewundere ich ihn sehr. Er tut mir auf jeden Fall gut.

Ja und dann ist da noch sein Hund »Buddy«. Die beiden sind unzertrennlich und schmusen nur. Seit wir zusammen sind, nehme ich ihn aber auch schon mal. Ich wünsche mir, dass ich mit David auch so alt werde, dass wir wie Buddy graue Haare kriegen!

Alles, was im Heim angeleitet wurde, mache ich jetzt selbstständig

Fabian Rinke ist 49 Jahre alt und Schreiner von Beruf, was ihm immer wieder Arbeitsmöglichkeiten und Anerkennung verschafft. Seine Stabilisierung gelang kleinschrittig über viele Jahre in einem Wohnheim. Jetzt lebt er ambulant betreut in einer Wohnung und arbeitet in der Gartengruppe einer Werkstatt. Seine Diagnose: paranoide Schizophrenie.

Ich bin in Issum aufgewachsen, mit einer richtigen Schwester und einer Halbschwester. Ich war ein glücklicher Mensch. Aber die Anforderungen in der Schule und später im Beruf waren hart. Trotzdem habe ich meine Schreinerlehre abgeschlossen und ein halbes Jahr als Geselle gearbeitet. Weil ich keinen Führerschein hatte, wurde ich arbeitslos und hatte dann nur noch sehr wenig Geld. Ich war viel allein, hatte keine Freundin und war in Gesellschaft ein Außenseiter. Ich hatte auch Probleme seelischer Art, bin zum ersten Mal mit einer Psychose in Kontakt getreten. Ich habe meine Persönlichkeit nicht mehr ernst genommen und wichtige Dinge vernachlässigt. Mein Leben ging nicht mehr nach Plan, es ging irgendwie aus den Fugen.

Meine Mutter machte sich Sorgen um mich und rief damals den Amtsarzt. Der hat mich ins Krankenhaus eingewiesen. Ich blieb drei Monate und habe zum ersten Mal Medikamente genommen. Die hatten Nebenwirkungen, vor allem körperliche Krämpfe. Aber ich habe die Medikamente stabilisierend erlebt, ich war nicht mehr so unruhig wie vorher. Das ist bis heute so, dass Medikamente mir Stabilität geben.

Später kam ich in eine WfbM und habe da drei Jahre gearbeitet. Das war gut, ich habe berufliche Rehabilitation gemacht. Aber irgendwann kam mir die Perspektive abhanden, ich habe keinen Sinn mehr darin gesehen. Mein gesetzlicher Betreuer hat mich wieder in die Klinik einweisen lassen. Wahnvorstellungen oder Ängste hatte ich größtenteils nicht. Mich störten eher innere Stimmen und die Sorge, dass Leute mich beeinträchtigen könnten. Es waren Einbildungen und sehr negative Träume, aber meinen Lebensmut habe ich nicht aufgegeben. Und im Krankenhaus fühlte ich mich auch unterstützt.

Irgendwann meinte mein Betreuer, ich könnte nicht mehr alleine leben. Er meinte, das ständige Alleinsein wäre nicht gut, auch die herannahende Verwahrlosung und nachlassende Tagesstruktur. Er suchte für mich ein Heim, das Haus Blumenkamp. Die haben mir einen Platz angeboten und ich habe das Angebot angenommen. Ich bekam ein Zimmer auf Gruppe vier. Ich habe auch direkt Arbeit im Werkstattteam des Hauses gefunden und bekam Geld, auch Taschengeld, das wurde für mich eingeteilt.

Ich bin mit den Menschen im Heim gut ausgekommen, mit den Mitbewohnern und Mitarbeitern. Ich wurde beeinflusst, meine Tagesstruktur regelmäßiger zu machen, das war positiv. Gut fand ich auch, dass ich respektiert wurde mit meinen Bedürfnissen, zum Beispiel Bier trinken oder Sachen, die ich mit Christian gemacht habe.

Insgesamt war ich 17 Jahre im Haus Blumenkamp. Zuletzt war ich zwölf Jahre Vorsitzender des Heimbeirates. Viele liebe Mitbewohner sind in dieser Zeit gestorben, das war traurig. Und ich fühlte mich isoliert von der Gesellschaft, in eine gesonderte Gemeinschaft eingebunden. Ich habe mir viele Gedanken darüber gemacht, dass die Leute nicht mehr mit mir umgehen können, weil ich unter einer Psychose leide. Ich war überzeugt, dass alle von dieser Psychose wussten, und fühlte mich deshalb außerhalb des Hauses nicht wohl, zum Beispiel im Supermarkt, wo ich dachte, dass ich von allen beobachtet würde.

Ein wichtiger Schritt war die WfbM. Beim ersten Mal habe ich die Arbeit wieder aufgegeben, weil ich seelisch überfordert war mit den Beziehungen dort. Ein halbes Jahr später habe ich wieder angefangen und bin direkt in den Arbeitsbereich gegangen, mit Rentenbeiträgen und einem an mein Leistungsvermögen angepasstem Gehalt. Jetzt arbeite ich seit vier Jahren dort, seit einem Jahr in der Gartentruppe. Das ist körperlich sehr anstrengend, wegen Bücken, Aufrichten und Heben, da wird mir manchmal schwarz vor den Augen. Aber ich finde es abwechslungsreich und will es noch durchhalten.

Vor zwei Jahren hat die Wohnheimleiterin einen Abend veranstaltet, wo das neue Wohnprojekt vorgestellt wurde.

Dafür wurden Bewohner gesucht und als Frau Wagmann es mir erklärt hat, habe ich mich beworben. Die Selbstständigkeit hat mich angespornt. Ich wollte einen neuen Lebensabschnitt beginnen.

Seit einem Jahr wohne ich jetzt in einer eigenen Wohnung. Hier ist alles anders. Alles, was im Heim angeleitet wurde, führe ich selbstständig durch, unter meiner eigenen Verwaltung. Ich lebe nicht mehr in einer Gruppe, sondern mit meinem WG-Partner. Natürlich wird man jetzt auch allein gelassen mit Anforderungen, aber das macht auch Spaß. Ich habe hier mehr Persönlichkeitsentfaltung.

Sie sollten noch schreiben, wie ich mir wünsche, wieder gesund zu werden. Ich versuche immer, meine Krankheit zu übergehen und beziehe mich mehr auf die Realität und die gesellschaftlichen Anforderungen. Oft merke ich gar nicht, was andere bei mir als Krankheit beobachten. Aber ich habe die Sorge, den Anforderungen der Gesellschaft nicht zu genügen, nicht mehr standzuhalten und zu versagen. Und dass Dinge bevorstehen, die meinen Lebensweg negativ beeinflussen werden. Dass ich gegen Behauptungen von Leuten kämpfen muss, die nicht wahr sind. Solche Dinge beschäftigen mich sehr. Ich finde, solange der Mensch bemüht ist, die Gesellschaft nicht zu stören, hat er das Recht, positiv akzeptiert zu werden. Wenn das durch Krankheit verloren geht und der Mensch unzurechnungsfähig wird, dann ist das sehr schlimm. Diese Möglichkeit beängstigt mich sehr. Aber es ist auch möglich, dass ich wegen meiner Erkrankung Angst vor Erkrankung habe. Ich will meine Persönlichkeit so lange aufrechterhalten, wie es geht, genauso wie ich nicht herzkrank bin, solange mein Herz richtig schlägt. Und ich habe die feste Hoffnung, irgendwann als geheilter Mensch wieder ganz sorgenfrei leben zu können.

Felicitas Wagmann, Leiterin des Wohnheim-Verbundes

Nach unseren Unterlagen erkrankte Herr Rinke zum ersten Mal als Zivildienstleistender. Es fiel ihm in den folgenden Jahren wohl schwer, seine Krankheit zu akzeptieren und sich behandeln zu lassen. Es gab auch Drogenkonsum. Schließlich brach er alle Kontakte ab und lebte monatelang in Wäldern, bis er in die Klinik eingewiesen wurde. Von dort kam er auf Vermittlung seines gesetzlichen Betreuers zu uns, immer noch in einem gesundheitlich schlechten Zustand.

Im Wohnheim fand er schnell Zugang zu seinen Bezugsbetreuern. Er hat es anfangs vor allem genossen, dass man ihn so akzeptierte und mit Respekt behandelte, wie er war. Im Umgang mit den Mitarbeitern legte er Wert darauf, alle zu duzen und geduzt zu werden, um sich als gleichwertiges Mitglied der Hausgemeinschaft zu erleben.

Anfangs waren wir vor allem von seiner Gedankenwelt beeindruckt. Er sprach häufig darüber, welche Auswirkungen er auf andere Menschen haben könnte, die als Teil der Gesamtgesellschaft wiederum Einfluss auf das Universum hätten. Er fühlte sich diesem Universum verbunden, als Teil einer großen Einheit. Dabei waren seine Gedankengänge oft unverständlich, weil sie sehr sprunghaft und manchmal ganz verworren waren.

Im Alltag ging es lange darum, ihm ein Gefühl für sein Erscheinungsbild zu vermitteln und ihn für seine Körperpflege zu sensibilisieren. Er hat zwar im Lauf der Zeit keine andere Einstellung zur Hygiene gefunden, war aber schließlich bereit, sich anderen zuliebe zu pflegen. So hat er sich zunächst nur vor den 14-tägigen Besuchen bei seiner Mutter geduscht und neu angekleidet.

Eine größere Herausforderung war es, sein Selbstbewusstsein zu stärken, weil er fast kein Selbstvertrauen hatte, sich ganz schnell überfordert fühlte und dann vor Aufgaben zurückzog. Wir haben ihm möglichst solche Aufgaben übertragen, die er auch schaffte, sodass er anschließend Lob und Anerkennung fand. Besonders hilfreich war die Suche nach leichten Schreinerarbeiten, weil er durch seinen Beruf als Schreiner noch viele Fähigkeiten und Kenntnisse in diesem Bereich hatte. Wenn er eine Holzarbeit fertiggestellt hatte, war er zu Recht stolz darauf. Das half ihm, auch andere Herausforderungen anzunehmen, etwa im Haushalt.

Im Lauf der Jahre und sehr kleinschrittig haben sich die Fähigkeiten von Herrn Rinke dann weiterentwickelt. Damit wuchsen auch sein Selbstbewusstsein, sein Durchhaltevermögen und sein Wille, voranzukommen. Seine grüblerischen Selbstzweifel ließen nach und auch gedanklich war er immer weniger konfus. Leider gab es auch zwei schwere Rückschläge. Als er es innerhalb des Wohnheims schaffte, täglich über mehrere Stunden zu arbeiten, ermutigten wir ihn zum Besuch der Werkstatt für behinderte Menschen. Er war auch selbst sehr motiviert zu diesem Schritt, verband ihn aber möglicherweise mit überhöhten Ansprüchen an sein Arbeitsverhalten. Nach kurzer Zeit hatte er immer längere Fehlzeiten, bis er schließlich die Arbeit auf eigenen Wunsch beendete. Anschließend schaffte er auch im Wohnheim viele Dinge nicht mehr, die vorher selbstverständlich waren. Es dauerte lange Zeit, bis er wieder genug Selbstvertrauen entwickelt hatte. Auch ein zweiter Versuch des Wechsels in die Werkstatt führte zu einem ähnlich tiefen Rückschlag und dem Gefühl von schwerem Versagen bei ihm.

Nach kleinen oder größeren Rückschlägen nahmen bei ihm Schlafstörungen, Unruhe und wahnhafte Vorstellungen zu, seine Gedanken wurden wieder konfuser und er steigerte seinen Alkoholkonsum. In diesen Zeiten halfen ein enger Gesprächskontakt der vertrauten Bezugspersonen und häufigere Anpassungen der Medikamente durch den Facharzt. Die Krisenzeiten halfen ihm andererseits, seine Krankheit besser zu akzeptieren und die Medikamente regelmäßig einzunehmen, was ihm hier in den Anfangsjahren lange schwergefallen war.

Die Orientierung auf ein Leben außerhalb des Wohnheims gelang schließlich doch über die Werkstatt. Eine Mitarbeiterin, die ihn im Haus arbeitspädagogisch begleitete und eine enge Vertraute war, entwickelte eine besondere Intuition für drohende oder mögliche Überforderungen bei ihm. Sie gestaltete die Arbeitsabläufe genau so, dass es keine Misserfolgserlebnisse mehr gab. Zeitweise wurde sie von anderen Kollegen als überengagiert und zu beschützend erlebt, aber sie hatte wohl das richtige Gespür. Schließlich wurde eine Gruppe von Beschäftigten ihres Arbeitsbereichs stundenweise in die Räume der Werkstatt gefahren, um dort die gewohnten Arbeiten mit einer vertrauten Anleitungskraft des Wohnheims fortzusetzen. Später übernahm ein Mitarbeiter der Werkstatt die Anleitung. So ist der Übergang für ihn und andere gelungen.

Für Herrn Rinke war die Aufnahme einer Berufstätigkeit außerhalb des Wohnheims ein außerordentlicher Schritt. Als er seine erste Gehaltsabrechnung nach Hause brachte, freute er sich nicht über den Auszahlungsbetrag, sondern über den Anteil, den er für seine Wohnheimkosten an die Sozialhilfe abführte. Ich werde nie vergessen, wie er mir sagte: »Felicitas, jetzt bin ich ein vollwertiges Mitglied der Gesellschaft. Ich trage dazu bei, dass ich hier leben kann.«

Die Berufstätigkeit war für ihn der Katalysator, sich auch wieder ein Leben außerhalb des Wohnheimes vorzustellen. Er war selber vorsichtig genug, dieses Vorhaben in kleinen Schritten anzugehen. Schließlich ist es ihm gelungen. Er hat sich für ein Wohnangebot in nächster Nähe zum Wohnheim entschieden, eine eigene Wohnung mit intensiver Begleitung durch vertraute Mitarbeiter des Wohnheimteams. Dort lebt er jetzt seit einem Jahr. In der Anfangszeit war er wohl zeitweise überfordert und fehlte viel in der Werkstatt, hat sich aber im Lauf der Monate stabilisiert. Für viele im Wohnheim ist er ein Vorbild geworden, als jemand, der es nach vielen Jahren geschafft hat, den Weg aus dem Wohnheim in eine eigene Wohnung zu gehen.

Die Schwester

Bianca Kißner ist gelernte Floristin und arbeitet als examinierte Altenpflegerin. Mit 46 Jahren ist sie Fabian Rinkes jüngere Schwester.

Für mich war mein Bruder immer ein Frauenschwarm, den alle mochten. Das war als etwa 13-Jährige mein Bild von ihm. Da hatten Gedanken, dass etwas nicht mit ihm stimmen könnte, gar keinen Platz. Ich war zu dieser Zeit in der Pubertät und meine Eltern haben sich getrennt. Da hatten wir auch genug mit uns selbst zu tun. Von der Krankheit habe ich wirklich nichts mitbekommen. Fabian war in jeder Hinsicht immer mein großer Bruder. Er hat mich beschützt und war immer für mich da. Überhaupt hatten wir eine sehr schöne Kindheit. Bis zur Trennung meiner Eltern waren wir quasi eine Bilderbuchfamilie.

Dass mit Fabian etwas »nicht in Ordnung« ist, habe ich erst später gemerkt, als er mit einem Freund zusammen abgehauen ist. Aber eigentlich auch nur an meinen Eltern, weil sie in großer Sorge waren. Insgesamt war er ein halbes Jahr weg, ohne es vorher anzukündigen. Da muss er 17 Jahre alt gewesen sein. Meine Eltern hatten sogar Interpol eingeschaltet.

In Frankreich am Bahnhof wurde er dann von einem Polizisten angesprochen und hat tatsächlich gesagt, dass er nach Hause möchte, weil sein Freund zu den Fremdenlegionären gegangen war. Da wollte er nicht mitmachen. Zwar hat mein Vater heute keinen Kontakt mehr zu uns Kindern, aber er hat damals wie ein Löwe darum gekämpft, seinen Sohn wiederzufinden, und er hat meinen Bruder dann auch in Frankreich mit dem Zug abgeholt.

Wieder zurück waren Fabian und sein Freund, den dessen Eltern aus der Fremdenlegion in Frankreich rausgeholt hatten, Teil einer Clique. Sie waren viel in der Natur, haben gezeltet, Gitarre gespielt und Lagerfeuer gemacht. Da war Fabian ganz in seinem Element. Aber sie haben auch zusammen gekifft. Mein Bruder hatte immer einen hohen Freiheitsdrang. Vielleicht, weil er gemerkt hat, dass es ihm dann gedanklich besser geht und er nicht gefangen war in seiner Umgebung. Aber ich will ihn nicht analysieren.

Irgendwann, ich kann da gar keinen genauen Zeitpunkt mehr nennen, habe ich gemerkt, dass die Sorge um ihn immer größer wurde. Er hatte eine eigene Wohnung, hörte auf einmal ständig Stimmen und litt unter Ängsten und Wahnvorstellungen. Mit der Zeit ist die Wohnung immer mehr verkommen und er hatte gar keine Motivation mehr, sich zu pflegen. Ich habe damals mit meiner Mutter zusammengelebt und mehr ihre als seine Sorgen mitbekommen. Natürlich fand ich es auch nicht schön, meinen Bruder mit einer Bierflasche in der Hand zusammen mit Gleichgesinnten an der Bushaltestelle zu sehen. Die Leute haben meine Mutter auch oft auf ihn angesprochen, aber für ihn war das alles normal. Wir standen dem Ganzen also ziemlich hilflos gegenüber.

Er hat auch seine Arbeit verloren, weil er durch seine Gedanken wie gelähmt war. Fabian ist ja Schreiner. Er hat zwar das Abitur abgebrochen, aber dann auch sehr erfolgreich seine Lehre abgeschlossen. Heute lebt er dafür, mit Holz arbeiten zu können.

Die Entscheidung, meinem Bruder einen Betreuer zur Seite zu stellen, ist meiner Mutter damals nicht leichtgefallen, aber sie war immer im Gespräch mit Fabian und hat ihn da auch einbezogen. Im Nachhinein, muss ich sagen, war das die beste Entscheidung für ihn. Dadurch kam er ja später auch zum Haus Blumenkamp.

Erst war er aber noch in der Klinik. Er dachte ja immer, dass ihm andere etwas antun wollten, und war, glaube ich, auch eine Gefährdung für sich selbst. Wenn meine Mutter und ich ihn zusammen besucht haben und er Fernsehen geguckt hat, dachte er zum Beispiel, dass die Leute auf ihn schießen. Das war wirklich gruselig und ich hatte auch Angst, dass er vielleicht verrückt wird oder sich etwas antut. Er hat immer nur negative Stimmen gehört und auch im Radio haben für ihn alle nur Schlechtes geredet. Ich hatte Sorge, dass er vielleicht eines Tages auch mal in seinem Handeln von negativen Gedanken bestimmt wird.

Wir waren daher alle sehr beruhigt, als er nach dem Klinikaufenthalt so einen guten Platz im Haus Blumenkamp bekam. Auch weil er dann Abstand von seinen Freunden und den negativen Einflüssen gewonnen hat. Im Haus Blumenkamp trafen wir uns dann in einer neutralen Umgebung. Es war toll, dass er dort einen enormen Stellenwert hatte und viel Lob bekam, weil er ja auch viel konnte und weil seine Arbeit sehr geschätzt wurde. Fabian wurde überall mit einbezogen und er wäre in der hauseigenen Schreinerei schon fast als Mitarbeiter von Spix durchgegangen. Irgendwann hat er seine Situation dann auch akzeptiert. Das Haus Blumenkamp hat da große Arbeit geleistet, weil er eigentlich immer auf der Suche war. Ich war sehr stolz auf ihn, dass er das alles geschafft hat, obwohl er ja das Leben eines tollen, jungen Mannes, der Familie und Kinder als Ziel hatte, aufgrund seiner Krankheit aufgeben musste.

Ich glaube, es fällt ihm daher heute nicht leicht, wenn wir Weihnachten mit meiner Familie zusammen sind. Er freut sich zwar, uns zu sehen, aber kann das alles nicht für sich verarbeiten. Tief greifende Gespräche führen wir nicht, weil er oft so ausschweift. Das ist mir manchmal echt zu viel. Er redet dann über Weltfrieden, Politiker und ich merke, dass er auch sehr nervös ist, wenn er mit uns allen zusammen ist. Auf Familienfesten merkt man auch, dass er mit vielen Eindrücken überfordert ist.

Ich liebe meinen Bruder und mit seiner eigenen Wohnung jetzt hoffe ich natürlich, dass alles klappt. Er hat mir erzählt, dass er einen netten Mitbewohner hat und es ist gut, dass er Dinge heute mehr annimmt als früher.

Mit dem Dreirad kann ich alle Geschäfte erreichen, Schuhe und Kleidung selbst einkaufen

Carsten Masurat ist 30 Jahre alt. Er wohnt in einem Einzelapartment in einer Wohneinrichtung und führt trotz seiner schweren Unfallfolgen ein weitgehend selbstbestimmtes Leben. Mit seinem Bruder macht er fast täglich Ausflüge und Erledigungen. Seine Diagnose: organisches Psychosyndrom nach Schädelhirntrauma.

Ich bin im Kreis Borken groß geworden, in Vardingholt. Ich habe noch einen jüngeren Bruder. Der Unfall soll nach meinem 17. Geburtstag gewesen sein. Ich habe aber keine Erinnerung an den Unfallhergang. Ich bin im Krankenhaus aufgewacht, mit vielen Verletzungen und Verbrennungen, und wusste nicht, was passiert war.

Ich bin danach in verschiedenen Krankenhäusern gewesen, auch in holländischen Spezialkliniken, zum Beispiel für eine Operation der Luftröhre. Insgesamt war ich etwa ein Jahr in Krankenhäusern und danach sechs bis zehn Monate in der Reha in Münster. Anfangs lag ich nur im Bett, dann bin ich in den Rollstuhl gekommen. Ich konnte mich erst nur mit den Füßen fortbewegen, mein linker Arm ist bis heute gelähmt. Erst zu Hause habe ich später wieder allmählich laufen gelernt, zusammen mit einem Physiotherapeuten. Zuerst bin ich mit einem Vier-Punkt-Stock gelaufen, später mit einem einfachen. Heute versuche ich, innerhalb des Hauses ohne Stock zu gehen, etwa indem ich mich an den Wänden abstütze. Nach draußen nehme ich einen Stock mit, das gibt mir mehr Sicherheit.

Seit dem Unfall bin ich insgesamt langsamer in allen Bewegungen und auch die Koordination fällt schwer. Anfangs brauchte ich Hilfe beim Anziehen und Waschen. Ich bin daher bei meinen Eltern geblieben, die haben mir bei allem geholfen, zum Beispiel auch beim Schmieren von Broten. Im Lauf der Zeit habe ich das wieder gelernt, aber ich kann es nur, wenn die Butter auch weich ist und nicht direkt aus dem Kühlschrank kommt. Getränkeflaschen öffne ich, indem ich die Flasche links einklemme und mit der rechten Hand den Verschluss aufdrehe. Früher war ich Linkshänder, die Umstellung ist daher nicht immer einfach gewesen.

Eine Ausbildung konnte ich gar nicht machen. Ich war nicht mobil genug, um in die Nachbarstadt zu kommen, die ist 12 km entfernt. Ich hatte auch Gedächtnisprobleme. Das ist inzwischen etwas besser geworden. Termine wie zum Beispiel heute schreibe ich mir auf und klebe sie an die Wohnungstür.

Die Ergotherapie bei Frau Piepenbrock hat mir gut gefallen. Es war eine freundliche Atmosphäre in der Praxis. Da bin ich sicher vier oder fünf Jahre hingegangen. Wir haben an den Armfunktionen gearbeitet, Strecken und Beugen, auch Tasten, Greifen und Fühlen. Ich glaube, der Nerv in meinem linken Arm ist wieder etwas gewachsen. Ich kann aber nicht mehr nach Bocholt gehen, seit ich hier wohne, weil die Krankenkasse die Fahrt nicht bezahlt.

Hier habe ich eine eigene Wohnung. Dadurch, dass ich jetzt zentral wohne, habe ich auch wieder mehr Kontakte zur Außenwelt als vorher zu Hause. Ich versuche, so selbstständig wie möglich zu sein. Aber wenn ich Hilfe brauche, hilft man mir, zum Beispiel bei schweren Einkäufen. Meistens gehe ich aber mit meinem Bruder einkaufen, und der trägt die Sachen in meine Wohnung. Ich räume sie dann ein.

Ich genieße es sehr, eine eigene Wohnung zu haben, wo ich auch meine Ruhe finde. Aber auch die Sicherheit zu haben, dass ich Hilfe bekomme, wenn ich die brauche. Ich kaufe mir die Dinge zum Essen ein, die ich auch selber zubereiten kann. Malen oder andere Beschäftigungen habe ich zurzeit nicht. Aber ich gehe gerne in den Gruppenraum und rede mit den anderen Leuten dort. Und ich fahre öfter mit meinem Fahrrad in die Stadt, einem Dreirad. Alle Geschäfte sind in der Nähe, sodass ich mir Schuhe oder Kleidung selbst kaufen kann. Außerdem kommt mein Bruder fast täglich. Er hat ein Auto, dann machen wir Ausflüge zusammen. Ich begleite ihn bei seinen Erledigungen oder wir besuchen die Eltern. Vielleicht bin ich für ihn ein Klotz am Bein, aber er bemüht sich, mich zu integrieren, damit ich Kontakt zur Außenwelt habe. Für die Zukunft wünsche ich mir, dass ich mich so komplett rehabilitiere, dass ich wieder alles selbstständig machen kann.

Die Ergotherapeutin
Magda Piepenbrock

Herr Masurat kam vor elf Jahren mit seinem Vater in unsere Praxis. Er hatte Schmerzen und körperliche Einschränkungen in der Beweglichkeit seiner Hände, bedingt durch einen Unfall etwa ein Jahr zuvor. Die Rehaklinik hatte wegen seiner Unfallfolgen eine ergotherapeutische Behandlung empfohlen und der Hausarzt hatte diese verordnet.

Auffällig war, dass Herr Masurat zwar seine Schmerzen wahrnehmen konnte, z. B. Bauchschmerzen wegen zahlreicher Narbenverwachsungen nach inneren Verletzungen. Seine körperlichen und kognitiven Einschränkungen waren ihm dagegen nicht bewusst. Er hatte bei dem Autounfall auch eine schwere Hirnschädigung erlitten, die seine Persönlichkeit verändert hat. Uns fiel zunächst vor allem auf, dass er immer sehr ungepflegt war und unangenehm roch, ohne dass er das selbst bemerkte. Er hatte auch nicht das Bewusstsein, körperlich eingeschränkt oder behindert zu sein. So war er sehr unsicher beim Gehen, drohte laufend zu stürzen, und sein linker Arm war gelähmt. Das schränkt ihn lebenspraktisch stark ein, weil er sich zum Beispiel nicht die Schuhe selber schnüren und nur mit einer Hand essen kann. Da ihm diese Einschränkungen nicht bewusst waren, lief er zum Beispiel ganz unsicher und fiel hin, stand dann wieder auf, ohne es richtig wahrzunehmen. Er überschätzte sich deshalb auch und plante sein Leben völlig unrealistisch, wollte zum Beispiel Fotograf werden oder ein Auto fahren, ohne vorher eine Ausbildung zu machen oder Fahrstunden zu nehmen.

Es war nicht einfach, mit ihm Behandlungsziele zu vereinbaren. Beispielsweise konnten wir ihn nicht direkt auf die Funktionsstörung seiner Hand hinweisen und Trainingsangebote dazu entwickeln. Andere Institutionen haben deshalb im Lauf der Zeit die Behandlung beendet, z. B.

Praxen für Physiotherapie, weil er immer unregelmäßig kam und bei stärkerer Anforderung ganz wegblieb.

Zu uns kam er anfangs mit dem Wunsch, AC/DC-Musik von CDs zu hören, die er mitgebracht hatte. Die Herausforderung war, an seine Wünsche anzuknüpfen und daraus eine Behandlungssituation zu entwickeln, die ihn nicht überforderte. Das war am Anfang vor allem seine Liebhaberei, das Malen. Er malt sehr gern geometrische Formen und versinkt dann geradezu in der Konstruktion dieser Muster. Wir haben ihn dabei unterstützt und ihn gleichzeitig angeregt, für die Leinwand einen Rahmen herzustellen und die Pinsel richtig zu halten, um die Handfunktionen zu trainieren. Dann war er ganz in seinem Element und erlebte sich als großer Künstler, obwohl aus unserer Sicht selbst die geometrischen Figuren nicht besonders gelungen waren.

Nach und nach entstand eine Vertrauensbeziehung zwischen Herrn Masurat und den Ergotherapeutinnen unserer Praxis. Meistens kam er zweimal in der Woche, mit Unterbrechungen zehn Jahre lang. Irgendwann ließ er auch zu, dass wir seine Muskulatur passiv bewegen und dadurch Versteifungen verhindern konnten. Seine Körperpflege zu Hause bei den Eltern blieb unverändert, aber durch stete und taktvolle Rückmeldungen schaffte er es nach einigen Jahren, zur Behandlung ausreichend gepflegt zu kommen, ohne unangenehmen Geruch. Er tat das nicht aus Einsicht, sondern uns zuliebe.

Weitere Versuche der Förderung, die wir mit seinen Eltern unternommen haben, sind leider nicht gelungen. Hilfen wie zum Beispiel eine Arbeit in einer Werkstatt für behinderte Menschen hat er immer abgelehnt. Außer der ergotherapeutischen Behandlung gab es also keine weitere fachliche Förderung in all den Jahren. Seine Eltern sind inzwischen getrennt und die Mutter war schließlich mit seiner Versorgung überfordert. Seit Kurzem lebt er in einer Wohneinrichtung für behinderte Menschen in Emmerich.

Die Eltern

Klaus Masurat ist 58 Jahre alt. Seine Frau Elsbeth (58) erkrankte vor vielen Jahren an Multipler Sklerose und sitzt mittlerweile im Rollstuhl. Ihr Sohn leidet seit einem schweren Motorradunfall vor zwölf Jahren unter einer seelischen Behinderung, die die Familie bis heute viel Kraft kostet.

Carsten war immer ein sehr vorsichtiger Fahrer. Sein Bruder hat damals gesagt, Carsten hätte eigentlich nur kurz über die Schulter nach hinten geguckt. Bernd saß mit ihm auf dem Motorrad. Carsten hatte gerade erst vollgetankt und ist mit seiner linken Seite gegen den Baum geprallt. Sein Bruder ist hinten runtergefallen. Ihm ist nichts passiert. Carsten stand mit dem Motorrad sofort in Brand. Durch den Unfall wurden seine Oberschenkel verbrüht und circa acht Prozent der Hautoberfläche sind verbrannt.

Mit einem Trauma-Helikopter wurde er nach Duisburg ins Johanniter-Krankenhaus geflogen. Es war ein Freitagmittag. Dann fing das Elend an, dass wir von Krankenhaus zu Krankenhaus gefahren sind. Wir haben immer wieder Kleinkämpfe mit Schwestern, Pflegern und Ärzten geführt. Das war eine schlimme Zeit für uns, wir haben ja von Anfang an alles miterlebt. In der gesamten Krankheitsphase haben wir unseren Sohn als verweigernd erlebt. Wir wussten uns manchmal vor lauter Hilflosigkeit nicht mehr zu helfen und haben uns auch zu Hause gestritten. Die dauernde Belastung hat natürlich auch auf uns beide abgefärbt. Zeitweise waren wir auch getrennt. Die Scheidung sollte sogar eingeleitet werden, aber eigentlich wollten wir das ja beide nicht. Wir bleiben zusammen und haben die Krise gemeistert. Immerhin sind wir schon 37 Jahre verheiratet. Was Carsten betrifft, ist gefühlt aber kein Ende der Leidenszeit in Aussicht.

Er wohnt nicht mehr zu Hause, steht in Emmerich auf eigenen Füßen, aber er ist doch hilflos und braucht ständig jemanden, der bei ihm ist. Und am besten jemanden, der ihn gut kennt, weil er sehr launisch ist. Das ist im Moment sein Bruder. Carsten war schon immer dickköpfig. Auch vor dem Unfall. Einerseits ist er der Alte, aber eben doch irgendwie anders.

Er denkt heute langsamer und vielleicht merkt er auch, was er verpasst hat. Alle seine Kumpels von früher haben überhaupt nichts mehr mit ihm zu tun. Sie sind verheiratet, haben eine Familie und ein Haus. Carsten hatte ja letztens seinen 30. Geburtstag, und er hat das alles nicht. Er weiß auch, dass er das nie erreichen wird. Er kann nicht arbeiten, ist schwer behindert und lebt von der Sozialhilfe.

Zusammenhänge erschließen sich ihm nicht nur langsam, sondern auch falsch. Wenn wir zum Beispiel schon eine Lösung für ein bestimmtes Problem gefunden haben, bekommt er das gar nicht mit, obwohl wir es ihm gesagt haben. Es sind Kleinigkeiten, die uns immer wieder auffallen. Dann gucken wir uns an und zucken nur mit den Schultern. Viele Dinge, über die sich Carsten damals geärgert hat, sind heute total uninteressant für ihn, und was ihn immer glücklich gemacht hat, freut ihn nicht mehr so richtig.

Abhängig von seiner Laune und von der Situation will Carsten manchmal nicht wahrhaben, dass er bestimmte Dinge nicht kann. Einerseits merkt er, dass er Dinge nicht so kann wie andere, und andererseits tut er manchmal so, als hätte er nichts.

Als er zum Beispiel aus der Reha kam, wollte er unbedingt Fahrrad fahren. Das klappte aber nicht, weil er sein Gleichgewicht nicht halten konnte. Er wollte aber, dass ich irgendwo mit ihm übe, wo man ihn nicht sehen kann. Irgendwann hat er endlich eingesehen, dass es nicht funktioniert und dass er ein Dreirad braucht. Wenn Carsten heute mit seinem Dreirad losfährt, überschätzt er sich oft. Vielleicht, weil er auch nicht versteht, wie schnell man mit dem Dreirad umkippen kann. Er hat das Gefühl, dass jeder auf ihn achtet, und weiß, dass er behindert ist, aber er hat ja beide Arme am Lenkrad. Es weiß ja keiner, dass er nur einen Arm bewegen kann.

2006 hatte er auf einmal die Idee, nach Amerika zu fliegen. Er hatte ja noch genug Geld auf seinem Konto. Da ist er mit einer kleinen Tasche los nach Düsseldorf zum Flughafen. Wir haben aber verhindert, dass er so ahnungslos fliegt. Ein gutes Jahr später hat er dann aber wieder davon angefangen, sich für einen Flug zu interessieren. Er hat überall Hilfe gesucht, um herauszufinden, warum ihm der Unfall passiert ist. Er hat es dann tatsächlich nach Rom geschafft und ist vom Flughafen sogar irgendwie zum Vatikan gekommen. Das war für ihn sehr aufbauend. Auch wenn er nicht mit dem Papst sprechen konnte. Er ist mit seinem Stock und einer schweren Tasche mit allen Unfallberichten die ganze Nacht durch Rom gelaufen. Dann hat er sich ein Hotelzimmer genommen und drei Tage später haben wir ihn vom Flughafen abgeholt. Man kann alles schaffen, wenn man nur will. Positiv ist also, dass Carsten heute, soweit er kann, selbstständig geworden ist.

Wir könnten mit dem, was wir erlebt haben, bestimmt fünf Bücher schreiben. Schlimme, aber auch gute Sachen. Anderen Betroffenen möchten wir mit auf den Weg geben, nie aufzugeben und nie zu verzweifeln: Wenn du denkst, es geht nicht mehr, kommt von irgendwo ein Lichtlein her. An dem Spruch ist etwas dran. Man sollte nicht darüber nachdenken »Was ist, wenn …«, sondern Stärke zeigen, indem man instinktiv handelt.

Ich muss unter Leuten sein, dann geht es besser

Elke Suntum ist 45 Jahre alt und stolz darauf, trotz ihrer Krankheit ihre Kinder großgezogen zu haben. Sie wird durch Betreutes Wohnen unterstützt und besucht tageweise eine Tagesstätte. Ihre Kinder halten über WhatsApp, Telefon und Besuche Kontakt. Ihre Diagnose: schizoaffektive Psychose.

Meine Krankheit fing an, als ich in Umständen mit meinem ersten Kind war und ich im siebten Schwangerschaftsmonat zu meinem Ex-Mann gezogen bin. Ich war damals 24 Jahre alt und habe im Krankenhaus als Krankenschwester gearbeitet. Ich habe vorher noch zu Hause gewohnt und meine Mutter hat die Wäsche gemacht, Mittagessen habe ich im Krankenhaus gegessen. Es war für mich klar, dass ich mit meinem Kind nicht zu Hause bleiben konnte, weil meine Mutter mit meinem Stiefvater private Probleme hatte und sie beide mit dem Geschäft großen Stress hatten. Ich bin also direkt vom Elternhaus zu meinem Ex-Mann gezogen, ohne vorher einen eigenen Haushalt gehabt zu haben. Ich hatte aber die einjährige Hauswirtschaftsschule absolviert. Ich habe bis zum Mutterschutz weiter im Krankenhaus gearbeitet.

Es war eine Doppelhaushälfte, bei der meine Schwiegermutter nebenan wohnte. Sie hat mich von Beginn an kontrolliert und versucht zu kommandieren, und mein Ex-Mann hat mich nicht dabei unterstützt, mich abzugrenzen. Sie hatte anfangs sogar den Schlüssel von unserer Wohnung und weckte mich morgens um 6:00 Uhr, damit ich putze und den Haushalt versorge. Täglich hat sie mich fühlen lassen, dass ich es nicht richtig mache. Als ich dann im siebten Monat schwanger war, habe ich kaum noch geschlafen. Es tauchten schreckliche Ängste bei mir auf, z. B. dass ich einen Unfall mit dem Kind haben würde und dass ich dann Schuld an dem Tod meines Kindes hätte. Ich fühlte mich mit allem überfordert und unter extremen Druck gesetzt durch meine Schwiegermutter. Das wurde nach der Geburt noch viel schlimmer. Am dritten Tag nach der Entbindung hatte ich starke Ängste, einen Babyblues.

Als ich zu Hause war, verlangte meine Schwiegermutter von mir, dass ich abstillen sollte, damit sie dem Kind die Flasche geben konnte. Sie meinte, ich sei nicht in der Lage, mein Kind ausreichend zu ernähren, da ich ja »nichts auf dem Kasten« hätte, eine zu kleine Brust. Ich habe zwei Monate gestillt, trotz des dauernden Drängens meiner Schwiegermutter. Es fiel mir schwer, mein Kind zu beruhigen. Wenn mein Mann abends von der Arbeit nach Hause kam und Cora auf den Arm nahm, war es öfter so, dass Cora dann einige Zeit aufhörte zu weinen. In der Nacht wurde sie alle zwei bis vier Stunden wach und weinte laut wegen ihrer Neugeborenen-Koliken. Ich habe sie viel rumgetragen, gebadet und mit Spielen versucht, sie abzulenken. Trotz der verordneten Tropfen hielten die Koliken an, ich war ausgelaugt und nervlich am Ende. Ich musste selber dauernd weinen, weil ich das Gefühl hatte, nichts zu schaffen. Wenn ich gekonnt hätte, wäre ich zurück zu meinen Eltern gezogen, aber meine Mutter hat mir damals beim Wickeln meines Kindes immer wieder gesagt, ich mache es falsch und umständlich, obwohl ich es alles genau richtig gemacht hatte. Die Diskussionen darüber taten mir nicht gut. Ich hatte selber während der Ausbildung als Krankenschwester zwei Monate auf der Säuglingsstation gearbeitet und kam dort gut klar.

Schließlich habe ich das Kind nach dem Abstillen immer öfter meiner Schwiegermutter gegeben, weil ich mit allem überfordert war. Meine Schwiegermutter erzählte mir immer wieder Schauergeschichten, die in der Zeitung gestanden haben sollten, z.B., dass eine Mutter ihr Kind aus dem Fenster warf. Sie guckte mich dabei grimmig an und meinte: »So was machst du doch nicht, oder?« Dadurch ging es mir irgendwann tatsächlich so schlecht, dass ich wirklich anfing, über einen Selbstmord zusammen mit meinem Kind nachzudenken. Das waren Gedanken, die mich plötzlich überfallen haben wie Schmerzen und mich fürchterlich erschreckt haben. Ich konnte diese Gedanken aber immer wieder verdrängen. Und habe es erst meiner Mutter erzählt, als mein Kind drei Monate alt war. Sie hat dafür gesorgt, dass ich zu einem Psychologen gehe. Der hat behauptet, dass ich Wut auf mein Kind hätte, was aber nicht stimmte. Ich hatte nur Wut auf meine Schwiegermutter. Er hat mir dann Tabletten verschrieben. Ob die geholfen haben, weiß ich nicht mehr. Ich habe sie aber einige Monate später wieder selber abgesetzt.

Als Cora elf Monate war, schlief ich einige Zeit bei meiner Mutter. Sie wollte mich entlasten. Doch die Selbstmordgedanken wurden immer schlimmer. Sie kamen auf einmal alle fünf Minuten. Ich konnte mich nicht dagegen wehren. Daraufhin habe ich meine Mutter gebeten, mich ins Krankenhaus zu bringen. Sie hat es erst nicht ernst genommen, aber hat mich schließlich doch ins Krankenhaus gefahren. Ich wollte dort zuerst nichts über meine Selbstmordgedanken sagen, weil ich nicht auf die geschlossene Station kommen wollte. Der Arzt hat aber so lange nachgehakt, bis ich es gesagt habe. Darauf hat man mein Kind zu meiner Schwiegermutter gegeben und ich musste sechs Wochen auf der Geschlossenen bleiben. Damals ist für mich eine Welt zusammengebrochen.

Bei den Besuchen brachte meine Schwiegermutter meine Tochter mit, aber gab sie mir nie auf den Arm. Sie sagte, dass sie glaube, dass ich mein Kind fallen lassen würde. Meine Schwester kam zu Besuch und machte mir Vorwürfe, dass ich kein Kind haben wolle, während sie selber sich nichts sehnlicher als ein Kind wünsche. Das war für mich ganz schrecklich, denn natürlich hatte ich mir ein Kind gewünscht. Ich war nur mit der Versorgung überfordert und wurde immer kränker. Schließlich holte meine Mutter das Kind ab und kam mit ihm zu Besuch. Ich durfte es auf den Arm nehmen. Das war gut für mich, von da an ging es wieder besser.

Nach dem Ende der Zwangsunterbringung konnte ich in einem anderen Krankenhaus mit meiner Tochter zusammen weiter behandelt werden. Meiner Tochter ging es da gut, aber sie machte die Nacht zum Tag. Eine Schwester kümmerte sich immer ganz lieb um sie, sodass ich ein bisschen schlafen konnte, während ein Pfleger versuchte, mir das Leben zur Hölle zu machen. Wenn ich nachts nicht geschlafen hatte, ließ er mich tagsüber auch nicht schlafen, sondern zwang mich, in den Tagesraum zu den anderen Patienten zu gehen. Trotz Haloperidol kam ich nicht zur Ruhe, sondern bin immer weiter abgestürzt.

In der Zeit nach der Entlassung haben sich meine Schwiegermutter und meine Mutter viel um Cora gekümmert. Meine Krankheit dauerte etwa zwei Jahre. Ich hatte ganz oft Angst durchzudrehen, mir selbst nicht mehr vertrauen zu können, mir oder dem Kind etwas anzutun. Schreckliche Versagensängste quälten mich dauernd, und ich bekam ganz oft Weinzustände. Als Cora zwei Jahre alt war und mich wieder einmal weinen sah, kam sie zu mir und tröstete mich. Sie sagte: »Mama, ich bin doch bei dir.« Das hat mich sehr gerührt und sehr getröstet. Von da an ging es bergauf mit mir. Ich wurde wieder gesund und konnte die Tabletten absetzen.

Eigentlich hatte ich mir ein zweites Kind gewünscht, aber ich hatte eine Heidenangst vor einer Wiederholung der Krankheit. Aber dann habe ich einmal die Pille vergessen und wurde wieder schwanger. Nach der Geburt von Lennart war ich tatsächlich wieder sehr überfordert. Da hat mein Psychiater etwas sehr Kluges gemacht: Er hat mir starke Beruhigungsmittel gegeben, damit ich nachts durchschlafe. Ich wollte das eigentlich nicht, weil ich das Kind nicht schreien lassen wollte, aber mein Arzt sagte, dass dann mein Mann aufstehen könne. Das hat er auch zwei Wochen getan. Aber er war am Ende völlig fertig und überfordert.

Einmal schrie er und sagte, er würde das Kind am liebsten aus dem Fenster werfen. Das hat mich erst erschrocken, aber dann merkwürdigerweise völlig entlastet. Ich habe gesehen, dass das normale Gedanken sind bei einem kleinen Kind, das viel schreit. Von da an ging es wieder gut mit mir. Ich habe mich ein Jahr lang von meiner Schwiegermutter abgegrenzt, auch die Klingel abgestellt und das Telefon, und habe auf ihr Klopfen am Fenster nicht reagiert.

Im Jahr 2000 haben wir geheiratet, das war wunderschön. Lennart war da zwei Jahre alt und hat auf dem Standesamt so getan, als ob er mit unterschreiben würde. Etwa ein halbes Jahr später fing es an, dass ich meinem Mann nicht mehr richtig vertraut habe. Er hatte die Stelle gewechselt und war jetzt bei Siemens und erzählte von den vielen attraktiven Frauen dort. Ich hatte das Gefühl, dass er sich seit der Heirat mir gegenüber verändert hatte. Gleichzeitig fühlte ich mich auch gefesselt und eingeengt, weil ich sicher war, bei einer Trennung die Kinder zu verlieren, während ich vor der Ehe jederzeit mit den Kindern hätte gehen können. Ich entwickelte auch übertriebene Ängste, durch moderne Technik abgehört zu werden. Mein Mann war technisch immer auf dem neuesten Stand und ich dachte manchmal, dass er heimlich Aufzeichnungen von mir macht, z. B. mit einer versteckten Kamera in der Dusche. Er machte sich darüber lustig, aber das verstärkte nur meine Angst. Meine Schwiegermutter hatte mir öfter gesagt, dass im Dorf schlecht über mich geredet wird und nun hatte ich auch das Gefühl, dass alle mich beobachten. Ich habe bis heute das Gefühl, für andere wie ein offenes Buch zu sein, so als wenn alle mich durchschauen und meine Gedanken lesen können. Diese Ängste wurden immer schlimmer und ich hatte wieder Selbstmordideen.

Ein Arzt hat mich dann ins Krankenhaus eingewiesen. Man stellte dort die Diagnose einer schizoaffektiven Psychose. Anfangs wollte ich die Medikamente nicht nehmen und habe sie heimlich ausgespuckt. Als ich nach zwei Wochen nicht gesünder wurde, hat man das herausgefunden und dann die Tabletteneinnahme kontrolliert, man hat mir mit der Taschenlampe in den Mund geleuchtet. Ich wurde danach wieder gesund, aber auch komplett ein anderer Mensch. In einem halben Jahr habe ich 20 Kilo zugenommen. Vorher war ich schlank und fit, konnte joggen, jetzt war ich viel träger. Ich war traurig über meine Gewichtszunahme. Meine beste Freundin sagte mir, dass sie das ganz gruselig findet und ich nicht mehr die Elke sei, die sie kenne. Ich war auch ganz anders drauf, habe z. B. sogar meine Schwiegermutter übertrumpft mit dem Kochen, auch weil ich ständig Appetit hatte.

Bis heute war ich fünf oder sechs Mal in der Klinik. Es fängt immer gleich an, nämlich mit Schlafstörungen. Durch den Schlafmangel werde ich tagsüber unkonzentriert und nach einer Weile auch überdreht. Ich verausgabe mich mit allen möglichen Aktivitäten, bis die Nerven blank liegen. Dann werde ich gereizt, weil ich mich auch schnell angegriffen fühle und überempfindlich bin. Dann gibt es Streit mit den Leuten meiner Umgebung, wodurch ich noch unruhiger und gestresster werde, noch weniger Schlaf finde. Das ist wie ein Kreislauf, aus dem ich selbst nicht mehr herauskomme, der sich immer schneller dreht. Ich brauche dann eine Medikamentenerhöhung.

Ich gehe schon viele Jahre zu Papillon. Einerseits bin ich traurig, dass ich nicht auf dem normalen Arbeitsmarkt arbeiten kann wegen meiner Krankheit. Aber hier habe ich meine regelmäßige Beschäftigung. Es fällt mir auch schwer, über die Krankheit zu reden, das ist wie eine Behinderung. Hier geht das, weil es hier Menschen gibt, die ein ähnliches Problem haben und mich verstehen. Wenn ich mal eine Woche alleine zu Hause bleibe, fange ich an, mich einzubunkern. Ich muss unter Leuten sein, dann geht es besser. Es hilft mir auch sehr, dass die Betreuerin regelmäßig zu mir nach Hause kommt. Sie hilft mir bei Ämterangelegenheiten und begleitet mich zum Psychologen. Sie gibt mir auch immer Tipps, wenn ich einen Rat brauche, das hilft mir.

Das Verhältnis zu meiner Schwiegermutter hat sich nach der Geburt meines Sohnes zum Positiven verbessert. Sie hatte verstanden, dass ich auch gut alleine klarkomme und hat sich angeboten, wenn meine Kraft nachließ. Auch meine Mutter hat meine Kinder ab und zu mal betreut, damit ich zur Ruhe komme.

Ich bin stolz, dass ich trotz meiner Krankheit meine

Kinder großgezogen habe. Beide haben sich toll entwickelt und sind auch nicht böse auf mich. Meine Tochter wird jetzt 22 Jahre alt, wir sind momentan jeden Tag über WhatsApp oder über Telefon in Kontakt. Ich bin durch meine jetzige Beziehung sehr gestresst, da muss ich aufpassen, sie nicht zu sehr damit zu belasten. Sie hilft mir aber sehr dabei, genauso wie mein Sohn. Er übernachtet regelmäßig bei mir, oft auch mit seinen Freunden. Das macht mich alles glücklich. Ich bin auch stolz, dass ich eine normale Beziehung zu meinem Ex-Mann habe und mit ihm über unsere Kinder reden kann. Er wohnt eine Straße weiter und hat eine neue Lebensgefährtin. Meine Mutter hat das damals nicht geschafft und auch meine Schwester nicht, so einen guten Kontakt zu ihrem Ex zu haben.

Manchmal gibt es beschissene Tage, aber dann geht es auch wieder gut. Ich habe das Gefühl, bei all dem Krankheitselend das Beste draus gemacht zu haben. Und ich habe gelernt, dass man keinen Luxus braucht, um gut zu leben und glücklich zu sein.

Christian Rüschoff von der Tagesstätte

Als Frau Suntum zu uns in die Tagesstätte kam, lebte sie mit einem Hund und einer Katze alleine. Sie fühlte sich einsam und kam mit ihrem Tagesablauf nicht richtig zurecht. Sie erzählte uns, dass sie nach der Geburt ihres ersten Kindes eine Wochenbettpsychose bekommen habe, die zwei Jahre lang andauerte. Sie ist nie wieder ganz gesund geworden. Nach der Geburt des zweiten Kindes trennten sich die Eheleute, Frau Suntum hat aber weiter Kontakt zu ihren Kindern.

Ich erlebe Frau Suntum als eine Frau mit großen Ängsten und großer Unsicherheit, eine Entscheidung zu treffen. Sie traut sich z. B. oft eine Aufgabe in der Tagesstätte nicht zu und fragt dann immer wieder um Rat, findet dann aber doch keine Entscheidung. Ihr größtes Problem ist die Partnerschaft zu einem anderen Klienten der Tagesstätte. Die beiden sind seit vielen Jahren ein Paar. Frau Suntum hat einerseits den Wunsch nach einer stabilen Partnerschaft, aber es gelingt ihr gleichzeitig nicht, diese auszuhalten. Immer wieder tauchen neue Probleme in der Beziehung auf, die sie dazu bringen über eine Beendigung nachzudenken. Mit diesem Anliegen kommt sie fast täglich auf die Mitarbeiter zu. Sie sagt z. B., dass ihr Partner Drogen konsumiere und sie damit nichts mehr zu tun haben wolle, es aber alleine nicht schaffe, sich zu trennen. Sie scheint eine Entlastung zu erleben, wenn sie das Problem ausführlich schildern kann und ermutigt wird, Schritte zu einer eigenen Entscheidungsfindung zu entwickeln. Am Ende kommt es aber nicht zu einer Entscheidung, sondern zu einer Wiederholung dieses Gespräches, zum Teil anklammernd und bedrängend. Es kann also sein, dass sie tagsüber über ihre Wünsche gesprochen hat, sich zu trennen. In der Nacht ruft sie dann die Rufbereitschaft mit der gleichen Frage an und wünscht einen Rat. Versucht man, das Gespräch auf den nächsten Tag zu verschieben, erhöht sie die Dringlichkeit z. B. mit der Sorge, ihr Freund werde gleich aus dem Fenster springen.

Ein weiterer Problemkreis, unter dem Frau Suntum leidet, ist ihre fehlende berufliche Perspektive. Sie hat vor ihrer Krankheit eine Ausbildung zur Krankenschwester abgeschlossen, aber in diesem Beruf nicht gearbeitet. Nach der Erkrankung hat sie versucht, beruflich im Rahmen von Praktika wieder Fuß zu fassen, aber das ist nicht gelungen. Hier in der Tagesstätte kann sie einfache Arbeiten im Bereich der Küche oder der Druckerei gut verrichten, wenn sie dabei nicht gestört wird. Aber sie erlebt sich als Versagerin, kann durch ihre Leistungen kein Selbstwertgefühl entwickeln. Wenn man sie auf ihre regelmäßige Teilnahme und gelungene Arbeitsleistungen hinweist, scheint sie das zunächst annehmen zu können, glaubt es aber im Nachhinein dann doch nicht. Leider ist es auch nicht gelungen, an einem langfristigen Ziel der Stabilisierung zu arbeiten, weil es immer wieder akute Krankheitsphasen gibt. Sie ist in den letzten zehn Jahren fünfmal längere Zeit stationär psychiatrisch behandelt worden.

In den stabilen Krankheitsphasen besucht Frau Suntum regelmäßig an drei Tagen die Tagesstätte bis nach dem Mittagessen. An darüber hinausgehenden Angeboten, etwa kreativen Gruppen, nimmt sie nur selten teil. Sie spricht mit einzelnen Besuchern der Tagesstätte in den Pausen, hat aber privat selten Kontakt zu anderen. Neben der Tagesstätte wird sie auch von einer Mitarbeiterin des Betreuten Wohnens unterstützt. Auch hier steht die Reflexion über die Ängste und Selbstzweifel im Vordergrund. Allein gelassen muss sie sehr viel grübeln und quält sich damit, durch die Gespräche erfährt sie eine deutliche Entlastung. Daneben unterstützen wir sie, die Initiative zu Erledigungen im Alltag oder gelegentlichen sozialen Kontakten zu finden. Gespräche mit ihr und ihrer Mutter oder mit ihr und ihrem Partner zusammen haben sich dagegen nicht bewährt. Sie wirkt dann auf uns überfordert, ihre Unsicherheit und Selbstzweifel verstärken sich eher, die Grübelneigung wird danach verstärkt.

Für die Kolleginnen und Kollegen ist Frau Suntum eine der schwierigsten Klienten. Es liegt daran, dass sie auf eine Weise Hilfe sucht, der man sich praktisch nicht entziehen kann. Man sieht, wie sie leidet, wie fast ihr Kopf platzt vor Grübeln und quälender Selbstzweifel. Sie sucht auf eine sehr anklammernde Weise Zuwendung und Anlehnung, eine Orientierung im Leben. Es kommt uns darauf an, sie bei ihrer Entscheidungsfindung zu unterstützen oder den Druck ihrer Sorgen zu mindern, aber auch Grenzen zu setzen. Sie versucht dann durch verstärkten emotionalen Druck, diese Grenzen zu überspringen. Das und die immer gleichen Themen machen es anstrengend. Andererseits erleben wir, dass außerhalb der akuten Krankheitsphasen unsere Angebote ihr Stabilität geben. Sie hat feste Ansprechpersonen, die ihr die erforderliche emotionale Stütze geben und denen sie vertraut. Mit der Tagesstätte hat sie einen Ort, den sie als ihr berufliches Zuhause erlebt. Ohne diese Stabilität wäre sie ihren negativen Emotionen schutzloser ausgeliefert und wäre vermutlich öfter akut krank.

Die Tochter
Cora Suntum studiert Englisch und Philosophie in Düsseldorf, um später als Übersetzerin arbeiten zu können. Sie ist 21 Jahre alt und seit eineinhalb Jahren glücklich in einer Beziehung.

Meine Mutter ist ja nach eigener Angabe bereits in der Schwangerschaft mit mir erkrankt. Das heißt, ich habe kein Vorher-Nachher-Bild von ihr. Meine Mutter fragt mich ganz oft, ob sie sich verändert hat, aber ich habe sie immer als den Menschen wahrgenommen, der sie heute ist. Daher fällt es mir natürlich auch schwer zu sagen, dass sie krank ist, weil für mich alles so lange normal war. Diese Stimmungsschwankungen und dass sie in meiner Kindheit sehr oft geweint hat, gehörten zum Alltag. In meiner Kindheit, bis ich so zehn, elf Jahre alt war, war ich sehr empathisch. Ich habe versucht, ihr zu helfen, habe immer mit ihr gesprochen. Meine Mutter hat mir erzählt, dass ich drei oder vier Jahre alt war, als ich sie getröstet habe. Angefangen hat es aber schon, als ich sprechen konnte. Es war also immer schon so, hat sich nur gewandelt, je älter ich wurde.

Mit etwa zwölf Jahren kam bei mir die Wende. Bis zur Pubertät war ich immer sehr betroffen, wenn sie geweint hat oder Streit mit meinem Vater hatte. Dann lag ich abends ganz oft im Bett und habe geweint. Früher habe ich alles so wahrgenommen wie meine Mutter und ich habe ihr zum Beispiel geglaubt, wenn sie gesagt hat, dass sie ungerecht behandelt wurde. Ich habe dann versucht, sie zu trösten und zu unterstützen. Später, als ich Gesamtsituationen erfassen konnte, habe ich angefangen, andere Blickwinkel zu berücksichtigen. Ich konnte zum Beispiel meinen Vater und meine Tanten besser verstehen. Dass es anstrengend sein kann, mit einer Person zusammenzuleben, die alles auf sich bezieht und persönlich nimmt und bei der man sehr vorsichtig sein muss, was man sagt.

Dann haben sich auch die Gespräche verändert, die ich mit meiner Mutter geführt habe. Es gab plötzlich Reibungspunkte. Bedingt durch die Krankheit hat sich meine Mutter sehr schnell verletzt gefühlt, wenn wir sie als Kinder nicht 100 Prozent unterstützt haben. Wobei ich sagen würde, dass ich sie schon immer unterstützt habe. Ich habe ihr eben nur nicht mehr in allem recht gegeben und mich nicht immer auf ihre Seite gestellt. Wenn ich versucht habe, sie zur Einsicht zu bringen und Situationen aus einem anderen Blickwinkel zu betrachten, bin ich auf Widerstand gestoßen. Das ist auch heute noch so, aber mittlerweile kommen wir beide damit klar. Meine Mutter versteht heute, dass ich sie nicht angreifen will. Hinzu kommt, dass ich verstehen kann, dass die schwierige Beziehung zwischen meiner Mutter und der Familie meines Vaters ein guter Nährboden für Konflikte ist, weil die Persönlichkeiten so verschieden sind.

Als meine Mutter eine Zeit lang in der Klinik war, hat zum Beispiel meine Oma für uns gekocht oder mein Vater hat meiner Tante erlaubt, die Wäsche zu machen. Es gab aber auch später immer wieder Tage, an denen meine Mutter Unterstützung brauchte und die Hilfe auch angenommen hat. Man hat ihr dadurch aber, glaube ich, auch das Gefühl gegeben, nicht im eigenen Haus zu leben.

Obwohl ich das Gefühl hatte, dass keine Harmonie in der Familie herrscht, weil es selbst im Urlaub Spannungen gab, habe ich die Momente, in denen alles gut lief, wir Witze gemacht und gelacht haben, dann umso glücklicher erlebt. Es gab zwar Situationen, in denen andere Leute mitbekommen haben, dass es meiner Mutter nicht gut geht, und sie haben mich dann auch bemitleidet, aber ich dachte dann immer: »Das ist doch gar nicht so schlimm.« Ich habe mich da gar nicht so betroffen gefühlt. Als ich mit 15 Jahren wegen sozialer Ängste und Schulangst ein paar Gespräche mit einem Therapeuten geführt habe, wurde mir gesagt, dass ich die Rolle der Mutter einnehme und sie die Rolle des Kindes. Das habe ich aber damals nicht so wahrgenommen.

Nach der Trennung meiner Eltern habe ich zwei Jahre lang mit meinem Bruder und meiner Mutter zusammengelebt. Ich war für sie die einzige Ansprechpartnerin, weil es zu dem Zeitpunkt Spannungen zwischen ihr und meinem Vater und dessen Umfeld gab. Auch war die Wohnung sehr viel kleiner und man konnte sich nicht mehr aus dem Weg gehen. Wir haben uns damals oft gestritten. Meine Mutter ist zum Beispiel in die Schule gekommen und hat in den Pausen auf dem Schulhof mit mir gesprochen. Das hat mich unheimlich gestört und war mir peinlich. Irgendwann ging es dann wieder einmal um meine Tante, die Schwester meines Vaters, mit der sie bis heute absolut nicht klarkommt. Ich weiß nicht mehr, wie ich sie dazu gebracht habe, aber sie hat dann auf einmal gesagt: »Wenn sie eine so viel bessere Mutter ist als ich, dann packe ich dir jetzt einen Koffer und du kannst dahin.« Ich habe den Koffer gepackt und sie hat mich hingefahren. Aus meiner Sicht war die Sache geklärt. Als sie gemerkt hat, dass es mir ernst ist, hat sie zurückgerudert und mir gesagt, dass es doch nicht so gemeint war. Sie hat nicht verstanden, dass ich nicht zu ihr zurückkomme.

Circa ein Jahr lang habe ich versucht, überhaupt keinen Kontakt zu meiner Mutter zu haben. Dass ich zu meinem Vater gezogen bin und später auch noch mein Bruder, war wohl die schlimmste Phase für sie. Meine Mutter hat mir vorgeworfen, dass wir von meinem Vater und Verwandten manipuliert werden. Das war aber nie der Fall. An manchen Tagen glaubt sie mir das, an manchen nicht. Diese Zeit war die größte Hürde, die ich mit meiner Mutter nehmen musste. Da musste erst einmal Gras drüber wachsen.

Ich glaube, dass es damals die richtige Entscheidung war auszuziehen. Ich hätte heute nicht die Beziehung zu meiner Mutter, die ich jetzt habe. Wenn ich dort wohnen geblieben wäre, wäre ich nicht zu der Einsicht gekommen, dass man auch so mit ihr umgehen kann, dass allen damit geholfen ist. Meine Mutter meint wahrscheinlich, dass ich aus der Pubertät rausgekommen bin, aber sie hat sich tatsächlich verändert und mir nichts mehr vorgeworfen. Es gab eine lange Zeit ohne Spannungen, in der wir uns öfter getroffen und geredet haben. Das hat eine Besserung gebracht.

Irgendwann habe ich das Muster erkannt, dass auf jede Periode, in der es ihr schlecht geht, eine folgt, in der es ihr gut geht. Für den Moment nimmt sie einen Ratschlag an und ich kann sie beruhigen und ihr ein gutes Gefühl geben, aber es hat sehr wenig Tragkraft für das, was sie in der Zukunft macht. Es ist nicht nachhaltig. Als ich 16, 17 Jahre alt war, hat das oft zu Streit geführt. Ich habe einfach nicht verstanden, wie man nach Rat fragen und ihn dann nicht umsetzen kann. Heute kann ich die Dynamik der Krankheit verstehen. Sie lebt ja schon so viele Jahre nicht mehr autonom. Sie ist sehr abhängig von ihrer Mutter, von mir, von Freunden und kann keine eigenen Entscheidungen fällen. Ich sage meiner Mutter heute, was ihr in dem Moment hilft und erwarte nicht, dass es langfristig etwas ändert. Ich habe mir zwar immer gewünscht, dass sich etwas ändert und dass ich durch meinen Rat bewirken kann, dass sich das Leben meiner Mutter zum Besseren wendet, aber diese Hoffnung habe ich nicht mehr. Ich habe ihre Krankheit akzeptiert und denke, dass dies langfristig gesünder für unsere Beziehung ist.

Alles in allem denke ich aber auch heute noch manchmal, wenn ich stressige Momente oder Tage auf der Arbeit oder an der Uni habe, dass ich gerne wieder zurück in die Kindheit gehen würde. Dass ich gerne Kind war zu der Zeit. Ich hatte eine schöne Zeit mit meinem Bruder. Da würde ich überhaupt nicht tauschen wollen. Ich bin sehr dankbar für alles, verurteile meine Mutter nicht und kann mir mich selbst nicht als einen anderen Menschen vorstellen.

Früher habe ich nur Fernsehen geschaut und viel geschlafen

Leon Ottmann ist 38 Jahre alt und ein großer Fußballfan. Nach der Erkrankung wurde er lange von seiner Mutter gepflegt, bevor er in das Wohnheim einzog. Seit fünf Jahren lebt er in einer Außenwohngruppe. Sein größter Wunsch: dass der MSV aufsteigt. Seine Diagnose: hebephrene Schizophrenie.

Ich bin in Mülheim aufgewachsen, mit einem älteren Bruder und einer älteren Schwester. Ich hatte da eine gute Kindheit. Aber nach dem Besuch der Hauptschule wurde ich krank. Da war ich etwa 19 Jahre alt. Ich weiß gar nicht mehr, wie es richtig anfing. Aber es war gar nicht gut. Ich hatte Ängste und konnte deshalb auch keine Ausbildung machen oder arbeiten gehen. Auch Fußballspielen konnte ich nicht mehr, obwohl das früher mein großes Hobby war. Vorher habe ich auch gerne Tischtennis gespielt und Akkordeon, aber auch das ging alles nicht mehr. Leider. Woher die Krankheit kam, weiß ich aber nicht.

Ich habe einmal eine Maßnahme bei der AWO angefangen, aber die habe ich nach vier Monaten abgebrochen. Ich konnte nicht so lange arbeiten. Ich habe bei meinen Eltern gewohnt und bin dann fast nicht mehr rausgegangen. Die meiste Zeit habe ich Fernsehen geschaut und auch viel geschlafen. Später war ich überwiegend im Bett oder auf der Couch. In diesen Jahren bin ich viermal im Krankenhaus gewesen, zweimal zwangsweise und zweimal freiwillig. Ich bin ins Krankenhaus gekommen, in die Psychiatrie, weil ich nicht mehr vor die Tür ging und nicht genug gegessen und getrunken habe. Und geduscht habe ich damals auch nicht mehr.

In der Psychiatrie fand ich es gar nicht gut. Es war so stressig da, mit den vielen anderen Kranken. Ich wurde ein paar Mal fixiert. Das war gar nicht schön. Ich weiß aber nicht, warum man das damals mit mir gemacht hat. Ich musste an Therapien teilnehmen, an Sport und Bewegungstherapie. Es gab auch Medikamente, Truxal und andere. Mein Zustand wurde aber besser durch die Behandlung und ich konnte wieder essen. Nach der Entlassung ging es aber dann nach einiger Zeit wieder schlechter.

Mit meiner Mutter bin ich immer zu Herrn Jöhren ins St. Johannes Hospital gegangen, der hat mir Medikamente aufgeschrieben. Die habe ich dann auch genommen.

Ich glaube, meine Eltern waren traurig, dass ich so krank war. Was meine Geschwister dazu dachten, das weiß ich nicht.

Ich habe dann einen Betreuer bekommen, der hat dafür gesorgt, dass ich in eine Behindertenwerkstatt gehe. Dort musste ich mit Wäsche etwas machen, nähen und so. Das war aber zu anstrengend für mich. Ich wurde dann wieder krank oder faul.

Das letzte Mal, als ich in der Psychiatrie war, haben die mir das Wohnheim Haus Simon vorgeschlagen. 2005 bin ich da hingekommen. Das wollte ich auch, denn da sind die Türen offen, das ist besser als in der Psychiatrie. Die erste Zeit war nicht so gut. Ich weiß aber ehrlich nicht mehr wieso. Nach und nach wurde ich dann aber fitter für die Ergotherapie im Haus. Ich habe dann immer öfter auch den Spüldienst gemacht und auch Konzentrationstraining.

2012 bin ich dann umgezogen zum Köstersweg. Ich weiß auch nicht, warum ich gewechselt habe, das müssen Sie gleich die Frau Weis fragen. Hier mache ich jeden Tag den Spüldienst und auch den Mülldienst, außer am Wochenende. Beim Wäschewaschen helfen mir die Mitarbeiter. Die machen auch die Termine bei den Ärzten. Außerdem gehe ich dreimal in der Woche in die Ergotherapie, immer eine Stunde lang. Montags spiele ich dort Tischtennis und an den anderen Tagen male ich Bilder.

Meine Mutter kommt mich jeden Freitag besuchen. Manchmal kommt sie zusammen mit meinem Neffen. Mein Vater kommt nicht mehr, der ist tot, glaube ich. Aber vielleicht auch nicht, denn vor ein paar Wochen habe ich ihn noch draußen gesehen. Meine Geschwister kommen nicht so oft, die müssen viel arbeiten.

Mir geht es gut hier. Ich bin ein Weltstar, weil ich so viele Talente habe. Zum Beispiel Tischtennis kann ich gut spielen. Ich schaue viel Fußball, besonders den MSV. Auch Audiofilme und Sexfilme. Und ich höre viel Hip-Hop.

Ich habe auch viele CDs. Und ich habe eine Freundin, die Britney Spears. Die ist Sängerin. Ein bisschen ist auch Frau Weis meine Freundin.

Ich bin mit meinem Leben zufrieden. Es wäre allerdings schön, wenn ich etwas mehr Geld bekäme, statt nur 20 Euro pro Woche. Und einen großen Wunsch habe ich noch: dass der MSV aufsteigt.

Bezugsbetreuerin Britta Weis

Ich habe beim Regenbogen nach dem Ende meiner Ausbildung zur Heilerziehungspflegerin angefangen, im Sommer 2009. Da lebte Herr Ottmann noch in Haus Simon. Ich habe meine Stelle hier in der Außenwohngruppe Köstersweg, aber einmal im Monat machen wir Dienst in Haus Simon. Seit seinem Umzug im Februar 2012 betreue ich Herrn Ottmann als seine Bezugsbetreuerin.

Damals in Haus Simon hielt sich Herr Ottmann fast nur auf seinem Zimmer auf. Er lebte sehr zurückgezogen, war weitgehend isoliert im Haus und schaffte es oftmals nicht, sein Zimmer zu verlassen. Selbst Gänge zum nahe gelegenen Badezimmer waren nicht möglich, sodass er seine Körperhygiene massiv vernachlässigte. Das besserte sich, nachdem er immer wieder deshalb konfrontiert wurde. Er blieb aber lange Zeit in fast allen Bereichen unselbstständig. So musste man ihm seine Medikamente auf sein Zimmer bringen und ihn zu allen Mahlzeiten rufen. Aber nach und nach entwickelte er doch mehr Selbstständigkeit, wenn auch ganz langsam. Deshalb entstand 2012 die Idee, dass er hierher umzieht. Hier werden die Bewohner mehr gefördert und gefordert, mit dem Ziel, später in einer eigenen Wohnung zu leben, nur mit ambulanter Unterstützung. Das ist bei Herrn Ottmann kein vorrangiges Ziel, aber wir können ihn hier doch mehr fördern als im Wohnheim. Wir haben hier engeren Kontakt untereinander und kochen gemeinsam das Mittagessen.

Herr Ottmann ist ein sehr fröhlicher Mensch. Ich habe selten schlechte Laune, aber er muntert mich immer auf durch seine liebenswerte und hilfsbereite Art. Auf seine Weise ist er allerdings auch manchmal anstrengend und nervig, vor allem wenn es um Strukturen und Verabredungen geht. Das versucht er auf kindliche oder pubertäre Weise abzuwälzen. »Komm, Freundin«, sagt er dann, »lass uns das mal auf morgen verschieben.« Es ist auch nicht immer einfach, ihn gedanklich zu erreichen, weil er durch seine Erkrankung innerlich abgelenkt und geistesabwesend ist.

Bei der Förderung ist es wichtig, sehr kleinschrittig vorzugehen. Wenn man aber längere Zeit zurückblickt, sieht man, dass inzwischen große Fortschritte gelungen sind. So war früher die Körperpflege ein großes Problem. Oft ist es nicht gelungen, ihn dazu zu gewinnen. Wir haben lange mit ihm geübt, abends die Wäsche herauszulegen und auch die richtige Kleidung zu wählen, Aufstehzeiten und Duschzeiten einzuhalten. Das gelingt inzwischen so, dass er nur noch täglich daran erinnert werden muss. Ähnlich hat er inzwischen die Verantwortung für das Ein- und Ausräumen der Geschirrspülmaschine übernommen. So hat er nach und nach einen festen Tagesrhythmus entwickelt.

Außer für die täglichen Abläufe haben wir mit ihm auch einen Wochenplan erstellt. Zweimal in der Woche ist sein Putztag. Das ist nötig, weil er sein Zimmer immer schnell verwüstet. Er isst z. B. gerne Fast Food und lässt die Verpackungen und Lebensmittelreste auf dem Boden liegen, sodass es klebt und ziemlich unordentlich ist. Die Zimmerpflege ist noch eine Herausforderung. Manchmal reicht es, mit ihm an den Putztagen zu besprechen, welche Arbeiten gerade nötig sind, und nach einer Weile zu schauen, wie weit er gekommen ist. An anderen Tagen braucht er tatkräftige Unterstützung dabei.

Jeden Freitag bekommt Herr Ottmann Besuch von seiner Mutter. Der Vater ist schon lange verstorben. Als

Herr Ottmann noch bei seiner Mutter lebte, bestand zwischen beiden eine enge symbiotische Beziehung, in der sie alle Erledigungen für ihn übernommen hatte. Nach dem Einzug ins Heim kam sie häufig zu Besuch, um ihn z. B. mit Lebensmitteln zu versorgen. Es ist auch heute noch eine Herausforderung für uns, mit ihr zusammenzuarbeiten, aber gegenüber früheren Jahren gelingt es schon viel besser, sie in unsere Planungen einzubeziehen. Sie ruft schon morgens an, um sich nach dem Befinden ihres Sohnes zu erkundigen, schreibt ihm häufig Briefe, schickt ihm Geld. In der Zusammenarbeit mit ihr benötigt sie Verständnis, aber auch eine Begrenzung.

Herr Ottmann scheint mit seiner Lebenssituation sehr zufrieden zu sein. Manchmal verschwimmt bei ihm seine Traumwelt mit dem Alltag. Er sagt dann »Ich muss viel Liebe tun«, wenn er in seine innere Welt eintaucht. Die besteht anscheinend aus schönen Filmen, die er gesehen hat, dem MSV und schönen Fantasien. Er erzählt nicht viel davon, lächelt aber öfter versonnen, wenn er wieder gedanklich im Alltag angekommen ist.

Die Mutter

Petra Ottmann ist gelernte Hauswirtschaftlerin,
63 Jahre alt und Mutter von drei Kindern.
Sie ist nach eigenen Angaben durch ihre Kindheit,
die Trennung von ihrem Mann, den Sterbeprozess
ihrer Mutter und schließlich auch durch die Psychose
ihres jüngsten Sohnes Leon psychisch erkrankt.

Leon war früher sehr schüchtern und erst auf einer Sprachheilschule. Dann hat er in einer Behindertenwerkstatt in der Hochstraße an der Nähmaschine gearbeitet. Das ging so ein Jahr, aber das ist ihm dann doch zu viel gewesen. Das waren ja acht Stunden.

Leon hat lange bei mir gewohnt. Er wurde auch deswegen krank, weil es mir eine ganze Zeit lang nicht gut ging. Erst kam die Scheidung von meinem Mann und dann ist zur gleichen Zeit noch meine Mutter gestorben. Da habe ich ganz viel Stress gehabt und bin ins Krankenhaus gekommen zur Behandlung. Ich war zwei, drei Mal da und mein Sohn war dann ganz alleine in der Wohnung. Meine Tochter hat zwar gegenüber gewohnt, aber die hat sich ja nicht gekümmert. Mein Sohn hatte zwar einen Betreuer, den Herrn Ruppert, aber der hat immer nur für das Finanzielle gesorgt. Der kam einmal im Monat und hat meinem Sohn dann Geld gebracht von seinem Vater.

Als es mir wieder etwas besser ging und ich aus dem Krankenhaus entlassen wurde, fing das an mit meinem Sohn. Diese Zeit war extrem schlimm. Mein Sohn hat sich nicht mehr gewaschen. Er hat in Flaschen uriniert, die Flaschen versteckt, er hat ins Bett gemacht und wollte nichts mehr essen. Er war nur traurig und hat immer geweint. Er hat auch versucht, sich anzuzünden. Ich musste immer die Feuerzeuge verstecken. Er kam wohl nicht darüber hinweg, dass ich den großen Fehler gemacht habe, meinen Sohn und meine Tochter, als sie noch bei mir gewohnt haben, mit zu meiner sterbenden Mutter zu nehmen. Meine Mutter hat ja immer so viel geweint und die Kinder haben das miterlebt.

Ich habe damals alles in die Wege geleitet, dass mein Sohn hier zum Verein Regenbogen kommt. Ich habe das Gesundheitsamt eingeschaltet. Die waren bei mir zu Hause, haben aber nichts gemacht. Der Herr Ruppert hat auch nichts gemacht. Dann habe ich den Pastor, bei dem mein Sohn konfirmiert wurde, bei mir zu Hause gehabt und den Internisten. Die haben sich alles angeguckt, aber nur gesagt, dass ich ihn in ein Krankenhaus bringen soll, damit man ihn da wieder aufpäppelt.

Ich habe so gekämpft, dass mein Sohn in die Psychiatrie kommt. Dann ist er zwangsweise reingekommen. Da haben wir ihn erst einmal aufgepäppelt. Er lag lange in der Psychiatrie im St. Johannes Hospital. Aber ich durfte jeden Tag hinkommen. Die mussten ihn sogar waschen. Das müssen Sie sich mal vorstellen! Aber ich habe ihn nicht im Stich gelassen, bis heute nicht. Zwischendurch war er auch noch in Düsseldorf im Krankenhaus. Dann hat er wieder Lebensmut bekommen.

Dann war ich froh, dass er in das Wohnheim Haus Simon gekommen ist. Da lag er aber den ganzen Tag im Bett und war vollgestopft mit Tabletten. Die haben nichts gemacht. Auch keine Therapie. Da ging es ihm ja noch schlechter als vorher. Aber dann ging es ihm wieder besser, weil ich so für meinen Sohn gekämpft habe. Und dann ist mein Sohn hierher in den Köstersweg umgezogen. Ich danke dem Herrgott, dass es mein Sohn so weit geschafft hat und dass er alles alleine machen kann.

Zu seinen Geschwistern hat Leon keinen Kontakt. Meine Tochter war erst zweimal hier. Sie kommt nicht damit klar, dass ihr Bruder so krank ist. Und mein ältester Sohn hat so viel Arbeit. Aber mein Enkelkind Felix kam Leon immer besuchen. Jetzt hat er eine Freundin und kann nicht mehr so oft kommen. Aber wenn er kommt, freut Leon sich wie ein Schneekönig. Dann reden die beiden nur über Fußball. Und meine jüngste Schwester war zum Geburtstag von meinem Sohn da und schreibt ihm auch zu Weihnachten.

Dann möchte ich noch erzählen, dass mein Sohn früher alle 14 Tage zu seinem Vater gefahren ist. Der hat ja schon ein halbes Jahr nach der Trennung wieder geheiratet in Quedlinburg und mein Sohn hat da auch eine Halbschwester. Die hat er aber noch nie gesehen. Und dann hat Leon seinen Vater vor 15 Jahren plötzlich verloren. Er meint aber, dass er noch lebt und erzählt auch, dass er ihn sieht.

Letztens hat Leon gesagt: »Mama, ich bin jetzt 38. Ich will noch zehn Jahre leben und dann ist mein Leben vorbei.« Da habe ich gesagt: »Leon, das macht mir Angst, wenn du so redest. Du hast doch so viele Aufgaben und

Freunde. Und du hast Frau Weis als Bezugsperson.« Aber er ist froh, dass er hier ist und hat ja auch viele Freunde. Hier macht er sogar freiwillig Küchendienst. Nicht wegen des Geldes, aber dann hat er eine Aufgabe. Er ist so glücklich. Wissen Sie, er ist das letzte Kind. Ich habe ihn früher immer verwöhnt und ihm immer was mitgebracht. Auch Süßigkeiten, aber das darf ich ja jetzt nicht mehr.

Anderen würde ich gerne sagen, wie wichtig die Familie ist. Mutter, Vater und Geschwister. Der Betroffene muss das Gefühl haben, dass er nicht alleine ist. Dass Menschen da sind, die ihn lieb haben und trotz der psychischen Erkrankung schätzen und so nehmen, wie er ist. Auf Freunde alleine kann man sich leider nicht verlassen. Viele haben kein Verständnis für die Krankheit. Die können nicht mitreden, weil sie das nicht verstehen und sagen dann: »Ach, stell dich nicht so an!«

Bei mir im Kopf oben hat es klick gemacht

Bernd Wenzel ist 48 Jahre alt und lebt in einer Zweier-Wohngemeinschaft. Viele Jahre war sein Leben von Depressionen und lebensbedrohlichem Trinken geprägt. Seine Bezugsfachkraft vom Betreuten Wohnen findet seine Bockigkeit liebenswert und bewundert seine mathematische Begabung. Seine Diagnose: rezidivierende depressive Störungen, Alkohol-Abhängigkeitssyndrom.

Ich bin in Kettwig aufgewachsen, das ist im Süden von Essen. Da habe ich auch bis vor sechs Jahren gelebt. Nach meiner zweiten Langzeittherapie bin ich dann hierhergezogen.

Mit dem Alkohol fing es an, als ich mit 13 in ein Heim kam. Es begann mit einer Mutprobe. Ich habe eine ganze Flasche Pernod auf ex getrunken und wurde erst im Krankenhaus wieder wach. Danach habe ich immer öfter getrunken. Später, als ich in Essen eine Lehre machte, da war ich 18, da konnte mir das auch keiner mehr verbieten. Dann kam die Bundeswehrzeit ...

Nach meiner Haftzeit hätte ich eigentlich die Chance gehabt, trocken zu bleiben. Ich hatte mit einem Kumpel getrunken und der hat im besoffenen Kopf jemanden überfallen wegen fünf Euro, und den auch getreten. Ich wurde für 26 Monate verknackt, weil ich der Ältere war und weil ich auch vorher schon strafrechtlich in Erscheinung getreten war.

Während der Zeit im Knast war ich abstinent. Nach der Entlassung habe ich wieder eine Arbeit gefunden und nur am Wochenende getrunken, immer dann, wenn ich mit Kollegen in der Disco war. Aber nach dem Tod meiner Mutter habe ich wieder richtig angefangen. Ich musste schließlich vom Arbeitgeber aus eine Langzeittherapie machen, sonst hätte ich die Arbeit verloren.

Die Therapie dauerte zwanzig Wochen. Die Gespräche mit dem Therapeuten waren nicht so gut, aber die mit dem Pflegepersonal. Es war immer jemand da, zu jeder Tageszeit, mit dem man quatschen konnte. Manchmal habe ich in der Nacht zwei oder drei Stunden mit jemandem geredet. Nach der Entlassung war ich ein halbes Jahr abstinent, bis ich meine Arbeit verloren habe. Ich habe öfter verschlafen und bin häufig zu spät zur Arbeit gekommen.

2003 habe ich auch meine Wohnung verloren, weil ich drei oder vier Monate meine Miete nicht bezahlt hatte. Ich habe das Geld lieber in Alkohol umgesetzt. Es war gar nicht angenehm, obdachlos zu sein. Es war auch gerade in der Winterzeit. Manchmal konnte ich bei einem Kollegen für zwei oder drei Nächte übernachten. Tagsüber war ich bei der Caritas in einem Café, wo man sich am Tag aufhalten konnte. Nachts habe ich mir immer einen Platz gesucht, wo es warm war, zum Beispiel im Waschkeller meiner alten Wohnung. Aber da haben sie mich immer rausgeworfen. Öfter bin ich dann die ganze Nacht über umhergelaufen, bis ich morgens wieder zur Caritas konnte. Meinen Alkohol habe ich mir durch Diebstähle besorgt. Später habe ich über die Caritas wieder eine Wohnung bekommen.

Meine Betreuerin von der Caritas hat mich dazu überredet, mir Hilfe bei der Drogenberatungsstelle zu holen. Dadurch konnte ich meine zweite Langzeittherapie antreten. Die hat 16 Wochen gedauert. Ich habe in der Arbeitstherapie in der Küche gearbeitet, das war gut, weil ich ja eigentlich Koch werden wollte. Danach kam ich nach Mülheim in die Adaption. Das ist eine Art Nachbehandlung, bei der ich in einer großen WG gewohnt habe. Da hatte jeder seine Dienste, zum Beispiel die Küchenreinigung. Einmal in der Woche gab es eine große Besprechung, wo auch die Ämter kontrolliert wurden. Durch einen Mitbewohner kam ich dann zu einer ehrenamtlichen Arbeit in einer Gaststätte, wo fast nur trockene Alkoholiker tätig waren. Das war eine große Unterstützung für mich, abstinent zu bleiben. In der Zeit habe ich mich richtig wohlgefühlt. Leider wurde die Gaststätte geschlossen, warum, weiß ich nicht.

Bis 2008 war ich in Betreuung der Caritas, in einer anderen WG. Ich bin da rausgeflogen, weil ich Gesprächstermine nicht wahrgenommen habe. Ich war auch mehrmals rückfällig. Danach habe ich wieder alleine gelebt, mit Rückfällen. Ich bin über den Tod meiner Mutter nicht hinweggekommen und habe vor allem dann getrunken, wenn es auf ihren Geburtstag oder Todestag zuging. Schließlich habe ich wieder meine Wohnung verloren. Mein gesetzlicher Betreuer hat mich dann an den Regenbogen vermittelt. Die liebe Frau Dembowski hat dann mit mir zusammen eine neue Wohnung gesucht. Dabei lernte ich zufällig den Herrn Sekellaridis kennen, der suchte auch gerade eine neue Wohnung. Das Schicksal hat uns zusammengeführt. Seitdem leben wir beide zusammen, mit allen Höhen und Tiefen. Ich war noch dreimal rückfällig, war deshalb zuletzt acht Wochen im Alexianer-Krankenhaus.

Seit drei Jahren bin ich trocken. Wahrscheinlich hat es bei mir im Kopf oben klick gemacht. Mir ist klar geworden, wenn ich so weitertrinke, dass ich mich dann zu Tode saufe. Und ich habe einen 2-Euro-Job bekommen, das hat mir sehr geholfen. So hatte ich tagsüber etwas zu tun. Der Job ist leider im letzten Jahr ausgelaufen.

Zweimal in der Woche arbeite ich jetzt ehrenamtlich als Hausmeister in einer Kindertagesstätte. Und ich trage ein Wochenblättchen aus. Ich bin jeden Tag viel in Mülheim unterwegs. Am Wochenende besuche ich Trödelmärkte. Ich stöbere gerne rum, das ist eine Leidenschaft von mir.

Ich wünsche mir, eine feste Arbeit zu finden, das ist mein größtes Ziel. Von dem bisschen Geld, was ich habe, kann ich keine großen Sprünge machen. Gut ist, dass ich weiter daran arbeite, abstinent zu bleiben. Frau Dembowski besucht mich regelmäßig in der Wohnung, und wenn was ist, kann ich sie auch anrufen. Manchmal sind wir verschiedener Meinung, aber das kriegen wir auch wieder geklärt. Ich bin zufrieden, dass ich beim Regenbogen gelandet bin.

Vanessa Dembowski vom Betreuten Wohnen

Bernd habe ich vor sechs Jahren durch seinen gesetzlichen Betreuer kennengelernt. Damals trank er so stark, dass er öfter in lebensbedrohliche Situationen geriet. Zum einen war er durch regelmäßige Alkoholvergiftungen gefährdet, aber auch durch Wohnungsbrände, wenn er wieder einmal Essen auf dem Herd vergessen hatte. Zweimal brannte es bei ihm in der Wohnung. Außerdem trat er immer wieder seine Wohnungstür ein, wenn er den Schlüssel verloren hatte. Deshalb wurde ihm schließlich die Wohnung gekündigt.

Ich schlug Bernd vor, mit einem anderen Klienten zusammenzuziehen, auch, um schneller eine Wohnung zu finden. Mit seinem Mitbewohner verstand er sich auf Anhieb, obwohl beide völlig unterschiedliche Charaktere sind. Beide respektieren sich in ihren Eigenarten, das tut ihnen gut. Sie sind auch tolerant im Umgang miteinander, etwa beim Einkaufen oder der Verteilung der Hausarbeiten. Die Sauberkeit ist aus meiner Sicht bis heute unzureichend, aber beide sind damit zufrieden.

Bernds Alkoholismus hängt mit seinen Depressionen zusammen. Er fühlt sich vom Leben und von seinen Mitmenschen verstoßen und verachtet – wahrscheinlich, seit seine Eltern ihn mit 13 Jahren in ein Heim gegeben haben. Er kann es nicht ertragen, über seine Gefühle zu reden. Trotz durchgehender antidepressiver Medikation rutscht er immer wieder in depressive Phasen. In diesen Zeiten trank er bis vor drei Jahren so extrem, dass er regelmäßig ins Krankenhaus musste. Wenn seine Stimmung sich besserte, trank er etwas weniger, war aber dennoch durchgehend betrunken.

Was hat ihn inzwischen stabilisiert? Rückblickend war vielleicht am wichtigsten, ihn als Menschen vollständig wahrzunehmen, ihn zu respektieren. In seinen Suchttherapien stand immer der Konsum im Vordergrund, Rückfälle waren für ihn sein Versagen. Ich habe mich bemüht, die anderen Seiten an ihm zu entdecken, obwohl das nicht leicht war. So finde ich zum Beispiel seine Bockigkeit liebenswert. Ich nehme ihn in allem ernst, was auch bedeutet, dass ich mit meinen Anliegen beständig bin und mich nicht scheue, mich mit ihm zu zanken. Ich habe geduldig daran geglaubt, dass er eigentlich ein vernünftiges Leben führen will, und habe ihn seine Schwächen nicht fühlen lassen.

Inzwischen sind wir ein eingespieltes Team. Er weiß, dass ich verlässlich bin und er mich immer anrufen kann, wenn er mich braucht, auch wenn er das nur selten nutzt. Ich besuche ihn regelmäßig, teile ihm zweimal die Woche sein Geld ein. Und etwas bewundere ich an ihm: seine mathematische Begabung. Er hat ein fantastisches Zahlengedächtnis und kann mir auch sagen, an welchem Wochentag ich in acht Jahren Geburtstag haben werde. Ich hoffe, er ist in acht Jahren immer noch so stabil wie jetzt. Und ich sehe ihn dann in einer etwas aufgeräumteren Wohnung als heute.

Die Schwester
Claudia Wenzel ist seit 25 Jahren als Vorarbeiterin in der Autoindustrie tätig. Sie ist 46 Jahre alt und die Jüngste von sechs Geschwistern der Familie Wenzel.

Wenn ich so zurückdenke, ist das Erste, was mir einfällt, dass Bernd schon immer ein Sorgenkind war. Als Kind hat er schon zu wenig gewogen und meine Mutter hatte Probleme mit dem Gesundheitsamt, weil er zu klein und zu schwach war. Sie wollten ihn ihr wegnehmen, wenn er nicht zunimmt. Aber das hat ja dann zum Glück doch geklappt. Mein Vater ist früher nicht arbeiten gegangen. Daher hatten wir viel mit dem Sozialamt zu tun.

Bernd hat als Kind viel Mist gebaut. Ich schätze, da war er so 12, 13 Jahre alt. Er war überall dabei und wurde bei allem erwischt, was der liebe Gott verboten hat. Aber er war trotzdem ein guter Mensch und ist es bestimmt jetzt noch. Man konnte alles von ihm haben. Auch für mich hat er alles getan. Wenn die kleinen Problemchen nicht gewesen wären, wäre er ein super Bruder gewesen. Er hätte sein letztes Hemd für jeden gegeben. Heute denke ich, dass er wahrscheinlich immer allen gefallen wollte. Bis auf die Ausfälle, also das Klauen als Kind und nachher die Trinkerei, war er wirklich ein guter Bruder. Wenn alles gut war, war er echt super.

In ein Heim ist mein Bruder gekommen, weil er geklaut hat und überall dabei war. Selbst wenn er nur dabeistand, war er derjenige, der aufgefallen ist, weil man ihn schon kannte. Meine Mutter hatte diesbezüglich viele Probleme mit ihm. Wir waren immer froh, wenn ein Tag ohne Kummer und Sorgen verlaufen ist. Ein Tag ohne Polizei. Als Jugendliche hätte ich ihn manchmal erwürgen können, weil ich wusste, dass er meiner Mutter so viele Sorgen bereitet. Wir haben als Kinder alle Mist gebaut, aber bei ihm hörte das einfach nie auf.

Als Bernd 27 Jahre alt war, ist meine Mutter gestorben. Das war sehr schlimm für uns, weil wir eigentlich alle Familienmenschen waren. Wir haben ja alle bei ihr gelebt. Meine Mutter war lange krank. Über zwei Jahre ist sie immer wieder ins Krankenhaus gekommen, weil sie Krebs hatte. Bernd konnte einfach nicht ins Krankenhaus gehen. Das hat ihm aber keiner von uns übel genommen.

Unser Vater ist schon lange tot. Er ist, glaube ich, 1986 verstorben. Da waren unsere Eltern aber schon geschieden. Ich war sieben Jahre alt, als sich unsere Eltern getrennt haben, und Bernd zehn. Ich glaube, das ist ihm damals auch sehr nahegegangen, obwohl ich eigentlich Vaters Lieblingskind war und gegenüber den anderen Geschwistern bevorzugt wurde. Unsere Mutter hingegen hat immer versucht, uns alle gleich zu halten.

Ich habe Bernd jetzt über zehn Jahre lang nicht mehr gesehen. Vor ein paar Jahren habe ich schon mal versucht, ihn über das Internet zu finden, aber da hatte ich keinen Erfolg. Seit ein paar Wochen haben wir aber wieder ganz leichten Kontakt. Meine Nichte war, glaube ich, die Erste, zu der Bernd nach all den Jahren wieder Kontakt aufgenommen hat. Wir schreiben uns manchmal. Er wollte auch, dass ich das Interview für das Buchprojekt führe. In zwei

Wochen will er uns sogar besuchen kommen. Mal sehen, wie es dann wird. Wenn er jetzt nicht mehr trinkt, dann wird der Kontakt bestimmt bleiben.

Ich habe hier einen Schonraum

Helga Rückert ist 59 Jahre alt und fühlt sich erst seit Kurzem frei von Strahlen, Geräuschen und Implantierungen. In den letzten Jahren fand sie mehr Vertrauen zu den Betreuern ihres Wohnheims, wo sie ein Einzelapartment bewohnt und sie selbst versorgt. Deshalb verlängert sie das Wohnen dort auch immer wieder mit neuen Hilfeplänen. Ihre Diagnose: paranoide Schizophrenie.

Ich weiß nicht, ob es Sinn macht, dass ich meine Geschichte erzähle. Keiner versteht richtig, was ich erlebt habe. Die Leute denken manchmal, ich würde nicht in der Wirklichkeit leben. Es ist aber eine sehr komplexe und weitläufige Geschichte, bei der viele im Spiel sind, immer wieder andere Leute, die mich verfolgen und tyrannisieren.

Ich bin in einem kleinen Dorf in Süddeutschland aufgewachsen, als drittes Kind, mit einer Schwester und zwei Brüdern. Meine Mutter hat mich streng katholisch erzogen, aber später kam ich auf ein gemischt religiöses Gymnasium, da gab es dann auch andere Einflüsse. Nach der Schule habe ich eine Ausbildung zur Grafikdesignerin abgeschlossen, erlitt aber einen schweren Fahrradunfall und hatte dann nicht mehr die Kraft, meinen Beruf auszuüben. Ich bin nach Hamburg gezogen, sozusagen in die weite Welt hinaus, und habe dort alternativ gelebt, etwa elf Jahre lang. Es war ein bescheidenes Leben mit Teilzeittätigkeiten und Ernährungsumstellung auf Ökokost. Ich fand dort auch den spirituellen Weg und lebte in einem Zentrum für Raja Yoga.

1989 hatte ich einen Kollaps, weil mir die Wohnungssuche und Arbeit und das Leben im Zentrum zu viel wurden. Ich fühlte mich wie halbseitig gelähmt, so als wenn Arm und Bein nur noch an einem dünnen Faden hingen. Aber die Ärzte im Krankenhaus haben das nicht richtig zur Kenntnis genommen und meinten nur, ich sei wohl überreizt.

Die Stadtluft in Hamburg schien mir leer und energielos zu sein und ich wollte aufs Land ziehen, um mich wieder zu vitalisieren. In einer Ökozeitschrift fand ich die Anzeige einer Wohngemeinschaft in einem Dorf bei Hannover. Die Leute waren aber nicht auf meiner Wellenlänge, wir passten nicht zusammen. Außerdem entstanden durch die Renovierungsarbeiten im Haus giftige Dämpfe, die mich wieder krank gemacht haben. Anfangs hatte ich das noch nicht gemerkt. Schließlich lud mich ein Besucher der

Wohngemeinschaft ein, zu ihm nach Kevelaer zu ziehen. So kam ich an den Niederrhein. Wir haben eine Zeit lang zusammengelebt, aber auch in seiner Wohnung entwickelten sich Giftstoffe, sodass ich wieder einen Zusammenbruch erlitten habe. Vorher hatten die Zahnärzte mich mit Amalgam vergiftet. Einer sagte noch grinsend zu mir, er mache das Amalgam bei meinem Freund aus den Zähnen raus und bei mir rein, weil die Krankenkasse nichts anderes bezahle. Wahrscheinlich ist damals mein komplettes Nervensystem zusammengebrochen.

Etwa 15 Jahre lang habe ich danach alleine in Goch gelebt. Ich hatte die katastrophale Schwermetallvergiftung durch all die Zahnbehandlungen und suchte nach einem naturheilkundlichen Zahnarzt und Hausarzt, fand aber keine Hilfe. Ich habe sogar vor dem Sozialgericht auf eine vernünftige Behandlung geklagt, alles ohne Erfolg. Ein Allergologe fand heraus, dass ich auf Kunststoff allergisch bin. Letztlich habe ich nur durch meine gesunde Ernährung überlebt und durch homöopathische Medikamente. Ich habe mich fast nur noch von Rohkost ernährt.

Ich reagierte hochgradig allergisch auf alles, was aus Kunststoff ist, zum Beispiel die neuen Busse mit Kunststoffeinrichtungen. Ich musste alles Mögliche meiden und ließ mir auch die Kunststofffüllungen aus den Zähnen wieder entfernen, die statt Amalgam eingesetzt worden waren, auf eigene Verantwortung. Schließlich mussten auch die meisten Zähne entfernt werden. So bin ich am Ende zu einem Heiler gekommen, der meine Allergie gegen Kunststoff mit Bioresonanz heilen sollte, damit ich Zahnersatz bekommen konnte. Der nahm mich mit in eine Gruppe, die eine Methode entwickelt hatte, mit der man angeblich alles heilen kann. In der Folgezeit wurde ich von diesen Leuten am ganzen Körper wie mit einem Besen bearbeitet, aus der Ferne und mit elektronischen Geräten, Tag und Nacht. Ich habe immer wieder den Heiler angerufen, diesen Scharlatan, mich endlich in Ruhe zu lassen. Es war wie schwarze Magie.

In diesen Jahren war ich im Grunde ganz allein auf mich gestellt, nur eine Tante hat mich gelegentlich angerufen. Ich habe mich mit spirituellen Büchern beschäftigt und gekämpft und gekämpft. Schließlich konnte ich herausfinden, aus welchem Gebäude die Strahlen von den elektronischen Geräten kamen. Selbst in der Wohnung über mir hatte sich einer von denen eingenistet, auch andere Mitmieter und die Vermieterin steckten dahinter.

Schließlich kam aus einer Zimmerecke meiner Wohnung dauernd ein technisches Geräusch, so als sollte ich hypnotisiert werden. Ich wurde an den Händen gestochen, sobald ich meine Wohnung betrat. Ich habe mich dann bei den Ämtern beschwert, dem Sozialamt und Ordnungsamt und der Polizei. Aber statt etwas gegen die Attacken in meiner Wohnung zu machen, haben die ein Betreuungsverfahren eingeleitet.

Dann kam es zu einem Brand in unserem Haus, angeblich war in einem Kellerraum ein Feuer gelegt worden. Die Feuerwehr und auch die Polizei kamen und ich habe denen gesagt, dass das nicht passiert wäre, wenn sie früher auf mich gehört hätten. Ich war schließlich ganz oft auf der Wache und habe auch öfter die Polizei ins Haus gerufen. Ich sollte dann eine Aussage machen über die Zustände in dem Haus. Die Polizisten riefen aber einen Arzt von der Gegenseite, der hat mich in die Psychiatrie eingewiesen. Vorher war ich schon einmal kurz da gewesen, durch eine Intrige des Ordnungsamtes. Diesmal blieb ich aber fast elf Monate dort. Es war ein furchtbares Unrecht. Am Ende merkten die Ärzte und der Psychologe, dass sie mich nicht von meiner Meinung abbringen können. Die Attacken gingen aber auch im Krankenhaus weiter.

Der Sozialdienst des Krankenhauses hat eine Einrichtung für mich gesucht, aber die kamen alle für mich nicht infrage. Ich brauchte einen eigenen Haushalt für mich. So bin ich schließlich hierhergekommen. Anfangs störten mich die Gerüche im Haus sehr und ich habe viel gelüftet, war auch viel draußen unterwegs. Auch das technische Geräusch, das vorher in meiner Wohnung gewesen war, war auf einmal wieder da. Leute aus der Stadt kamen mit dem Auto vor das Haus gefahren, um mich durch die Wand hindurch zu bestrahlen.

Ich habe mir wieder Hilfe gesucht, zum Beispiel bei einem Heiler für Aurabehandlung und einer Pastorin. Anfangs habe ich nicht viel mit den Betreuern im Haus gesprochen, später dann wohl. Im Lauf der Jahre wurde es allmählich besser, vor allem in den letzten zwei Jahren. Wie durch ein Wunder wurden die alten elektronischen Implantierungen entfernt und mein Körper wurde teilweise gereinigt, allerdings teilweise auch wieder neu programmiert.

Ich bin froh, hier aufgefangen worden zu sein. Ich vertraue den Betreuern und habe hier einen Schonraum. Deshalb verlängere ich das Wohnen hier auch immer wieder mit neuen Hilfeplänen. Aber einmal muss diese Zeit auch vorbei sein. Es ist unsagbar, was ich alles aushalten musste, weil sich keiner imstande sah, an der Ursache anzusetzen, um endgültig Abhilfe zu schaffen. Obwohl dieser ganze Spuk jetzt schon seit Jahrzehnten dauert, würde ich ihn am liebsten vergessen. Ich möchte ein ganz normales Leben führen.

Dirk Kanitzky, Leiter der Wohneinrichtung

Frau Rückert habe ich bei einem Gespräch mit dem Sozialarbeiter des Krankenhauses kennengelernt. Sie war dort unter dem Verdacht eingewiesen worden, im Keller ihres Wohnhauses einen Brand gelegt zu haben. Einen Beweis dafür hat man aber nicht gefunden. Sie war schon elf Monate in stationärer Behandlung, ohne dass es gelungen war, eine Nachsorgelösung zu finden. Traditionelle Wohnheime hatte Frau Rückert abgelehnt, eine eigene Wohnung wollte das Krankenhaus nicht verantworten. Die Entlassung musste erfolgen, weil die Krankenkasse die weitere Behandlung nicht mehr bezahlen wollte.

Im Gespräch stellte sich heraus, dass Frau Rückert auf die üblichen Hilfen eines Wohnheimes in vielen Bereichen nicht angewiesen war. Sie hatte sich in ihrer Wohnung ausreichend versorgt, sich zuletzt sogar im Krankenhaus mit selbst gekauften Lebensmitteln ernährt. Wir haben ihr daher eine Wohnung in unserem Apartmenthaus angeboten mit der Regelung, dass Verpflegungsgeld an sie ausgezahlt wird und sie sich selbst versorgen kann. Ein strittiger Punkt war ihre Weigerung, weiter Medikamente einzunehmen. Aus Sicht des Krankenhauses war das nicht zu tolerieren. Wir haben uns dann geeinigt, dass wir ihre Haltung respektieren, aber mit ihr intensive Gespräche führen würden, wenn aus unserer Sicht ihre Gesundheit oder das Zusammenleben im Haus gefährdet ist.

Das erste Jahr lebte Frau Rückert ohne besondere Probleme in der Wohngruppe. Sie versorgte sich mit Lebensmitteln vollständig selber und kochte für sich mit Naturprodukten, nahm aber an anderen Angeboten teil. Sie fuhr beispielsweise mit zu Ausflügen oder zu einer Ferienmaßnahme am Meer und hatte guten Kontakt zu den Mitarbeitern.

Nach etwa einem Jahr änderte sich das plötzlich von einem Tag auf den anderen. Sie kam kaum noch aus ihrem Zimmer und kaufte nur noch selten für sich ein. Bei kurzen Kontakten wirkte sie sehr angespannt, manchmal auch verbal aggressiv. Mehr als ganz kurze Kontakte waren nicht mehr möglich.

Eine besondere Herausforderung war zu der Zeit die Notwendigkeit, einen neuen Hilfeplan zu schreiben. Wir haben ihr deutlich gemacht, dass ohne diesen Hilfeplan ein weiteres Wohnen nicht bezahlt werden würde, haben uns dann zum Teil laut gestritten, aber am Ende doch auf einen gemeinsamen Plan einigen können. Natürlich wurden darin unterschiedliche Sichtweisen deutlich, wobei Frau Rückert vor allem betonte, dass sie den Schutz und die Ruhe dieses Hauses brauche.

Wir machten uns schließlich große Sorgen, weil sie immer mehr an Gewicht verlor. Auch ließ sie uns nicht mehr wie vorher in ihr Zimmer, sodass wir uns auch Sorgen um die Hygiene machten. Zusammen mit einem Facharzt gelang es schließlich, ein längeres Gespräch zu führen und Verabredungen zu treffen. Sie sagte zu, sich wieder ausreichend zu ernähren. Wir hatten ihr angeboten, sie auf Wunsch zum Einkauf zu fahren, das nahm sie in der Folgezeit öfter in Anspruch. Eine weitere Verabredung war, dass wir das Recht hatten, von Zeit zu Zeit einen kurzen Blick in ihr Zimmer zu werfen. Auch diese Vereinbarung hielt sie ein. Die vom Facharzt empfohlene medikamentöse Behandlung lehnte sie weiter strikt ab, bis heute.

In der Folgezeit kam sie wieder öfter aus ihrem Apartment, auch um Hilfe für ihre Verfolgungserlebnisse zu suchen, zum Beispiel bei der Freien evangelischen Gemeinde. In den seltenen Fällen, wo sie auf einen von uns zukam, nahmen wir uns sehr viel Zeit für sie, das hat sich anscheinend bewährt. Eine Teilnahme am Zusammenleben wie im ersten Jahr ist aber nicht mehr gelungen.

In den letzten Jahren gibt es einen regelmäßigen Wechsel zwischen guten und schlechten Zeiten, die jeweils einige Monate dauern. In guten Zeiten nutzt sie die Angebote der Gemeinde, besucht zum Beispiel einen Kirchenchor für heilsames Singen und Meditieren. Je weniger Veränderung im Umfeld stattfindet, desto stabiler scheint sie zu sein. Für sie bedrohliche Veränderungen können Auslöser für eine neue schwierige Zeit sein, zum Beispiel ein neuer Bewohner oder die Lieferung vieler Pakete ins Haus. Dann zieht sie sich sehr stark zurück und erlebt teilweise auch Mitarbeiter als bedrohlich. Es gelingt aber immer, dass mindestens ein oder zwei Mitarbeiter auch in schlechten Zeiten den Kontakt zu ihr halten können.

Inzwischen kennen wir die Sorgen und Beschwerden von Frau Rückert sehr gut, weil sie offen über die verschiedenen Erlebnisse berichtet. Wir versuchen, so weit wie möglich Irritationen von ihr fernzuhalten, zum Beispiel Mitbewohner, die sie als bedrohlich erlebt. Insgesamt erlebe ich Frau Rückert als eine besondere, eindrucksvolle Persönlichkeit, eine intelligente und sehr reflektierte Frau, mit einer ungewöhnlichen Sicht auf die Welt.

So wie es jetzt aussieht, bin ich zufrieden, so soll es bleiben

Lutz Renczikowski ist 61 Jahre alt und lebt nach langer Obdachlosigkeit wieder in seiner eigenen Wohnung. Er geht jeden Tag in der Werkstatt arbeiten und hat eine Freundin, mit der er gerne zusammen kocht. Für seine Betreuerin des Betreuten Wohnens ist am wichtigsten, seine Würde und Autonomie zu respektieren. Sie findet: Wir sind ein tolles Team. Seine Diagnose: schizoaffektive Psychose.

Ich bin in Aschersleben aufgewachsen, in der ehemaligen DDR. Meine Mutter kam aus dem Westen und war verwitwet, als sie meinen Vater kennenlernte. Aus ihrer früheren Ehe habe ich ein paar Halbbrüder und Halbschwestern, aber meine Mutter hat mir gesagt, dass ich nicht nach denen forschen soll. Einen Halbbruder in Moers kenne ich aber, den besuche ich manchmal.

Meine Eltern haben sich scheiden lassen, und ich kam mit sechs Jahren in ein Heim. Vorher hatte ich eine gute Kindheit, aber im Heim gab es ganz oft Prügel. Mit 16 bin ich dann wieder zu meiner Mutter gezogen und habe eine Lehre im Straßenbau angefangen. Die habe ich abgebrochen und bin dann zur Bahn gegangen. Erst habe ich als Auswäscher gearbeitet. Da habe ich Kessel, Aschebehälter und Rauchkammer der Dampfloks gereinigt. Später habe ich eine Schlosserausbildung gemacht und war in verschiedenen Bereichen der Bahn tätig, als Schaffner, Rangierer und zuletzt als Lokomotivführer. Insgesamt habe ich 25 Jahre bei der Bahn gearbeitet.

1989 nach der Wende bin ich zu meiner Mutter in den Westen gezogen. Ich habe einige Zeit als Leiharbeiter gearbeitet, bei verschiedenen Firmen. 1992 ist meine Mutter verstorben. Ich konnte die Wohnung nicht halten und bin in eine Notunterkunft in Moers gekommen. Da habe ich einen Kumpel kennengelernt. Mit dem habe ich mich später selbstständig gemacht, Verschalungen und Gerüstbau.

Ich war auch einige Male in der Psychiatrie, einmal vier Monate. Ich war aber nur zum Arbeiten da, nicht wegen einer geistigen Erkrankung. Ich bin mit meinem Baufahrzeug in die Klinik gefahren. Etwa drei Jahre habe ich in der Unterkunft in Moers gelebt, später beim Sozialdienst katholischer Männer in Dinslaken, dann in Duisburg, weil ich da Arbeit gefunden hatte. Auf das Geld warte ich heute noch. Zuletzt war ich in Voerde. Insgesamt habe ich 15 Jahre ohne Wohnung gelebt. Nach einem Herzinfarkt ging das aber nicht mehr. In der Reha habe ich einen Betreuer bekommen, der sorgte dafür, dass ich in das Petrusheim umziehe. Es hieß, dass man dort Hilfe bekommen soll, aber ich wurde nur beklaut. Ich wollte da raus.

Fünf Jahre habe ich mich dort durchgeschlagen. Es hat mir nicht gefallen, aber man konnte auch nichts ändern. Deshalb war ich froh, dass ich nach den fünf Jahren zu Spix in die Werkstatt fahren und arbeiten konnte. Ich war erst im Berufsbildungsbereich, da haben wir alles Mögliche gemacht. Auch in der Fahrradwerkstatt und der Hauswirtschaftsgruppe. Heute mache ich Verpackungen. Ich arbeite inzwischen jeden Tag die Woche, den ganzen Tag.

Die Werkstatt hat mich dann zum Betreuten Wohnen vermittelt. Und die haben mir geholfen, eine Wohnung zu finden. Darüber bin ich sehr froh. Ich habe hier meine Ruhe. Gerade habe ich meine DVDs katalogisiert, 357. Ich hatte auch zweitausend Videokassetten, davon habe ich aber viele verschenkt. Außerdem sammle ich Figuren von Ü-Eiern. Früher bin ich mal eingeladen worden, meine Briefmarkensammlung im Auktionshaus Christie's in London zu versteigern. Ich hatte die rote, blaue und gelbe Mauritius, alle drei. Ich habe aber alles für 3000 DM abgegeben, obwohl es ein paar Millionen wert war. Denn da waren keine vernünftigen Motive drauf, nur die Elisabeth, und ich war auf Eisenbahnmotive aus.

Mit dem Betreuten Wohnen bin ich zufrieden. Da merkt man, dass man Hilfe bekommt. Die Lisa fährt mit mir zum Arzt oder zur Tafel. Sie ist auch dabei, um mit mir Geld abzuholen bei der gesetzlichen Betreuung oder zusammen einkaufen zu gehen, das ist für mich wichtig. Die Ferienfahrten von Spix sind auch gut, aber dieses Jahr fahre ich nicht mit. Meine Freundin fährt auch nicht mit, die muss nämlich operiert werden. Ich besuche sie fast jeden Tag. Jeden Montag kochen wir zusammen, das ganze Gemüse von der Tafel, da wird dann Gemüsesuppe draus gemacht. So wie es jetzt ist, bin ich zufrieden, so soll es bleiben.

Lisa Tönnesen
vom Betreuten Wohnen

Über die Vorgeschichte von Herrn Renczikowski ist uns nicht viel bekannt, er selber macht dazu auch keine verlässlichen Angaben. Er ist in der ehemaligen DDR aufgewachsen und dort in jungen Jahren in ein Heim gekommen. Nach Öffnung der Mauer ist er zu seiner im Westen lebenden Mutter gezogen und hat dort einige Jahre mit ihr zusammengelebt. Nach ihrem Tod hat er die Wohnung verloren, wahrscheinlich weil er da schon schwer erkrankt war. Danach lebte er viele Jahre obdachlos oder in verschiedenen Obdachloseneinrichtungen, zuletzt vier Jahre im Petrusheim. Dort hat er einen Schlaganfall und einen Herzinfarkt erlitten und nimmt seitdem internistische Medikamente. Wegen seiner ungewöhnlichen Verhaltensweisen wurde er in der Vergangenheit öfter psychiatrisch behandelt, unter der Diagnose einer schizoaffektiven Psychose. Eine medikamentöse Behandlung der seelischen Erkrankung erfolgt aber aktuell nicht.

Vom sozialen Dienst der Obdachloseneinrichtung wurde er in eine eigene Wohnung vermittelt und kam so in unsere ambulante Betreuung. Ich lernte einen ängstlichen Mann kennen, der immer davon überzeugt war, dass er bestohlen würde. Er berichtete zum Beispiel, dass man ihm im Obdachlosenheim achthundert Fahrräder gestohlen habe, fünf Kartons mit Scheuermitteln und eintausend Bettlaken. Tatsächlich hat er einen Sammeltrieb, vielleicht wurden Teile seiner Sammlung im Heim entsorgt. Die ersten Monate musste ich ihm vor allem versichern, dass ich ihm nichts wegnehme. Bei Hausbesuchen wich er mir nicht von der Seite, um mich zu kontrollieren.

Innerhalb von zwei Monaten war seine Wohnung so voll, dass man sich kaum noch bewegen konnte. Er sammelt alles ohne Unterschied: alte Möbel und Elektrogeräte, kaputte Fahrräder und Lebensmittelverpackungen, die er dann spült. Verderbliche Lebensmittel oder faulende Gegenstände sammelt er zum Glück nicht. Er ist allerdings auch mit dem Essen maßlos. Als wir ihn einige Zeit nach dem Einzug zu einer Ferienmaßnahme mitnahmen, fiel das erst richtig auf. Er hat so viel gegessen, dass er sich dauernd übergeben musste und Durchfall hatte.

Nach und nach entstand eine Vertrauensbeziehung zwischen uns. Ich merkte auch, dass ihm seine Wohnung außerordentlich wichtig ist. So konnte ich ihm erklären, dass er selbst sich zwar mit seinen vielen Schätzen wohlfühlt, andere Hausbewohner oder die Vermieterin das aber anders erleben. Ganz allmählich und in kleinen Verhandlungsschritten ist so eine Balance zwischen seinen Einrichtungsvorstellungen und einem Mindestmaß an Benutzbarkeit der Wohnung erreicht worden. Das hat etwa ein Jahr lang gedauert.

Ähnlich ist es mit den Lebensmitteln gegangen. Er hat übermäßig viel eingekauft und gegessen, obwohl er zuckerkrank ist. Inzwischen können wir gemeinsam zur Tafel fahren oder einkaufen und er lässt mit sich reden, wenn er zunächst zum Beispiel zwanzig Teilchen eingepackt hat. Man muss allerdings hart argumentieren und sich auf die wesentlichen Anliegen konzentrieren, bevor er grummelnd nachgibt. In vielen anderen Dingen muss man akzeptieren, dass er in seiner Welt lebt und auch zum Teil skurrile Dinge erzählt. Er berichtet zum Beispiel, er sei mit 120 Stundenkilometern geblitzt worden, als er mit dem Fahrrad durch die Stadt gefahren sei. Auch über frühere Berufstätigkeiten und Abenteuer erzählt er fantastische Geschichten.

Im zweiten Jahr unserer Zusammenarbeit sind weitere Fortschritte gelungen, wieder im Schneckentempo und nach jeweils wochenlanger Thematisierung eines neuen Anliegens. So gelingt es inzwischen, dass Lutz in größeren Abständen die Kleidung wechselt und zu einer Körperpflege bereit ist. Nachdem er über lange Zeit seine Medikamente nur unregelmäßig eingenommen hatte, hat er schließlich eingewilligt, dass nun ein Pflegedienst zweimal am Tag die Medikamenteneinnahme überwacht. Einmal in der Woche darf eine Reinigungskraft kommen. Und seit Kurzem hat er einen Bürgerhelfer, einen ehrenamtlichen Paten, der aus Mitteln der Pflegeversicherung eine Aufwandsentschädigung erhält.

Über lange Zeit hat er auf niemanden außer mir gehört. Urlaubsvertretungen hat er sozusagen abblitzen lassen, die konnten ihm wenig helfen. Ihm ist sehr wichtig, dass seine Würde und Autonomie respektiert wird. Jede Veränderung fällt ihm schwer. Deshalb habe ich ihn lange Zeit erst mal so respektiert, wie er war, trotz beispielsweise völlig unzureichender Körperpflege. Ich hätte ihm auch niemals gesagt, dass er stinkt. Aber nach und nach, mit viel Charme und Hartnäckigkeit, ist eine kleine Weiterentwicklung gelungen. Dann nach Wochen oder Monaten die nächste. Dass er inzwischen auch mit anderen Diensten zusammenarbeitet, ist ein großer Fortschritt.

Zu seinem letzten Geburtstag bin ich mit ihm und einer anderen Klientin in ein schickes Café gegangen. Seitdem ist er mit der Klientin befreundet und besucht sie fast täglich. Er bringt ihrer Katze etwas zu fressen mit und genießt es, für jemanden da zu sein und als Gentleman die Tür aufzuhalten. Auch emotional hat er sich im letzten Jahr noch einmal erstaunlich weiterentwickelt. Früher wirkte er immer völlig gleichmütig und zeigte keine Gefühlsregungen, egal worüber man mit ihm gesprochen hat. Jetzt kann er verschmitzt lächeln oder manchmal auch ganz herzlich lachen, zum Beispiel bei einem kleinen Missgeschick von mir. Wir beide sind ein tolles Team.

Die gute Freundin

Katrin Kamps ist eine gute Freundin von Lutz Renczikowski. Diagnostiziert wurden bei ihr Depressionen und eine Borderline-Persönlichkeitsstörung. Die 46-Jährige arbeitet bei Spix im Rehazentrum.

Eigentlich kennen Lutz und ich uns schon aus der Tagesklinik. Dass wir uns regelmäßig sehen, ist aber erst seit dem letztem Jahr so. Da waren wir auf unserem Geburtstag mit unseren Bezugsbetreuern einen Kaffee trinken. Das Witzige ist nämlich, dass Lutz und ich am gleichen Tag Geburtstag haben.

Ja und der Lutz hat ja einmal in der Woche eine Gemüsesuppe mit Frau Tönnesen gekocht. Irgendwann hat sie uns dann gefragt, ob Lutz und ich nicht mal Lust hätten, gemeinsam etwas zu kochen. So hat es sich ergeben, dass wir jetzt jeden Tag zusammen kochen. Wir haben uns eben angefreundet. Lutz ist sehr hilfsbereit. Wenn etwas ist, kommt er sofort. Als ich wegen meiner Knieoperation im Krankenhaus lag, hat er mich jeden Tag besucht. Jetzt kommt der Lutz immer mit dem Fahrrad zu mir. Früher bin ich auch schon mal zu ihm gelaufen oder mit dem Rad gefahren, aber das geht ja im Moment nicht.

Lutz hat immer ziemlich viele Kugelschreiber in seinen Hemden, aber ich habe ihn nie gefragt, warum. Wir haben schließlich alle unsere Macken. Aber er hat mir mal erzählt, dass er eine Zeit lang auf der Arbeit immer Kugelschreiber an andere abgeben musste. Da hat er sich dann ein paar zugelegt. Manchmal sind Kugelschreiber ja auch Mangelware, aber so zwei oder drei müssten ja eigentlich reichen. Na ja, egal. Lutz sammelt eben ziemlich viel und bei mir ist alles schön ordentlich. Wenn er mich besucht, scherzt er immer: »Wer Ordnung hält, ist zu faul zu suchen«, aber er fühlt sich wohl bei mir zu Hause und ich mich auch bei ihm. Wir haben auch schon mal zusammen

Fernsehen geguckt. Überhaupt haben wir viele Gemeinsamkeiten. Wir spielen gerne zusammen und finden beide Spinat mit Fisch sehr lecker. Wenn wir zusammen kochen, mögen wir immer beide die gleichen Sachen.

Ein besonderes Merkmal von Lutz ist sein Dickschädel. Bei manchen Sachen ist er stur wie ein Maulesel. Wenn ich ihm zum Beispiel sage, dass er meiner Katze Amy nicht so viel Hähnchenfleisch geben soll, macht er es trotzdem. Er verwöhnt sie eben gerne. Ich mache es ja auch, aber ich will nicht das Problem haben, dass sie nachher nur noch Hähnchenfleisch isst. Böse bin ich ihm aber nicht. Ich muss immer lachen, wenn sie mich mit ihren großen Augen anguckt, weil sie etwas zu fressen haben will. Wenn ich sage: »Nein, das kriegst du nicht«, dann guckt sie sofort Lutz an und bekommt ihr Leckerchen.

Ich nehme Lutz so, wie er ist. Ich möchte ja auch nicht verändert werden. Bis jetzt haben wir uns auf jeden Fall noch nicht in der Wolle gehabt. Wir machen uns immer eine schöne Zeit. Außenstehende stecken einen oft direkt in eine Schublade. Leute urteilen, bevor sie sich informiert haben. Das finde ich sehr traurig, weil keiner davor geschützt ist, krank zu werden. So ist Lutz nicht, und ich bin froh, dass ihm so viel an unserer Freundschaft liegt.

Sie nehmen mich so, wie ich bin, das tut mir sehr gut

Carolin Bergmann ist 56 Jahre alt und war vor 22 Jahren zuletzt in der Klinik. Ihr Lebensgefährte wohnt im Haus eine Wohnung unter ihr. Sie unternimmt viel mit ihrer Enkeltochter, auch wenn sie dann abends »total platt« ist. Die Arbeit im Büro der Tagesstätte ist ihr wichtig. Ihre Diagnose: schizophrenes Residuum.

Ich bin das mittlere von drei Kindern, ein Sandwichkind. Mein Vater war Chemiearbeiter und meine Mutter Verkäuferin, die kamen beide aus der ehemaligen DDR. Ich hatte eine wunderschöne Kindheit in einem kleinen Dorf. Wir hatten einen großen Garten, wo meine Eltern Gemüse und Obst gezogen haben, und wir spielten viel auf den Wiesen in der Umgebung. Nach dem Abitur bin ich nach Bonn gezogen und habe dort Kunsttherapie studiert. Schon bald habe ich meinen späteren Mann kennengelernt. Er hatte viel mit Drogen zu tun, aber ich fand ihn toll, vor allem seinen besonderen Flair. Ich habe zweimal mit ihm LSD genommen, das war wie ein Farbentrip. Ich bin durch die Stadt gegangen, alles war so bunt wie eine schillernde Libelle. Einmal habe ich auch gleichzeitig gelacht und geweint, ich war gefühlsmäßig total aufgewühlt. Aber ich fand es insgesamt doch nicht gut. Heute bin ich froh, dass ich nicht mehr genommen habe, das wäre für meine spätere Krankheit sicher nicht gut gewesen.

Ich bin bald schwanger geworden und wir haben geheiratet. Wir waren aber nicht immer zusammen, ich bin oft meinen eigenen Weg gegangen. Allerdings hatte ich nach der Geburt meiner Tochter nicht mehr genug Energie, das Studium zu Ende zu führen. Als sie vier Jahre alt war, habe ich mich von meinem Mann endgültig getrennt und bin in meine Heimatstadt zurückgezogen. Dann habe ich eine Umschulung zur Krankenschwester begonnen und auch zwei Jahre durchgehalten. Aber dann konnte ich mich immer weniger konzentrieren, konnte die Zusammenhänge weniger verstehen, z. B. wie die Funktion von inneren Organen ist. Manche Lerninhalte konnte ich verstehen, aber nicht richtig wiedergeben.

Ich habe danach noch zwei Jahre von Sozialhilfe gelebt, bevor die Krankheit kam. Das war 1990, da ist was Komisches bei mir ausgebrochen. Im Fernsehen wurde vom Golfkrieg berichtet, das hat mir große Angst gemacht. Ich war gerade zu Besuch in der Nähe von Bremen, da hat mir ein Bekannter Fotos von einer Radarstation gezeigt. Ich war überzeugt, dass alles radioaktiv verseucht wird und ein Atomkrieg unmittelbar bevorsteht. Ich habe bei den Nachbarn Zuflucht gesucht, auch gefragt, ob jetzt nicht alle eingezogen werden zum Krieg. Eigentlich wollte ich wieder nach Hause zurück, aber ich habe den Weg nicht gefunden. Ich wollte ein Taxi nehmen, aber der Taxifahrer hat die Polizei gerufen, weil ich anscheinend verwirrt war. Ich bin in ein Krankenhaus gekommen. An Einzelheiten kann ich mich gar nicht mehr erinnern, nur an den Geschmack von flüssigem Haldol.

Die Zeit im Krankenhaus über war ich in Hochstimmung. Ich fühlte mich wie in einem Film, in dem ich eine berühmte Schauspielerin bin, und die anderen spielen mit. Ich wollte unbedingt zurück nach Hause zu meiner Tochter, die bei meinen Eltern war. Aber ich war wohl noch nicht ganz geheilt. Meine Eltern haben versucht, mich zu unterstützen, aber ich fand keine Ruhe, konnte auch selber keine Entscheidung treffen. Meine Eltern haben mich dann in die Psychiatrie gebracht. Dort war ich in den folgenden Jahren vier Mal in stationärer Behandlung, einmal den ganzen Sommer über, vier Monate lang. Dazwischen habe ich zu Hause gelebt und eine Ärztin kam ins Haus, die hat mir eine Depotspritze gegeben. Auch in den Zwischenzeiten war ich zu krank, um mich richtig um Miriam zu kümmern. Das tat mir sehr weh, denn ihr Papa war schon weg und ich war krank, sodass sie keinen besonderen Halt hatte außer meinen Eltern. Aber meine Tochter war stark und vernünftig und hat sich trotzdem gut entwickelt.

Beim letzten Klinikaufenthalt kam Frau Ludwig vom Verein Papillon in die Klinik. Sie erzählte mir von den therapeutischen Angeboten ihres Vereins. Ich hatte damals überhaupt kein Selbstwertgefühl mehr, ich konnte ja nicht mal mehr alleine einkaufen gehen. Trotzdem bin ich dann zum Treff gegangen. Ich habe angefangen, in der Küche beim

Mittagessen zu helfen, das fiel mir anfangs sehr schwer. Aber nach und nach habe ich an immer mehr Dingen teilgenommen, z. B. an der Frauengruppe oder den Gruppenspielen mit Musik oder der Tanzgymnastik. Da waren nur zehn oder elf Leute, das fand ich ganz schön. Ich habe dann mit meiner Tochter wieder eine eigene Wohnung genommen. Da war Miriam gerade zwölf. Sie lebte bei mir, war aber oft bei den Großeltern. Ein Krankenpfleger hat mich in der Zeit regelmäßig zu Hause unterstützt. Der hat mir immer Mut gemacht, wenn es mir nicht gut ging. »Davon geht die Welt nicht unter!«, sagte er dann immer. Das fand ich toll. Zwei Jahre lang bin ich auch zu einer Psychologin gegangen. Die Gruppe fand ich nicht so gut, aber die Einzeltherapie. Sie hat mir geholfen, wieder stärker zu werden und mehr Selbstbewusstsein zu finden. Wenn ich mich nicht entscheiden konnte, hat sie mir z. B. gesagt, dass ich eine Liste mit den Gründen dafür und dagegen machen soll.

Mein letzter Klinikaufenthalt ist 22 Jahre her. Meine Tochter ist mit 18 ausgezogen. Sie arbeitet als Bankkauffrau und hat jetzt selbst eine Tochter von vier Jahren. Bei Papillon habe ich schon ziemlich zu Anfang den Dirk kennengelernt. Er gab mir damals ganz höflich die Hand, da merkte ich aber, dass da etwas ist. Er hat mich dann immer wieder angerufen und wir haben telefoniert, manchmal eine ganze Stunde lang. Er wollte alles wissen von mir. Er hat mich besucht und dann waren wir zusammen. Etwas später wurde in meinem Haus eine Wohnung unter mir frei. Dort lebt er bis heute. Wir planen sogar, dass ich meine Wohnung aufgebe und zu ihm ziehe. Das überlegen wir allerdings schon einige Jahre lang (lacht).

In der Klinik hatte man verschiedene Medikamente ausprobiert, aber die ersten Jahre hat keines richtig geholfen. Da hat man mir schließlich Leponex vorgeschlagen. Das ist ein starkes Medikament, bei dem es auch gefährliche Blutbildveränderungen geben kann, aber ich habe mich schließlich dafür entschieden, ich musste das extra unterschreiben. Ich habe unter Leponex 20 Kilo zugenommen, das fand ich nicht schön. Einmal habe ich es eigenmächtig abgesetzt.

Ich habe auch in acht Wochen acht Kilo abgenommen, aber das war leichtsinnig. Plötzlich fing eine ganz starke Unruhe an, die habe ich vor allem körperlich gespürt, ich musste dauernd zittern. Ich konnte auch kaum noch schlafen. Ich bin dann zu meinem Nervenarzt gegangen, der hat mit mir geschimpft. Ich musste in kurzen Abständen ganz oft zu ihm kommen und er hat erst mit Valium und dann wieder schrittweise mit Leponex behandelt, bis ich wieder gesund war. Seitdem habe ich es nicht mehr abgesetzt, aber ich nehme heute auch nur noch eine viel kleinere Dosis ein als früher.

Seit zwölf Jahren bin ich bei Papillon im Büro. Ich arbeite an drei Tagen die Woche bis 12:30 Uhr. Dort fühle ich mich in der Gemeinschaft sehr wohl, weil die Chefin, der Kreativtherapeut und mein Bürotrainer alle so geduldig und so herzlich und menschlich sind. Sie sehen mich positiv und ermutigen mich, nehmen mich als Person so, wie ich bin. Das tut mir sehr gut. Manchmal habe ich Zwangsgedanken, z.B. denke ich, dass ich die Kaffeemaschine nicht ausgeschaltet habe und mache mir Sorgen. Dann unterbreche ich die Arbeit und fahre nach Hause, um nachzusehen. Ich bin froh, dass ich dafür nicht kritisiert werde.

Von meiner Krankheit merke ich nicht mehr viel. Allerdings halte ich es schlecht aus, wenn der Tag zu voll ist, voller Anspannungen und Erlebnisse. Meine Enkeltochter ist ja sehr lebendig. Wenn wir viel unternehmen, bin ich abends total platt. Dann brauche ich viele Stunden Ruhe auf meinem Sofa. Ich brauche vielleicht insgesamt mehr Ruhe als andere Menschen in meinem Alter, aber das ist in Ordnung. Ich gehe gerne zu meinen Eltern, die liegen auf dem Friedhof gleich um die Ecke. Dort ist es schön ruhig. Ich bin etwa jeden zweiten Tag da und kümmere mich um das Grab. Wenn es mir ganz gut gehen sollte im August, dann will ich meinen Bruder in der Schweiz besuchen. Er lädt mich schon viele Jahre ein. Dieses Jahr schaffe ich es, glaube ich. Aber jemand muss mir helfen, ins Flugzeug zu kommen, da habe ich doch Angst vor. Leider fährt Dirk nicht mit, also muss ich das alleine schaffen. Ich bin schon ganz neugierig auf das Haus meines Bruders am Bodensee.

Bettina Ludwig, Leiterin der Tagesstätte

Ich kenne Frau Bergmann schon über zehn Jahre. Damals hat sie noch in der Küche gearbeitet. Sie hat gleich Kontakt gesucht und war dabei auch überschwänglich, etwas grenzenlos. Sie hat mich z. B. öfter privat zu Hause angerufen. Sie hat es aber akzeptiert, als ich ihr erklärt habe, dass ich das nicht will. Was ich an ihr schätze, ist ihre hohe kommunikative Kompetenz. Sie kann ihre Gefühle zeigen, sie kann darüber reden, wenn sie traurig ist oder sich freut. Sie geht auch ganz herzlich mit anderen Besuchern der Tagesstätte um, das ist für das Betriebsklima sehr wertvoll. Insgesamt ist die Tagesstätte für sie so etwas wie der Lebensmittelpunkt. Alles, was in ihrem Leben passiert, bespricht sie hier und reflektiert sie mit uns.

Ihre Kommunikation ist teilweise aber auch ihre Schwäche. Sie hat hier unter anderem den Telefondienst, das heißt, sie nimmt Nachrichten entgegen oder soll weiterverbinden. Sie beginnt aber fast immer längere Gespräche mit den Anrufern oder erzählt Geschichten, die über ihren Auftrag hinausgehen. Letzte Woche z. B. wollte jemand mich sprechen. Sie sagte, dass sie glaubt, ich sei nicht da, sie müsse mal nachschauen. Sie informiert dann den Anrufer, dass ich auf der Toilette sei und es wohl länger dauern werde. Sie hat auch deutliche Probleme der Merkfähigkeit und des abstrakten Denkens. Wir haben mit ihr ein Buch für einfache Computerarbeiten entwickelt, das sie mit ihren

Worten und von ihr erdachten Symbolen gestaltet hat. Darin sind die einzelnen Arbeitsschritte hintereinander erklärt. Trotzdem gelingt es ihr oft nicht, vom ersten Schritt zum nächsten zu kommen oder die von ihr geschriebenen Anweisungen in Handlungen am Computer zu übersetzen.

Frau Bergmann will gefallen und alles perfekt machen. Vielleicht ist es deshalb so schwer, sie auf Fehler hinzuweisen oder bei Verbesserungen zu unterstützen. Wir sind behutsam und wertschätzend, wollen aber auch ehrlich und authentisch sein. Sie macht sich bei Kritik stundenlang Gedanken darüber, kommt aber zu keinem Ergebnis und vor allem zu keiner Verhaltensänderung. Sie will auf keinen Fall etwas an ihrer Arbeit verändern oder andere Aufgaben übernehmen. Deshalb reden wir jeden Tag über die gleichen Arbeitsschritte und erklären immer wieder die gleichen Arbeitsvorgaben, das ist wie ein Kreislauf, weil wir jeden Tag wieder bei null anfangen müssen. Trotzdem ist die Zusammenarbeit mit ihr schön, weil sie uns anscheinend sehr vertraut und weiß, dass sie hier nicht bloßgestellt wird. Sie kann sich total gut begeistern, wenn wir neue Aktivitäten planen, das fällt vielen anderen schwer. Das gilt z. B. für ein neues Kunstprojekt oder wenn wir zu Weihnachten Theater spielen. Vor der Vorstellung ist sie noch völlig aufgeregt, aber beim Beginn des Stücks geht sie ganz in ihrer Rolle auf und spielt dann z. B. eine Königin im Festkleid oder liegt mit einem Nachthemd im Bett. Weil sie so gerne redet, kann sie dann oft aus dem Stegreif weitere Texte improvisieren. Wenn man sie dann nicht bremsen würde, kämen andere gar nicht mehr zu Wort.

Die Tochter

Miriam Bergmann ist 33 Jahre alt, hat eine kleine Tochter und lebt in einer Beziehung. Sie war früher im Bereich der Baufinanzierung selbstständig und möchte Menschen künftig durch ein gezieltes Business-Coaching dazu führen, privat und beruflich glücklich zu sein.

Meine Mutter war 33 Jahre alt, als ihre Krankheit ausgebrochen ist. Das war 1992. Sie war damals alleinerziehend und ich war ihre einzige Tochter. Sie hatte eine schizophrene Psychose. Zu dem Zeitpunkt war ich elf Jahre alt und habe gerade Ferien gemacht. Meine Mutter war zum Urlaub an der Nordsee. Immer, wenn ich meine Oma aus den Ferien angerufen habe, hat sie gesagt, dass Mama länger im Urlaub ist und noch nicht wiederkommt. Ich habe nicht verstanden, warum sie nicht zurückkommt und warum ich sie nicht sprechen kann. Als ich dann nach Hause gekommen bin, hat mir meine Oma gesagt, dass meine Mutter im Krankenhaus liegt. Mein Onkel, meine Oma und ich sind dann zu ihr ins Krankenhaus an die Nordsee gefahren. Ich weiß noch genau, dass sie einen ganz trockenen Mund hatte und kaum sprechen konnte. Sie war mit irgendwelchen Beruhigungsmitteln vollgepumpt und ich habe sie gar nicht wiedererkannt, weil sie total dick und aufgequollen war.

Ich bin viel bei meinen Großeltern aufgewachsen. Sie haben sich um mich gekümmert, wenn meine Mutter, zum Teil über Wochen, in der Psychiatrie war. Wir haben sie dann zwar dort besucht, aber sie war nicht mehr zugänglich, weil sie ruhiggestellt war. Wenn es ihr besser ging, haben wir wieder zusammengewohnt. Die Großeltern waren aber immer in der Nähe. Ich kam gerade in die Pubertät und war total wütend darüber, dass meine Mutter nicht so war wie die anderen Eltern. Das war eine schwierige Zeit. Ich habe sie schon vor dem Ausbruch der Krankheit als extrem orientierungslos empfunden. Meine Großeltern haben sie auch oft beschimpft, weil sie ihr Leben nicht so erwachsen geführt hat wie die meisten anderen Menschen in ihrem Alter.

Ich war teilweise sehr aggressiv. Meine Mutter hat immer geschlafen, den Haushalt nicht hingekriegt und ich habe sehr darunter gelitten. Es war teilweise so, dass ich die Mutter war oder die Schwester. Ich habe von klein auf sämtliche Sachen für meine Mutter erledigt und war dadurch früh erwachsen. Ich war quasi die Versorgerin, habe schon mit dreizehn Jahren vor der Schule in Begleitung Brötchen ausgefahren und mich um alles gekümmert.

Aber ich habe immer gespürt, dass mich meine Mutter sehr liebt. Die Liebe war immer da, nur der Alltag hat nicht funktioniert. Meine Mutter hat jeden Tag mit mir Vokabeln gelernt und mit mir Hausaufgaben gemacht, bis in die Oberstufe mit den Fächern Französisch und Englisch. Das hat sie unheimlich toll gemacht. Sie hat dafür gesorgt, dass ich Abitur gemacht habe.

Ein paar Jahre später ist meine Mutter in die Tagesstätte von Papillon gekommen und alles wurde langsam besser. Sie wurde selbstständiger und ich bin mit Punkt achtzehn ausgezogen. Noch vor dem Abitur hatte ich meine erste eigene Wohnung. Von da an hat sich das Verhältnis zu meiner Mutter erheblich verbessert. Meine Mutter war mit mir nicht mehr überfordert und ich hatte meinen Freiraum und konnte mein eigenes Leben führen.

Sie war nicht nur mit mir überlastet, sondern mit allem. Wir haben uns vorher fast dauernd gestritten. Sie hat zum Beispiel den Haushalt nicht geschafft und ich musste immer putzen, weil sonst alles verdreckt wäre. Leere Gläser haben sich angesammelt und ich bin dann immer ausgerastet, weil ich mich unwohl gefühlt habe. Ich hatte ja auch den Vergleich zu meinen Großeltern, bei denen immer alles picobello war. Heute bin ich dadurch sehr ordentlich.

Wenn meine Mutter und ich Stress hatten, ist sie immer gleich in eine Art Schockstarre verfallen und konnte dann gar nichts mehr machen. Sie wurde quasi handlungsunfähig. Sie bekam auch immer wieder Angstzustände und Zitteranfälle und hat gedacht, alles nicht mehr zu schaffen. Was genau sie nicht schaffen würde, hat sie aber nie gesagt. Ich habe mit vierzehn Jahren das autogene Training kennengelernt und habe dann in solchen Situationen Traumreisen mit meiner Mutter gemacht, um sie da rauszuholen. Sie hat sich dann auch wieder beruhigt.

Mit der Zeit wurden die Anfälle seltener. Ich bin dann auch erst einmal aus Geldern weggezogen. Durch den Abstand ist eine tiefe Freundschaft zwischen mir und meiner Mutter entstanden. Ich hatte dann auch immer eine große Sehnsucht, wieder bei meiner Familie zu sein.

Heutzutage sehe ich eigentlich alles sehr positiv. Meine Mutter hat unheimlich viel geschafft. Sie wirkt wieder sehr stabil und wirklich glücklich. Sie lacht sehr viel und wir haben ein tolles Verhältnis. Sie hat einfach eine unglaubliche Herzenswärme und die Fähigkeit, in den Menschen immer nur das Gute zu sehen. Ich wäre heute nicht die, die ich bin. Ich bin extrem selbstständig und weiß heute mein Glück sehr zu schätzen. Ich habe mir viel aufgebaut und es geschafft, auf die Sonnenseite des Lebens zu wechseln und die Dinge positiv anzugehen.

Eine Mischung aus vielen Faktoren hat dazu geführt, dass es meiner Mutter heute besser geht: der Glaube meiner Mutter an Gott und der Verein Papillon auf jeden Fall auch. Dort hat man ihr ein gutes Umfeld geschaffen. Meine Mutter ist in ihrer Persönlichkeit nie erkannt worden. Das hat sie erst durch ihre Krankheit schaffen können. Sie ist ein ganz sensibler, naiver, liebevoller Mensch und einfach nicht geschaffen für die harte Gesellschaft und die harte Erziehung meiner Großeltern. Erst durch die Krankheit hat sie ihren Rahmen und ihre Entwicklung gefunden, die sie heute sein lassen, wer sie ist. Ein weiterer Faktor, der zur Besserung beigetragen hat, ist ihr Wille, gesund zu werden und immer wieder aufzustehen.

Durch die Medikamente
ist es mir möglich,
nach vielen Jahren des Leidens
ein normales Leben zu führen

Adão Neto ist 55 Jahre alt und lebt bei einer Gastfamilie, die das Zusammenleben als Bereicherung für sich beschreibt. Sein Bezugsbetreuer begleitet ihn schon viele Jahre, darunter auch immer wieder lange Klinikzeiten. Herr Neto hat Bücher zur Demokratisierung afrikanischer Staaten und zur Integration von Menschen mit Migrationshintergrund geschrieben und ist seit zwei Jahren deutscher Staatsbürger. Seine Diagnose: paranoide Schizophrenie.

1986 wurde ich zum ersten Mal in meinem Leben psychisch krank. Ich war 25 Jahre alt und wusste vorher schon, dass es eine Krankheit namens Psychose gibt. Aber ich wusste nicht, wie quälend und belastend diese Krankheit ist.

Als ich eines Tages in meiner Wohnung kochen wollte, hörte ich plötzlich eine Stimme, die mir befahl, was ich tun sollte. Die Stimme sagte mir, dass ich in meiner Wohnung bleiben musste, da mich Terroristen umbringen wollten, weil ich für die Errichtung einer demokratischen Gesellschaft in allen Ländern kämpfe. Diese Terroristen waren Mitglieder der kommunistischen Weltbewegung. Da ich Angst bekam, schaltete ich das Licht aus und lag stundenlang in meinem Bett. Plötzlich sah ich an allen Wänden meiner Wohnung Bilder von bekannten und unbekannten Leuten. Sie fingen an, mit mir zu reden. Da ihre Stimmen bedrohlich waren, bekam ich mehr und mehr Angst. Ich konnte nicht schlafen, da sowohl die Bilder als auch die Stimmen mir Angst machten und mich bedrohten. Ich blieb zwei Tage schlaflos.

Eines Abends, als ich meinen Fernseher einschaltete, sah ich plötzlich den damaligen Bundespräsidenten nackt. Er tanzte mit verschiedenen nackten Frauen. Später sagte er mir, dass ich zu ihnen gehen solle, da ich einer von ihnen war. Dann sah ich auch, wie sich mein Körper veränderte. Ich wurde immer weißer, weißer als die Weiß-Europäer. Als ich vor dem Spiegel stand, sah ich, wie meine Haare mal blond, mal rot wurden und wie meine Nase spitzer wurde.

An diesem Punkt hörte ich eine Stimme, die mir befahl, die Augen zu schließen, was ich auch tat. Dann plötzlich flog ich Richtung Himmel, wo ich Jesus Christus traf. Ich sprach mit ihm, stundenlang. Dann sagte er mir, dass ich zur Erde zurückkehren solle. Als ich zur Erde zurückkehrte, hörte ich eine Stimme, die mir sagte, dass die Welt untergehe. Ich fing an zu zittern und bekam Angstzustände. Außerdem hatte ich psychische Träume.

Es gab zwei Arten von Stimmen. Die eine war freundlich und die andere bedrohlich. Die bedrohliche Stimme machte mir Angst und ich hörte sie öfter als die freundliche. Eines Tages hörte ich eine freundliche Stimme, die mir sagte, dass ich ausgehen solle. Die Begründung dieser Forderung war, dass unser Secret Service überall war und sie die Lage für sicher befunden hatten. Ich sollte passende Kleidung anziehen, weil ich der zukünftige Weltpräsident sei. Ich zog meinen Anzug an und ging aus.

Nach über einem Monat hörte ich Stimmen, die mir sagten, ich solle die Tür öffnen. Ich tat dies nicht, weil eine andere Stimme mir sagte, dass ich mit geschlossenen Augen im Bett liegen bleiben solle. Nach einigen Minuten drückte jemand zwei- bis dreimal auf mein Herz und sagte: »Er lebt noch.« Sie brachten mich aus der Wohnung. Als wir wegfuhren, hörte ich eine Stimme, die mir sagte, dass die Leute mich zu einem sicheren Ort bringen würden, da mein Wohnort nicht mehr sicher sei. Dann erreichten wir den sicheren Ort, der »Landeskrankenhaus Bonn« hieß. Zwei Jahre lang betrachtete ich das LKH nicht als psychiatrisches Krankenhaus, sondern als einen sicheren Ort.

Ich blieb fast ein Jahr auf einer geschlossenen Station. Die Menschen dort, von Mitpatienten bis zu Ärzten, waren für mich Mitarbeiter meiner Weltregierung. Ich hörte Stimmen, die sich über mich unterhielten. Sie gaben mir Anweisungen und manchmal, wenn ich etwas tat, kommentierten die Stimmen es. Manchmal hörte ich meine eigene Stimme sehr laut, wenn ich etwas dachte oder ein Geräusch hörte. Es gab Zeiten, in denen ich meine Gedanken nicht mehr beisammenhalten konnte. Ein Gedanke begann mit einigen Wörtern, welche ich nicht bis zum Ende dachte. In diesem Fall konnte ich niemandem erzählen, was mit mir los war. Zeitweise fühlte ich mich beobachtet. Jeder hörte meine

Gedanken. Ich hörte Stimmen, die über mich redeten und mich in meiner afrikanischen Muttersprache beleidigten.

Wenn ich für einige Zeit keine Stimmen hörte oder keine psychischen Träume hatte, kamen die Denkstörungen. In dieser Zeit war ich sehr oft traurig. Ich hatte keine Freunde mehr. Wenn die Stimme mir nur schlechte Nachrichten sagte, fing ich an zu weinen. Ich hatte kein sexuelles Verlangen. Mit einigen Stimmen fühlte ich mich großartig, sogar weit überlegen.

Nach drei Jahren verbesserte sich mein Gesundheitszustand ein bisschen, weil ich nicht mehr an die Stimmen glaubte, wenn die Krise vorbei war. Während der Krise tat ich, was die Stimme wollte, wegen der quälenden Schmerzen, die von der Krise verursacht wurden. Aufgrund der Verbesserung kam die Idee auf, in einer Wohngruppe mit anderen Patienten zu leben. Aber diese Idee wurde nicht umgesetzt, da ich während der Probezeit immer öfter grundlos eine Krise bekam, wenn es einem Mitbewohner auch so erging. Deshalb entstand die Idee, dass ich in einer Gastfamilie wohnen solle.

Dort nahm ich weiterhin meine Medikamente, obwohl ich starke Nebenwirkungen hatte. Ich bekam Mundtrockenheit, Müdigkeit, Kreislaufstörungen, Schwindelgefühle, Bewegungsstörungen und Verkrampfungen der Zungenmuskulatur. Manchmal wurde ich unbeweglich. Beim Gehen konnte ich meine Arme weniger mitbewegen. Manchmal bewegte sich meine Zungenmuskulatur einfach. Ich nahm hochpotente und niederpotente Neuroleptika. Ich brauchte viele Jahre, bis ein passendes Medikament für mich gefunden wurde, das zu meinen Bedürfnissen passte.

Durch Einnahme der Psychopharmaka verbesserte sich meine Situation. Deshalb entschied ich auch, zu studieren, obwohl es mir nicht ganz gut ging. Ich wollte kein »ungebildeter Behinderter« sein. Die Medikamente unterdrücken meine Krankheitserscheinungen und verhindern in akuten Phasen, dass ich so stark leide wie früher. Sie sind für mich keine Beruhigungsmittel, sondern Heilungsmittel, daher nehme ich sie auch. Durch sie ist es mir möglich, nach vielen Jahren des Leidens ein normales Leben zu führen. Außerhalb der Krankheitsphasen kann ich dank ihnen im Großen und Ganzen mein Leben weiterführen wie ein gesunder Mensch.

Max Wohlgemut vom Betreuten Wohnen in Familien

Adão Neto kam 1983 als Bürgerkriegsflüchtling aus Angola und begann, in Bonn zu studieren. Sein Vater war Kaffeeplantagenbesitzer, die Familie gehörte zur Oberschicht Angolas. Sein Vater wurde als Anführer einer Widerstandsbewegung in den Bürgerkriegswirren ermordet, ebenso weitere Verwandte und später auch seine Mutter. Zwei Brüder wurden verschleppt und waren Kindersoldaten. Er wuchs daher in der Demokratischen Republik Kongo bei seiner Mutter auf, ging dort zur Schule und fing nach dem Abitur an, in Angola zu studieren. Als die kommunistisch geprägte diktatorische Regierung Angolas versuchte, ihn zum Studium nach Moskau zu schicken, floh er nach Deutschland. Er knüpfte in Deutschland politische Kontakte, um Widerstand gegen die Machthaber in seinem Heimatland zu organisieren. Nach mehreren Treffen mit politischen Vertretern deutscher Parteien und Vertretern der amerikanischen Botschaft traten bei ihm starke Verfolgungsideen auf. Er traute sich nicht mehr aus seinem Studentenzimmer heraus und verbarrikadierte sich.

Nachdem dies aufgefallen war, wurde er zwangsweise in die Landesklinik Bonn zur Behandlung gebracht. Er behauptete, dass der Geheimdienst seines Landes ihn abholen werde. Er verkroch sich lange Zeit unter dem Tisch in seinem Zimmer. Er hörte Stimmen, die ihn bedrohten. Es war in dieser Zeit kaum möglich, die Wahnvorstellungen medikamentös zu bekämpfen. Nach langem stationären Aufenthalt und gescheiterten Versuchen, ihn in ein Wohnheim für psychisch kranke Menschen zu vermitteln, kam er Anfang der 90er-Jahre in die erste Gastfamilie. Es folgten sehr problematische Wochen und Monate mit vielen psychotischen Krisen. Sein Zustand besserte sich nur zögerlich. Er hatte weiterhin große Ängste, das Haus der Gastfamilie zu verlassen. Mit viel Geduld und Engagement aller Seiten gelang es Adão, kurze Spaziergänge im Dorf zu unternehmen. Es traten jedoch immer wieder Krisen auf, in denen Stimmen ihn quälten und aufforderten, die scheinbar unsinnigsten Dinge zu tun.

Nach einigen Jahren der langsamen Stabilisierung und einem Wechsel der Familie, der nicht durch ihn verursacht war, äußerte Adão Mitte der Neunzigerjahre den Wunsch, wieder ein Studium zu beginnen. Trotz Bedenken unsererseits, dass dieser Wunsch krankheitsbedingt nicht zu realisieren sei, nahm er ein Studium der Informatik in Aachen auf. Es gelang ihm, einige Klausuren zu bestehen. Er wurde jedoch immer wieder durch psychotische Krisen und körperliche Krankheiten zurückgeworfen. Dies führte dazu, dass er das Grundstudium nicht in der vorgeschriebenen Zeit abschließen konnte und zwangsexmatrikuliert wurde. Er schloss daher für zwei Jahre ein »Seniorenstudium« an. Danach nahm er an einer vom Arbeitsamt geförderten Maßnahme zur Einschätzung seiner Leistungsfähigkeit teil. Dort wurde festgestellt, dass er aufgrund seiner psychischen Behinderung den Anforderungen des ersten Arbeitsmarktes nicht gerecht werden kann. Daraufhin war er einverstanden, in eine Werkstatt für behinderte Menschen in Aachen vermittelt zu werden.

Nachdem ihm ein befreundetes Ehepaar 2013 anbot, zu ihnen nach Bonn zu ziehen, nahm er dieses Angebot an. Er wechselte in die EDV-Abteilung der Werkstatt für behinderte Menschen nach Bonn. Dort hat er inzwischen die zusätzliche Funktion eines Sicherheitsbeauftragten für den Arbeitsschutz übernommen und führt hausinterne

Fortbildungen durch. Außerdem hat er zwei Bücher veröffentlicht. Das erste hat ein Konzept zur Demokratisierung tribalistisch geprägter afrikanischer Staaten zum Inhalt, das zweite beschäftigt sich mit Voraussetzungen für eine gelingende Integration von Menschen mit Migrationshintergrund. Adão war mit seinem ersten Buch auf der Leipziger Buchmesse und hielt vor ein paar Wochen eine Lesung aus seinem zweiten Buch in der Teestube der LVR-Klinik Bonn. Vor zwei Jahren hat er einen Einbürgerungstest mit der höchstmöglichen Punktzahl bestanden und ist seitdem deutscher Staatsbürger.

Herrn Neto zeichnet unter anderem aus, dass er trotz schwerer Erkrankung Lebensziele entwickelt und daran erfolgreich arbeitet. Dabei hilft ihm seine positive Lebenseinstellung, seine intellektuelle Kompetenz, seine Bildung und ein ausgeprägtes Interesse an seinem Umfeld. Er ist allseits beliebt und hat viele Kontakte. Er hat gelernt, seine Möglichkeiten trotz seiner Behinderung realistisch einzuschätzen und führt ein insgesamt betrachtet zufriedenes Leben.

Die Gasteltern

Gustav Leyendecker (70) war Lehrer für Mathematik. Er kennt Adão Neto schon seit dreißig Jahren. Gemeinsam mit seiner Frau Claudia (53) bietet er seinem Freund seit vier Jahren ein Zuhause.

Ich habe Adão bereits im Jahre 1986 kennengelernt. Eine Freundin aus dem Bekanntenkreis hat mich damals gefragt, ob ich nicht ihre Aufgabe, sich um Adão zu kümmern, übernehmen könne. Sie war für den Sozialdienst katholischer Männer tätig. Adão ist ja sehr gläubig und katholisch. Ich hatte erst ein sehr mulmiges Gefühl, weil er in der geschlossenen Abteilung war. Ich habe jedoch recht bald das Gefühl gehabt, dass er ein normaler, angenehmer Mitmensch ist. Er ist sehr empfänglich für mathematische

Dinge und kann komplizierte mathematische Gleichungen lösen. Ich habe also versucht, mit ihm zu machen, was ich selbst gerne mache. In der Klinik habe ich angefangen, mit ihm Skat zu spielen. Er war ja sehr interessiert daran, in Deutschland zu leben, und da war das urdeutsche Kartenspiel das passende für ihn. Ich habe dann sogar in der Klinik mit anderen Patienten zusammen ein Skatturnier organisiert. Adão war so fit, dass er in einem freien Turnier sogar den dritten Preis gewonnen hat. Skat spielen wir auch heute noch regelmäßig in unserem Haushalt.

Im Laufe der Jahre habe ich viele für Adão bedrohliche Situationen erlebt. Wenn ihm zum Beispiel eine Stimme gesagt hat, er solle sich umbringen, oder wenn sich sämtliche Sinneseindrücke wandelten, sodass er alles in anderen Farben sah. Ich habe mich jedoch schnell daran gewöhnt und ihm einfach aus meiner Sicht berichtet, was ich sehe. Zum Beispiel, dass sich für mich nichts farblich verändert und dass er keine Angst vor den Stimmen zu haben braucht, weil ich bei ihm bin. Ansonsten habe ich ihn einfach als normalen Freund empfunden. Er war bei Geburtstagen und bei alltäglichen Treffen mit Freunden dabei und hat auch bei politischen Themen mitdiskutiert, soweit er teilnehmen konnte und nicht durch die Stimmen behelligt wurde. Es gab dann Situationen, in denen er zusammengesackt ist und ganz still wurde. Auf Nachfrage hat er dann gesagt, es gehe ihm schlecht und er höre wieder die Stimmen. Oft ging es nicht vorüber, sodass ich ihn zur Klinik zurückbringen musste. Er verlangte dann selbst, zurückzuwollen.

Was ich damals deutlich mitbekommen habe, war, dass er durch die vielen Medikamente, die er nahm, quasi ruhiggestellt wurde. Das schien mir unnötig, weil er eine so friedliche Person ist. Er nahm damals zehn oder mehr Tabletten am Tag. Im Laufe der Zeit ist die Dosierung niedriger geworden. Ein Segen ist für ihn das Mittel »Abilify«, das er heute in Kombination mit »Tavor« nimmt. Es ermöglicht ihm, weitestgehend normal am Leben teilzunehmen.

Es macht nicht übermäßig müde und es hält die Stimmen in Schach, die ihn so lange bedroht haben.

Ich habe Adãos Schicksal über Jahre begleitet und meine heutige Frau war auch fast immer mit dabei, wenn ich ihn in seiner jeweiligen Gastfamilie besucht habe. Seine etwas missliche Wohnsituation in der letzten Gastfamilie hat mich und meine Frau sehr beschäftigt. 2012 haben wir uns entschlossen, ein altes Haus zu kaufen. Da hat sich dann die Idee entwickelt, aus der freundschaftlichen Verbundenheit eine verantwortliche Familienfürsorge zu machen. Da haben sich unsere Rollen etwas verändert. Seitdem haben wir das Gefühl, dass er aufgeblüht ist. Er hat ja bei uns eine eigene Wohnung, in der er auch Gäste empfangen und übernachten lassen kann. Er hat auch mehr Eigeninitiative entwickelt. Nicht nur, dass er regelmäßig arbeiten geht. Er hat vor Kurzem auch einen angolanischen Tanzkursus begonnen und er besucht einen Treff für Menschen mit Behinderung.

Adão hat gelernt, Stresssituationen zu meiden, von denen er annimmt, dass sie eine Krise bei ihm hervorrufen können. Wenn er sich zum Beispiel ein Tagesprogramm zusammenstellt und überlegt, dass er morgens zum Treff geht und dann abends noch zum Tanzkurs, weiß er, dass das zu viel ist, und dann streicht er etwas raus. Wir bestätigen ihn da, dass es gut ist, sich nicht zu viel vorzunehmen.

Eines Nachts sind zwei junge Leute bei uns eingestiegen und bis in sein Schlafzimmer vorgedrungen. Er hat sie dann mit seiner tiefen, dunklen Stimme in die Flucht geschlagen. Sie sind Hals über Kopf davongerannt. Er hat die Situation gut gemeistert und sich als der Stärkere erwiesen.

Nach unserer Ansicht hat Adão ein magisches Denken. Er ist ein großer Fan von Bayern München. Wenn dann ein Spiel übertragen wird, geht er zu sich in die Wohnung, weil er daran glaubt, dass Bayern dann gewinnt. Wir sagen ihm dann, dass ein Sieg oder eine Niederlage nicht davon abhängig sind, ob er das Spiel in seinem Zimmer schaut oder nicht.

Was ich besonders stark an Adão finde ist, dass er sich neben den Herausforderungen seiner Krankheit immer noch ein Ziel darüber hinaus setzt. Er äußert sich nie negativ über andere und verurteilt nicht. Er nimmt die Umstände an, wie sie sind und versucht, damit zufrieden zu sein. Mit ihm zusammenzuleben ist auf jeden Fall eine Bereicherung.

Selbstmordgedanken habe ich schon lange nicht mehr und die Ängste sind viel weniger geworden

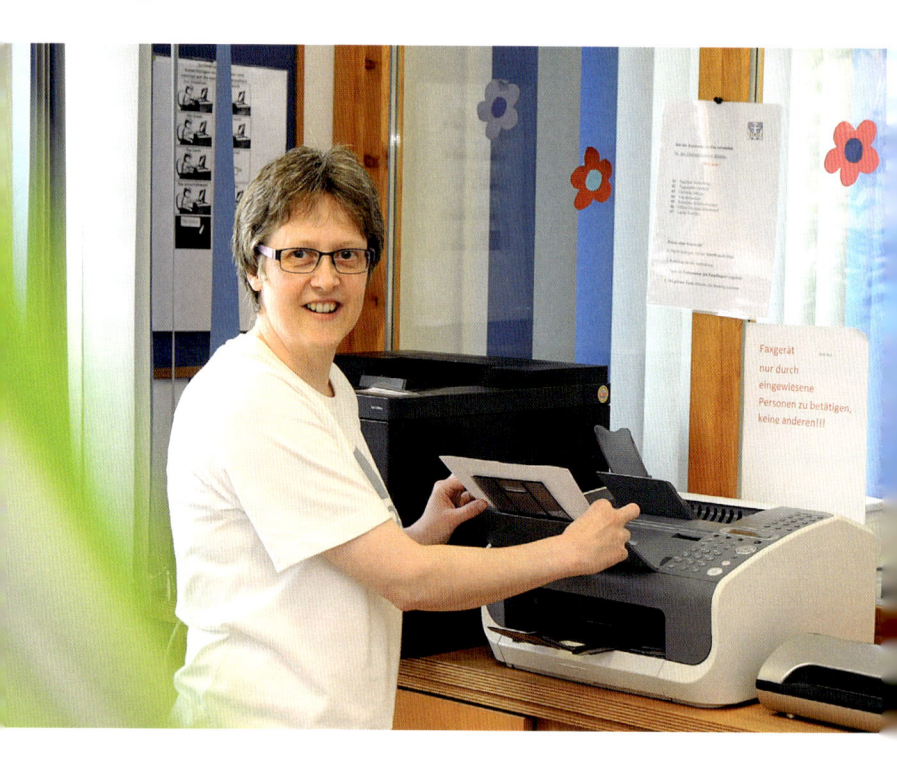

Maria Hellebrand ist 47 Jahre alt und wurde lange von Ängsten und Überforderungen im Berufsleben gequält. Sie wird durch Betreutes Wohnen begleitet und arbeitet stundenweise in einer Tagesstätte. Seitdem geht es ihr insgesamt gut. Wichtig sind ihr die Kontakte zu ihrer früheren Kinderdorfmutter und das gemeinsame Mittagessen mit ihr jeden Sonntag. Ihre Diagnose: soziale Phobien.

Meine leibliche Mutter habe ich nie kennengelernt. Sie hatte Schizophrenie und lebte in der Klinik in Bethel, konnte sich deshalb nicht um mich kümmern. Man hat mir immer abgeraten, sie kennenzulernen, weil das für beide Seiten zu belastend gewesen wäre. Sie ist 2010 verstorben. Zunächst bin ich im SOS-Kinderdorf in Düsseldorf gewesen und mit zwei Jahren dann in das Kinderdorf Kevelaer gekommen. Meine Kinderdorfmutter war Kinderpflegerin. Ich war die Jüngste von zehn Kindern, für die sie zuständig war. Dadurch war es immer laut, viel Durcheinander, und ich glaube, sie war eigentlich immer überfordert. Es gab viel Rivalität und Eifersucht, weil ich die Kleinste und auch oft krank war. Im Nachhinein denke ich, dass diese Kindheit für mich nicht ideal war, wegen des vielen Durcheinanders. In einer Pflegefamilie hätte ich vielleicht mehr Ruhe gefunden und hätte besser gefördert werden können.

Ich war schon als Kind sehr klein, konnte deshalb z. B. den Schultornister nicht alleine tragen. Ich erinnere mich, als ich in der Grundschule etwas an die Tafel schreiben sollte, dass der Lehrer mich hochheben musste. Ich merkte damals schon, dass ich anders bin als die anderen Kinder. Ich bin auch ganz oft krank gewesen, hatte z. B. Erkältungen knapp an einer Lungenentzündung vorbei oder Magen-Darm-Erkrankungen. Deshalb habe ich oft in der Schule gefehlt. Ich wurde zweimal wegen der körperlichen Probleme zurückgesetzt, ich habe die Klassen dann wiederholt.

Auch in der Hauptschule ging es schlecht. Die vielen anderen Schüler machten mir zu schaffen. Ich war auch anders als die Mädchen in meinem Alter, ich wollte nie mit Jungs rummachen oder rauchen oder Alkohol trinken. Auch, dass ich keinen Vater und Mutter hatte wie die anderen, machte mich zum Außenseiter. Wenn ich was sagte, lachten die anderen oft oder machten sich über mich lustig. Ich habe mich deshalb nie am Unterricht beteiligt, und wenn der Lehrer mich was fragte, war mir das super unangenehm.

Nach der Schule hat mir meine Kinderdorfmutter geraten, eine Gärtnerausbildung zu machen. Das war mir körperlich eigentlich viel zu viel, ich hatte z. B. dauernd Rückenbeschwerden. Dann entwickelten sich auch zahlreiche Allergien bei mir, das wurde von Jahr zu Jahr schlimmer, gegen Pollen und Nahrungsmitteln und andere Stoffe, das ist bis heute ein Problem. Ich musste einige Prüfungsteile wiederholen, die Lehre dauerte deshalb ein halbes Jahr länger bei mir, aber ich habe den Abschluss geschafft. Allerdings habe ich dann nur noch ein halbes Jahr in dem Beruf arbeiten können.

Dann hat mir das Arbeitsamt eine Umschulung zur Kinderpflegerin bezahlt. Während dieser Ausbildung fingen meine seelischen Probleme richtig an. Schon vorher hatte ich gemerkt, dass ich übersensibel bin, dass ich Leistungsstress und Erledigungsdruck und viele Menschen um mich herum schlecht ertragen kann. Ich habe dann immer Magen-Darm-Störungen, Ängste und starkes Unwohlsein. Die Ausbildung zur Kinderpflegerin habe ich wie den Gärtnergesellen mit der Note drei geschafft, aber am Rande meiner Möglichkeiten. Ich habe dann noch kurz an verschiedenen Stellen Arbeitsversuche gemacht. Das ging aber gar nicht, mit 25 Kindern zusammen, das war für mich der Wahnsinn.

Dann sollte ich in eine eigene Wohnung einziehen. Davor hatte ich eine Riesenangst. Ich dachte, dass ich das mit dem Einkaufen, Kochen und Wohnungsversorgen und Geld nicht alleine schaffe. Ich habe eine Wohnung bekommen, aber konnte dort nicht schlafen vor Panik und Angst. Es war nachts auch sehr laut. Ich bin dann immer abends zum Schlafen zurück ins Kinderdorf gegangen. Zu der Zeit hatte ich einen Heilpraktiker wegen meiner Allergien, der hat mir geraten, zu einer Psychotherapeutin zu gehen. Ich habe eine Psychologin gefunden, die war gerade neu am Ort und deshalb musste ich bei ihr nicht lange warten. Sie hat mich ermutigt, doch in der eigenen Wohnung zu übernachten, damit ich diesen Schritt schaffe und nicht mehr vor mir herschiebe. Das war zwar eine richtige Quälerei, aber im Nachhinein war das ein guter Rat.

Die Psychologin hat aber die Therapie mit mir schon nach acht Wochen beendet. Für mich war sie ein Mutterersatz und ich habe mich total an sie geklammert, das fand sie nicht gut. Ich hab die Therapie dann bei einer Kinder- und Jugendlichentherapeutin im gleichen Haus fortgesetzt. Sie hat mich viel zeichnen lassen und mich eher wie ein Kind behandelt. Ich konnte doch reden! Aber das kam bei ihr zu kurz. Danach bin ich zu einer Tiefenpsychologin gegangen. Dort bin ich viele Jahre geblieben, etwa sieben Jahre. Die hat mir sehr geholfen, vor allem, indem ich über das reden konnte, was mich bedrückt. Ich hatte jahrelang Todeswünsche und Selbstmordideen. Das fing in der Berufsschule schon an, immer wenn ich mit dem Fahrrad an einem Beerdigungsinstitut vorbeifuhr. Ich dachte, dass ich mich umbringen muss und dann ist Ruhe. Aber ich habe mich nicht getraut, es zu tun.

In den Jahren danach habe ich verschiedene Arbeitsversuche gemacht, aber alles hat nicht lange gedauert. Bei einer Zeitarbeitsfirma in Holland habe ich Schläuche zum Blutabnehmen steril verpackt. Die Arbeit hat mir Spaß gemacht. Ich habe den ganzen Tag gearbeitet, es war mir nicht zu viel. Aber es waren fast nur Frauen, ganz viele. So viele Frauen aufeinander, das kann zu einer Bombe werden. Die Atmosphäre war zu belastend. Ich habe z. B. nicht geraucht wie die anderen und mich auch nicht beschwert, wenn die anderen was Böses gesagt haben. Die haben versucht mich rauszuekeln, vor allem die Vorarbeiterin. Die hat immer gesagt, ich hätte etwas falsch gemacht. Ich habe es deshalb auch nicht lange ausgehalten und bin nach zwei oder drei Monaten gegangen.

Bei der Firma Fuji habe ich ein halbes Jahr am Fließband gearbeitet und Verpackungen gemacht, DVD und

Disketten verpackt. Das war aber nur eine geringfügige Beschäftigung für ganz wenig Geld, nur wenige Stunden in der Woche. Eine Zeit lang hatte ich noch eine Putzstelle, aber auch nur für wenige Wochenstunden. Dann habe ich einen Hund für eine ältere Dame ausgeführt. Es war aber ein sehr großer Hund, der zog immer sehr stark. Ich hatte bald starke Schulterschmerzen und musste aufhören. Danach habe ich bei einem Zahntechniker eine Weile gearbeitet, als Springer. Ich musste mal schleifen, mal reinigen, mal Telefondienst machen. Dieser dauernde Wechsel war zu viel für mich, ich war damit total überfordert. Ich habe auch viel vom Arbeitsamt aus gemacht, aber das hat alles nichts gebracht. Ein Jahr lang hatte ich eine Maßnahme, da wurde ich schulisch wieder auf Vordermann gebracht, Deutsch und Mathe. Aber danach gab es keine passende Vermittlung. Auch in einem Assessment-Center hat man nichts Richtiges für mich gefunden. Dann sollte ich einen Ein-Euro-Job im Archiv des Krankenhauses machen. Dort musste ich aber über Kopf arbeiten, das ging direkt auf die Schulter, ich war zu klein für den Job. Das habe ich nach einiger Zeit nicht mehr durchgehalten. Dann habe ich den Ein-Euro-Job in der Chirurgie-Ambulanz bekommen, Karteikarten sortieren. Ich habe schrecklich unter der Atmosphäre gelitten, es war immer Hektik und die Leute waren schlecht gelaunt. Aber ich habe die Zeit durchgehalten. Ich habe auch einmal versucht, in einer beschützten Werkstatt zu arbeiten, in Moers. Das ging aber mit Hin- und Rückfahrt den ganzen Tag bis abends um 17:00 Uhr. Das habe ich so nicht durchgehalten, das war zu viel.

In all den Jahren hatte ich keine Freundin oder einen Freund. Ich habe sehr darunter gelitten, immer alleine zu sein. Meine Geschwisterkinder hatten alle ihre Kreise, niemand hatte mehr Interesse an mir. Ich bin aus deren Sicht anders, nicht auf der gleichen Wellenlänge, zu empfindlich. Mein einziger Kontakt war meine Kinderdorfmutter, zu der bin ich jeden Tag gegangen. Das war aber nicht gut, wir haben uns viel gestritten. Jetzt gehe ich nur noch sonntags zum Essen zu ihr. Einen Partner hatte ich noch nie. Eigentlich vermisse ich das auch nicht, ich kenne es nicht anders, das ist für mich normal. Wenn andere von ihren Streitereien in ihren Beziehungen erzählen oder vom Ende einer Partnerschaft, das brauche ich nicht ertragen.

Auf Empfehlung meiner Psychologin bin ich 2009 zu Papillon gekommen. Ich habe zunächst mit verschiedenen Mitarbeitern Gespräche geführt. Man hat mir geholfen, mich mit meiner Ursprungsfamilie auseinanderzusetzen. Ich habe auch Unterstützung bekommen, Briefe zu schreiben. Tatsächlich kamen dann auch Briefe zurück und Fotos von meiner Mutter und meinen Halbgeschwistern. Aber ganz plötzlich und unerwartet stand dann eines Tages mein Onkel vor der Türe, der Bruder meines leiblichen Vaters. Das war wie ein Schock für mich. Er sprach nur ganz schlecht Deutsch. Er wollte, dass ich mitkomme und in die Familie adoptiert werde. Das war für mich zu viel. Danach habe ich alle Kontakte zu denen abgebrochen.

Ein Jahr später bin ich in die Tagesstätte von Papillon gekommen, damit ich eine regelmäßige Beschäftigung habe und auch Kontakte zu anderen Leuten. Dort arbeite ich jetzt seit fünf Jahren an drei Tagen in der Woche, immer von 9:15 bis 12:30 Uhr. Das ist für mich die richtige Menge an Arbeit und Belastung. Ich mache überwiegend Büroarbeiten, arbeite mit Word und Excel, außerdem mache ich den Telefondienst. Manchmal laminiere ich Sachen oder bringe Briefe zur Post. Die meisten anderen Besucher hier sind viel kränker als ich, da falle ich etwas aus dem Rahmen. Viele sind auch sehr nervig, die versuchen, einen unter den Tisch zu reden. Ich habe aber gelernt, mich abzuschirmen, und die hören dann zum Glück auf, sonst würde ich das nicht aushalten. Im Sommer fahren viele hier eine Woche in Ferien an die See, das könnte ich auf keinen Fall ertragen. Einige sind nicht so sauber, und ich könnte mich dort nicht zurückziehen. Aber so wie es jetzt läuft, ist es gut. Mit einigen kann ich auch kurze Gespräche führen, das ist ganz angenehm.

Einmal in meinem Leben war ich auch wegen der seelischen Probleme im Krankenhaus. Das war auf Rat meiner ersten Psychologin, nachdem ich erzählt hatte, dass meine Mutter Schizophrenie hat. Im Krankenhaus hat man festgestellt, dass ich diese Krankheit nicht habe. Ich habe dann trotzdem allerlei Beruhigungstabletten bekommen, die habe ich zu Hause aber wieder abgesetzt. Seitdem war ich nie wieder im Krankenhaus und habe auch keine Medikamente für seelische Probleme genommen. Für meine Allergien brauche ich dagegen Tabletten und zeitweise auch Tropfen. Allerdings sind die Allergien viel besser geworden als in früheren Jahren.

Seit ich bei Papillon bin, geht es mir insgesamt gut. Selbstmordgedanken habe ich schon lange nicht mehr und die Ängste sind viel weniger geworden. Allerdings sind die noch mal stark gekommen, als meine Kinderdorfmutter einen Schlaganfall erlitten hat. Ich stehe ja alleine im Leben und will sie nicht verlieren. Aber mir ist schon klar, dass sie irgendwann nicht mehr da sein wird. Insgesamt habe ich jetzt so viel Stabilität erreicht seit vielen Jahren, das ist gut. Richtig Schönes gibt es allerdings nicht in meinem Leben. Aber so gleichbleibend wie jetzt ist es gut auszuhalten.

Hilde Spengler von der Tagesstätte

Frau Hellebrand wurde 2008 von ihrer Psychologin an einen Dienst des Betreuten Wohnens vermittelt und der hat sie bei Papillon vorgestellt. Seit sie in der Tagesstätte ist, ist sie eine zuverlässige Mitarbeiterin. Es dauerte eine Weile, die richtige Arbeit und den Umfang an Belastung zu finden. Wenn sie sich unterfordert fühlt, fragt sie nach Arbeit, aber sie ist schnell überfordert, ohne es zu merken. Insgesamt hat sie aber in den Jahren des Tagesstättenbesuchs enorme Fortschritte gemacht. Man kann sagen, dass sie ein völlig anderer Mensch als früher ist, belastbarer und ausgeglichener. Früher konnte man sie fast gar nicht kritisieren, sie war sofort sehr gekränkt und fühlte sich angegriffen. Sie ist z. B. jahrelang zu spät gekommen, immer 15 bis 30 Minuten später als vereinbart. Sie erzählte dann immer von einer Durchfallerkrankung oder einem Arzttermin oder einem Handwerker im Haus als Begründung. Das durfte man keinesfalls in Zweifel ziehen, sondern musste ihre Aussage respektieren, trotzdem aber mit ihr überlegen, wie sie ihre Termine besser organisiert.

Sie hatte früher fast kein Selbstbewusstsein. Das ist auch jetzt noch sehr schwach, aber sie hat inzwischen Vertrauen entwickelt, dass wir nicht sie kritisieren, sondern nur eine Handlung von ihr. So kann sie es besser annehmen. Wichtig war, dass sie feste Bezugspersonen hat, zu denen sie eine stabile Beziehung entwickeln konnte. Wir haben lange an der Pünktlichkeit gearbeitet, wir fühlten uns fast wie Automaten, das täglich zu erwähnen. Neben der Geduld und der allmählich stabilen Vertrauensbeziehung war auch wichtig, dass es hier beliebte und weniger beliebte Aufgaben gibt. Dadurch, dass sie zu spät gekommen ist, waren die beliebteren Aufgaben schon verteilt. Noch jetzt ist sie sehr eifersüchtig, wenn andere mit einer Aufgabe anfangen, die eigentlich ihr zusteht. Sie gerät dann in heftigen Streit, den sie aber selbst nicht schlichten kann. Sie braucht dabei Unterstützung, hat aber auch gelernt, sich dafür Hilfe zu holen.

Ein weiteres Problemfeld sind Nähe und Distanz. Frau Hellebrand ist mit keinem hier befreundet und spricht nur wenig mit anderen Besuchern. Sie nimmt an keinem der vielen Gruppenangebote teil, wie sie im Bereich von Kreativität, Freizeit oder Sport angeboten werden, geht auch nie zu Ausflügen. Sie beteiligt sich auch nicht am hier angebotenen Essen, selbst wenn es Brunch zur freien Auswahl gibt.

Nur selten setzt sie sich beim Essen dazu, dann allerdings nicht zu anderen Besuchern, sondern zu einem der Mitarbeiter. Sie trinkt allenfalls eine Tasse Kaffee, ansonsten isst sie immer nur die selbst mitgebrachten Lebensmittel. Sie begründet das mit ihren zahlreichen Allergien, aber es ist wohl auch eine Technik, Nähe zu vermeiden. Eine andere Form, Distanz einzuhalten, ist ihre Art, alles zu kritisieren, die Angebote der Tagesstätte sowie andere Besucher.

Andererseits sucht sie bei den Mitarbeitern mehr als eine professionelle Betreuung. Für mich ist daher wichtig, Frau Hellebrand immer zu siezen, auch wenn sie mich duzt. Meine Kollegin Frau Roosen, die mit ihr als Ergotherapeutin arbeitet, ist eher ein mütterlicher Typ. Sie nimmt auch gerne jemanden in den Arm und duzt sich mit den Klienten. Frau Hellebrand hat anfangs Frau Roosen privat angerufen und sie eine Weile heimlich außerhalb der Tagesstätte beobachtet. Sie stand z.B. oft vor dem Haus von Frau Roosen oder direkt vor ihrer Wohnungstür. Erst als meine Kollegin wiederholt sehr entschieden gesagt hat, dass sie ihr keine Freundschaft anbieten kann, sondern nur eine Arbeitsbeziehung hier in der Tagesstätte, hat sich die Beziehung normalisiert. Schwieriger ist es bei dem Dienst des Betreuten Wohnens. Sie beschwert sich viel über den Dienst, dass der nicht genug mit ihr unternehme, und hat eine überhöhte Erwartungshaltung. Vor allem wünscht sie sich mehr gemeinsame Aktivitäten in der Freizeit. Dahinter steckt wohl ihre Sehnsucht nach einer Freundschaft oder einer engen Beziehung, wie zu einer Mutter.

Die Kinderdorfmutter
Barbara Michalski ist 76 Jahre alt und verbringt ihren Ruhestand in Kevelaer.

Als ich angefangen habe, als Kinderdorfmutter zu arbeiten, war ich 25 Jahre alt. Maria war damals mein achtes Kind. Meine übrigen Kinder und ich hatten uns damals schon lange ein Baby gewünscht. Ich wusste also schon, dass sie zu uns kommt, bevor sie überhaupt geboren wurde.

Maria war ein Frühchen. Früher war es ja noch so, dass man sein Kind erst aus dem Krankenhaus mit nach Hause nehmen durfte, wenn es fünf Pfund wiegt. Da ich aber nicht Marias leibliche Mutter war, musste ich warten, bis sie sechs Pfund wiegt und das hat sechs Wochen gedauert. Wir haben uns alle sehr auf das Baby gefreut und Maria wurde liebevoll von ihren Geschwistern versorgt. Sie war aber sehr oft krank und ich weiß heute nicht mehr, wie ich das eigentlich alles geschafft habe. Manchmal waren sogenannte Mutterbewerberinnen da, die mir dann geholfen haben, aber sonst habe ich mich alleine, 24 Stunden lang, um die Kinder gekümmert. Das war schon schwer.

Maria war immer ein sehr frohes, aufgewecktes Kind, aber auch sehr empfindlich. Wenn es laut wurde, hat sie sich unter dem Tisch versteckt. Auch heute noch kann sie nicht gut haben, wenn es laut ist und viele Leute um sie sind. Als Maria eingeschult wurde, war sie sehr klein. Ihr Lehrer hat sie immer auf den Arm genommen, wenn sie vorne etwas an die Tafel schreiben sollte. Die Schullaufbahn hat sie aber gut durchlaufen und sich auch sonst ganz normal entwickelt. Sie hatte zwar nie Lust auf die Schule, aber das kennt man ja auch von anderen Kindern.

Als sie in die zehnte Klasse kam, ist sie dann oft gemobbt worden. Eine Schülerin hat ihr die beste Freundin weggenommen und darunter hat sie sehr gelitten. Ab da hat sie sich schwergetan im Umgang mit anderen. Sie hatte zwar noch einmal eine Freundin, aber die ist dann weggezogen und es war nie wieder so wie früher.

Nach der Schule hat Maria eine Lehre als Gärtnerin abgeschlossen, aber dann bekam sie starke Allergien und konnte den Beruf nicht mehr ausüben. Dann hat sie die Umschulung zur Kinderpflegerin gemacht, weil sie gut mit kleinen Kindern umgehen kann. Sie hat also zwei Berufe abgeschlossen. Bei Praktika im Kindergarten hat sie aber gemerkt, dass sie die Kinder nicht für voll nehmen, weil sie so klein und zart ist. Sie hat immer nur negative Erfahrungen gemacht. Sie hatte danach verschiedene Arbeitsstellen, bei denen sie sich aber nicht wohlfühlte.

Ich sage immer, dass Maria eine Urangst hat. Wo die herkommt, weiß ich aber nicht. Wenn sie zum Beispiel zum Zahnarzt muss und Spritzen bekommt, weiß sie nicht, wie es ihr danach geht. Das macht ihr dann Angst. Sie hat überhaupt sehr große Angst, dass sie krank wird, und das ist sehr schlimm. Ich empfinde es jedenfalls so. Für jede Kleinigkeit ist sie beim Arzt, obwohl sie kerngesund ist und keine Medikamente nimmt. Und je nachdem, was ansteht, hat sie immer gerne, dass jemand mitgeht.

Weil ich gerade einen Schlaganfall hatte, hat Maria besonders Angst, dass mir etwas zustößt und sie dann alleine ist. Dafür braucht sie die Betreuung, die sie jetzt hat. Wenn ich mal nicht mehr kann, hat sie dann jemanden, der für sie da ist. Sie ist ja nicht geistig oder körperlich behindert, sondern eine ganz normale junge Frau, aber die Ängste schränken sie sehr ein. Auf dem normalen Arbeitsmarkt kann sie nicht arbeiten, weil sie nicht so belastbar ist. Auch fährt sie heute kein Auto mehr, weil sie solche Ängste hat. Es ist ein rein psychisches Problem.

Die Arbeit bei Papillon tut ihr gut. Sie macht dort gute Erfahrungen. Sie geht drei Mal pro Woche für ein paar Stunden hin. An der Rezeption nimmt sie zum Beispiel Telefonate an oder gibt Essenskarten aus. Sie sagt immer, dass sie dort eine der Normalsten ist, und das tut ihr gut.

Zu ihren Geschwistern hat Maria keinen Kontakt mehr. Sie sagen, dass sie sich nur anstellt. Sie können die psychischen Schwierigkeiten nicht nachvollziehen. Aber sie bekommen ja auch nichts von ihren Ängsten mit. Früher, als Maria noch im Kinderdorf gewohnt hat, war das ja noch nicht so.

Zu mir hat sie aber einen guten Kontakt. Wir telefonieren manchmal drei Mal am Tag und sonntags kommt sie immer zum Essen. Vor meinem Schlaganfall ist sie jeden Tag zum Essen gekommen und hat mir auch beim Kochen geholfen, aber sonst hat sie nicht für sich gekocht. Als ich dann drei Monate ausgefallen bin, musste sie von jetzt auf gleich für sich selbst kochen. Das war eine harte Erfahrung, aber sie macht das heute wirklich gut. Sie lebt alleine und hat eine wunderschöne Wohnung. Schade ist nur, dass sie immer alles sofort negativ sieht. Wenn ich ihr rate, etwas erst einmal auf sich zukommen zu lassen, dann kommt direkt ein »ja, aber«. Auch regt sie sich sehr darüber auf, wenn andere nicht so sind wie sie selbst.

Ich habe das Gefühl, dass ihr gar nicht so bewusst ist, wie sehr sie die Ängste einschränken. Sie lebt damit und ich glaube, dass ich mir mehr Gedanken mache als sie selbst. Bei Papillon hat sie jetzt Menschen, die zu ihr stehen und die sich um sie kümmern. Das gibt ihr Sicherheit.

Ich bin voll zufrieden und will erst mal zehn Jahre hierbleiben – aber man weiß ja nie, was das Leben noch so bringt

Joachim Köhler ist 50 Jahre alt und lebt seit Kurzem in der Außenwohngruppe eines Wohnheims. Wegen heftiger Gewalt in früheren Krankheitsphasen konnte lange kein Betreuungsplatz gefunden werden. Als gelernter Tischler arbeitet er jetzt im Holzbereich des Rehazentrums, interessiert sich für Theater und Politik und spielt Schach. Seine Diagnose: paranoide Schizophrenie.

Ich bin in Bedburg-Hau am Niederrhein aufgewachsen. Meine Kindheit war echt super. Wir haben immer draußen gespielt oder sind mit dem Fahrrad durchs Dorf gefahren. Nach dem Abitur bin ich zur Bundeswehr gegangen, da bin ich krank geworden, Schizophrenie. Ich habe mir Dinge eingebildet, die es nicht gibt. Aber über meine Wahnvorstellungen spreche ich nicht. Nach drei Monaten im Krankenhaus habe ich dann in Essen angefangen, Physik zu studieren. Offiziell waren es vier Semester, aber tatsächlich bin ich nach anderthalb Semestern nicht mehr hingegangen. Ich hatte wieder diese Vorstellungen, hörte zum Beispiel den japanischen Kaiser Flöte spielen, da konnte ich mich nicht mehr konzentrieren. Ich kam wieder ins Krankenhaus.

Ich habe dann drei Jahre bei meinen Eltern gelebt, um mich wieder zu erholen. Das ging auch gut. Meine Eltern kannten jemand von den Werkstätten für behinderte Menschen, da bin ich dann arbeiten gegangen. Ich habe erst anderthalb Jahre im Behindertenstatus gearbeitet und habe dann eine Lehre in dem Betrieb als Tischler gemacht. Die habe ich auch erfolgreich abgeschlossen.

Nach sieben Jahren Gesundheit wurde ich aber wieder krank. Ich hatte mich unglücklich verliebt, und die aufwühlenden Emotionen haben mich völlig aus der Bahn geworfen. Ab da hatte ich wieder eine Reihe von Klinikaufenthalten.

Drei Jahre lang habe ich als Tischler gearbeitet, obwohl der Betrieb lausig bezahlt hat. Als die Firma in die Insolvenz ging, habe ich auch meine Rente beantragt. Danach habe ich noch auf 400-Euro-Basis weitergearbeitet. Insgesamt habe ich 17 Jahre in einer eigenen Wohnung gelebt, bis zum Jahr 2013.

In dem Jahr waren die Wahnvorstellungen so krass wie nie zuvor. Ich hatte vorher etwa zwei oder drei Monate die Medikamente nicht mehr eingenommen, wegen der

Zuzahlungen. Es war wie ein Klick in meinem Kopf. Obwohl die Wahnvorstellungen nicht echt waren, waren sie für mich völlig real. Auf einmal sah ich Riesen, 80 bis 100 Meter groß, mit riesengroßen Mikroskopen. Damit konnten sie mir Schmerzen ohne Ende zufügen. Es gab für mich nur einen Ausweg, nämlich mir selber Schmerzen zuzufügen. Ich habe mir eine Schere genommen und mir damit den Penis abgeschnitten. Es kann auch ein Messer gewesen sein, das Ereignis ist für mich wie in einem Nebel. Ich weiß nur noch, wie ich den Penis dann in die Mülltonne geworfen habe. Alles war voller Blut.

Das ist in der Nacht passiert, und am nächsten Morgen kam meine Mutter vorbei, um mir Wäsche zu bringen. Ich sagte ihr, dass ich überfallen worden sei, weil mir nichts anderes einfiel, um das zu erklären. So kam ich wieder ins Krankenhaus.

Ich war ein Jahr lang im Krankenhaus fixiert. Daran kann ich mich fast nicht mehr erinnern, sondern nur an die Erzählungen von anderen Leuten aus dieser Zeit. Lange Zeit war ich an eine Pipimachmaschine angeschlossen, mit einem künstlichen Ausgang. Aber zum Glück hatte ich einen guten Urologen. Der konnte mir zwar keinen neuen Penis herbeizaubern, aber ich bin ganz zufrieden, so wie es jetzt ist.

Insgesamt war ich zwei Jahre und drei Monate in der Klinik, zuletzt nur noch, weil ich auf einen Heimplatz gewartet hatte. Ich wollte nicht mehr alleine leben. Ich habe keine Ahnung, wie diese rätselhafte Krankheit entsteht und wie es damit weitergeht, aber so etwas wollte ich nicht noch einmal erleben. Ein Heim hat mich abgelehnt und im anderen war nichts frei, so bin ich zu Spix gekommen. Am 17. Dezember 2015 bin ich eingezogen.

Im Wohnheim habe ich mich stabilisiert. Die Sandra hat mir dann vorgeschlagen, in die Außenwohngruppe einzuziehen. Da bin ich nun seit einem Monat. Hier ist es ruhiger. Ich bin voll zufrieden und fühle mich so wohl wie seit vielen Jahren nicht mehr. Ich gehe weiter ins Rehazentrum und arbeite dort im Holzbereich. Im Moment machen wir Windlichter und Hampelmänner. Mit Frank hier im Haus kann ich Schach spielen. Meine Wahnvorstellungen sind nicht mehr aufgetreten. Im Krankenhaus hatten die Ärzte einiges ausprobiert, bis eine Kombination geholfen hat, Glianimon und Ciatyl. Das will ich auch beibehalten. Deshalb bleibe ich auch bei der Krankenhausambulanz, damit kein neuer Arzt die Medikamente verändert. Momentan plane ich, erst mal zehn Jahre hierzubleiben, weil ich hier zur Ruhe gekommen bin und weil es hier so schön ist. Aber man weiß ja nie, was das Leben noch so bringt.

Sandra Effelsberg, Bezugsbetreuerin im Wohnheim

Soweit ich mich erinnere, war Herr Köhler vor dem Einzug über zwei Jahre lang im Krankenhaus. Es hat ungewöhnlich lange Zeit gedauert, ihn zu stabilisieren und eine richtige medikamentöse Behandlung zu finden. Zum Schluss blieb er nur noch, weil sich keine Einrichtung fand, die bereit war, ihn aufzunehmen. Wir wussten aus seiner Vorgeschichte, dass er in Krankheitsphasen immer wieder heftig gewalttätig gewesen war, einmal zum Beispiel ein Hotel kurz und klein geschlagen hatte. Wir wussten auch aus Berichten, dass es zu den Gewaltexzessen immer dann gekommen war, wenn er seine Medikamente abgesetzt hatte. Deshalb hatten wir die Sorge, dass er sie bei uns vielleicht heimlich wieder absetzen könnte.

Dann kam Herr Köhler. Vor uns stand ein großer kräftiger Mann, der aber in seinem Inneren zutiefst verunsichert schien. Mir ist noch nie ein Mensch begegnet, der so sehr von seinem Gefühlsleben abgetrennt ist. Auch heute noch, wo es ihm viel besser geht, beeindruckt mich das Missverhältnis, dass er einerseits intelligent ist und über einen hohen Bildungsgrad verfügt, zum Beispiel beim Gespräch über Theater alle Stücke kennt. Emotional wirkt er aber, als hätte er keinen Zugang zu seinen Gefühlen oder er zeigt Gefühle, die unpassend zu dem Gesagten sind. In anderen Situationen erlebe ich ihn wie einen kleinen Jungen, besonders wenn er mit seiner Mutter telefoniert.

Gleich zu Anfang haben wir zusammen einen Hilfeplan erstellt. Bei der Frage nach seinen Lebenszielen war er ganz verunsichert. Ihm seien seine Ziele abhandengekommen, sagte er. Anfangs hatte er auch keinerlei Initiative und zum Beispiel keine Idee, was er an dem Tag als Nächstes tun wollte. Er reagierte immer nur auf Vorschläge. Die befolgte er dann oder lehnte sie ab.

Wir haben ihn so angenommen, wie er ist und er hat sich rasend schnell entwickelt. Ich glaube, was ihm hier am meisten geholfen hat, war zunächst das Gefühl, sicher zu sein. Und es entwickelte sich ein Vertrauensverhältnis zwischen uns, vor allem über viele Gespräche, zum Beispiel über Politik, wo er stark ist. Dinge, die nicht gelungen sind, haben wir nicht beachtet, sondern stattdessen versucht, ihn zu stärken, etwa durch Arbeitsangebote im Rehazentrum. Nach und nach lernte er wieder, sich und seine Fähigkeiten realistisch einzuschätzen, Selbstvertrauen und Selbstwertgefühl zu entwickeln. Und auch über frühere Erlebnisse zu sprechen, die ihm zum Teil sehr unangenehm sind.

Er entwickelte nicht nur immer mehr Initiative, sondern wurde auch stärker in der Fähigkeit zur Selbsteinschätzung, etwa was seine Belastbarkeit angeht und wann er eine Pause braucht. Überhaupt gelang es ihm immer besser, wieder mehr Verantwortung für sich selbst zu übernehmen. Deshalb habe ich ihm nach gut einem Jahr vorgeschlagen, in eine Außenwohngruppe zu ziehen.

Da wohnt er jetzt zwei Monate. Ich habe ihn zuletzt vor einer Woche besucht. Er sagt einerseits, dass es ihm dort sehr gut gefällt und er auch zufrieden mit den Mitbewohnern ist. Andererseits scheint er doch noch verunsichert mit den vermehrten Aufgaben, die er dort übernehmen muss. Er weiß, dass er in das Wohnheim zurückkehren kann, wenn er will. Aber ich bin zuversichtlich, dass er den höheren Anforderungen der Wohngemeinschaft gewachsen ist. Was ihn darin bestärkt und ihm Antrieb gibt, ist nämlich sein Fernziel: nach dem Tod der Eltern will er wieder im Elternhaus wohnen, gemeinsam mit seinem Bruder, und wieder selbstständig einen eigenen Haushalt führen.

Da er so starkes Interesse an Politik hat und auch früher in einer Partei aktiv war, habe ich ihm vorgeschlagen, für den Heimbeirat zu kandidieren. In der Ortspolitik mitzumachen, lehnte er ab. Bei der Heimbeiratswahl bekam er viele Stimmen. Seitdem hat er sich mit großem Engagement diesem Amt gewidmet. Dadurch bekam er viel Anerkennung und sein Selbstbewusstsein wuchs, ein weiterer wichtiger Entwicklungsschritt.

Joachim ist in unserer Zusammenarbeit wie ein Schwamm gewesen, der ganz viel Reflexion braucht und Unterstützung bei seiner Weiterentwicklung gerne annimmt. Ich weiß, dass ihm die Beziehung zu mir wichtig ist, und werde diese deshalb auch bei künftigen Weiterentwicklungen nicht beenden, sondern zum Beispiel in großen Abständen mal mit ihm ins Theater gehen. Ich bin froh, dass die Konzeption unserer Arbeit das möglich macht.

Die Eltern

Rüdiger (85) und Irene Köhler (79) sind beide Rentner. Nach langen, für sie sehr schmerzvollen Jahren haben sie heute wieder einen guten Kontakt zu ihrem Sohn Joachim. Im Verlauf des Interviews sind viele Tränen geflossen.

Joachims Kindheit ist ganz normal verlaufen. Er hat ein gutes Abitur gemacht und wollte unbedingt studieren. Dann hat er sich freiwillig bei der Bundeswehr gemeldet. Drei Monate, bevor er entlassen werden sollte, bekamen wir Bescheid, dass er in eine Klinik eingewiesen wurde. Der

Major hat uns angerufen. Er hat gesagt, dass sie »solche Fälle« öfter haben, aber was er mit »solche Fälle« meint, war uns nicht klar. Als wir zu Joachim in die Klinik gefahren sind, haben wir gesehen, dass sie ihm so viele Medikamente gegeben haben, dass er am Boden lag. Man hat uns nur gesagt, dass er psychisch krank ist, aber nicht, was er so richtig hat.

Joachim hat ja auch noch studiert. Physik und Mathe in Essen. Das hat auch eine ganze Zeit lang geklappt, aber auf einmal hat er selbst gemerkt, dass es nicht mehr geht. Im ersten Semester war noch alles in Ordnung, aber im zweiten war er dann schon krank. Sein Hausarzt hat gesagt, dass er in die Landesklinik muss, und das haben wir dann auch gemacht. Die Einweisung lag tagelang hier herum, weil sich Joachim nicht krank gefühlt hat. Er hat auch die Medikamente verweigert. Dann ist er aber doch in die Klinik gekommen.

Ja und dann gab es immer wieder solche Zwischenfälle. Einmal wollte er zum Beispiel mitten in der Nacht Gott anrufen. Einen religiösen Vogel hat er schon gehabt. Als er dann aufsässig wurde, haben wir die Polizei gerufen. Dann wurde er gefesselt und abgeführt. Insgesamt war Joachim bestimmt 13 Mal in der Landesklinik. Nicht immer freiwillig. Manchmal, wenn wir ihn weggebracht haben, hat er furchtbar laut geschrien. 300 Meter weit weg konnte man ihn dann noch hören. Das ging uns ganz schön an die Nerven. Jedes Mal war etwas anderes. Dann lief er weg und wir mussten ihn rufen, dass er wieder zurückkommt. Das war nicht so einfach. Wir haben alles Erdenkliche mitgemacht. Furchtbar. Er hat in der Klinik Türen eingetreten und richtig randaliert, wurde uns gesagt.

Als die Zwischenfälle häufiger wurden, sodass er immer wieder weggekommen ist, musste er sich was überlegen. Er wollte ja einen Beruf erlernen. Er ist dann in eine Behindertenwerkstatt gekommen und der junge Meister, der da war, hat gesagt, dass Joachim eine Lehre als Schreiner machen kann. Er hat sich richtig für ihn eingesetzt. Joachim hat zu der Zeit bei uns zu Hause gewohnt. Die Gesellenprüfung hat er auch mit gut und sehr gut bestanden, obwohl er die Lehre zwischendurch abbrechen musste, weil er wieder in der Klinik war.

In der Klinik hatte er Freunde, die immer gesagt haben, dass wir an allem schuld sind. Joachim wollte dann gar nicht mehr, dass wir ihn besuchen. Seine Freunde haben ihm sogar eine Wohnung besorgt. 17 Jahre hat Joachim in der Wohnung gewohnt und der Vermieter hatte sehr viel Verständnis für ihn.

Einmal wurde Joachim aus der Klinik entlassen, weil der Arzt gesagt hat, Joachim würde nichts fehlen. Es seien lediglich die familiären Verhältnisse nicht in Ordnung. Der Arzt ist heute noch da und weiß genau, was er uns damals damit angetan hat.

Wir waren sogar in einer Angehörigengruppe, aber da waren ja nur leichte Fälle. Das hat uns nicht geholfen. Wir haben immer noch gehofft, dass sich alles legt, wenn Joachim älter wird. Das war aber nicht so.

Eines Tages mussten wir über die Rheinbrücke. Da standen Polizeiwagen, aber wir wussten nicht, warum. Plötzlich haben wir Joachims Roller gesehen. Abends haben wir ihm nichts angemerkt und morgens springt er von der Rheinbrücke. Die Wasserschutzpolizei ist dann gekommen und hat ihn wieder in die Klinik gebracht.

Aus dem fahrenden Auto ist er auch schon mal gesprungen und wenn er beim Arzt eine Spritze bekommen sollte, hat Joachim damit gedroht, dass das Körperverletzung ist und dass er den Arzt anzeigt. Also hat ihm der Arzt keine Spritze gegeben.

Dann bekamen wir plötzlich aus Remagen Bescheid, dass er sich für 200 Euro mit einem Taxi nach Maria Laach hatte fahren lassen. Wir wussten aber nichts davon. Er war im religiösen Wahn und wollte dort im Kloster beichten. In dem Hotel, wo er gewohnt hat, hat er Hausverbot gekriegt.

Die Polizei hat ihn dann eine Nacht festgehalten, aber da hat er wohl randaliert.

In Bedburg-Hau kannten ihn alle, weil er sich immer morgens in einer Kneipe mit Leuten getroffen hat. Da hat er wohl auch Alkohol getrunken, obwohl er das früher nie gemacht hat. Wir waren damals ja eigentlich böse auf ihn, weil er sich so verhält und nicht auf uns hört. Dann haben wir mal ein ganzes Wochenende nichts von ihm gehört und uns doch Sorgen gemacht.

Als wir an seiner Wohnung ankamen, war alles blutüberströmt. So etwas haben wir noch nicht gesehen. Scheren und Messer. Alles hat er gebraucht. Wir haben sofort den Krankenwagen angerufen und sie haben ihn mitgenommen. Die ganze Wohnung war ein Blutbad und er hatte eine Verletzung über dem Auge. Das Bett, das Sofa, alles war voller Blut.

Sie haben ihn dann noch eine ganze Zeit im Krankenhaus behalten, bevor er wieder in die Landesklinik kam. Da wurde er ein ganzes Jahr fixiert. Da macht man was mit. Und wir durften ihn nicht einmal besuchen. Nach dem Jahr konnte er nicht mehr laufen und die Physiotherapeutin musste ihn wieder in Bewegung bringen. Und das alles nur, weil er seine Tabletten nicht genommen hat. Er hat sie einfach verweigert.

Als er im Wohnheim war, war für uns das Wichtigste, dass er seine Tabletten nimmt. Deswegen haben wir auch gesagt, dass er da so lange bleiben soll, bis er gefestigt ist. Vor allem die Betreuung nachts war wichtig. Jetzt ist er ja in der Fürstenfeldstraße. Durch die Betreuung ist auch eine große Last von uns gefallen.

Für unsere Ehe war das auch nicht immer einfach. Wir wussten ja nie, was richtig und was falsch ist. Gehen wir jetzt mit ihm zum Arzt, oder ist es noch nicht nötig?

Heute kommt er uns alle 14 Tage besuchen und schläft dann auch eine Nacht hier. Wir haben jetzt ein gutes Verhältnis. Unser ältester Sohn ist immer für Joachim da und unser zweiter Sohn, der in Bonn wohnt, bringt ihn am Wochenende dann immer zur Fürstenfeldstraße zurück.

Keiner fragt mal, wie es Joachim geht. Die wenigsten haben Verständnis für ihn. Die sagen nur, dass er da oben nicht dicht ist. Anderen würden wir mit auf den Weg geben, ruhig zu bleiben und sofort zum Arzt zu gehen. So schnell wie möglich. Nur gegen den Willen der Betroffenen ist das nicht möglich. Der Patient ist König. Joachim sagt einfach: »Ich bin nicht krank.«

Heute geht es ihm besser. Bis heute ist das Schlimmste die Ungewissheit, nie zu wissen, was kommt. Man weiß nicht, wann die Psychose wieder ausbricht. Eine Stoffwechselstörung im Gehirn. Jetzt sind wir froh, dass Joachim in guter Betreuung ist und dass er seine Tabletten nimmt.

Methoden der Zusammenarbeit mit Experten für Eigensinn

Hier werden Vorgehensweisen beschrieben, die sich in der Zusammenarbeit mit Experten für Eigensinn bewährt haben. Nach Überlegungen zu den Folgen einer seelischen Störung auf das Ich-Erleben wird beschrieben, wie die Zusammenarbeit in der Beziehung zum Klienten gelingt, die eigene Arbeitsfähigkeit gepflegt wird und welche emotionalen Haltungen wir benötigen, um Recovery und Rehabilitation zu fördern. Es folgen Methoden der Biografiearbeit, zur Hilfeplanung und zur trägerübergreifenden Unterstützung der Zusammenarbeit mit Experten für Eigensinn.

Funktionsebenen und Störungen des Ich

Um Menschen mit einer schweren seelischen Erkrankung fachgerecht zu unterstützen, lohnt es sich zu verstehen, wie unser Bewusstsein funktioniert. Viele Eigenarten des Bewusstseins teilen wir mit anderen Lebewesen, aber in einer Hinsicht sind Menschen einzigartig: Wir haben ein Ich-Bewusstsein. Es ist die eigentlich merkwürdige Vorstellung, nicht nur ein Teil, sondern zugleich Beobachter der Welt und von sich selbst zu sein. Der Ich-Aspekt unseres Bewusstseins eröffnet uns Menschen Reflexionsfähigkeiten, die Tiere nicht erreichen können. Er macht uns aber auch anfällig für ichspezifische Störungen unserer Bewusstseinsfunktionen. Tiere können trauern, aber nicht depressiv oder schizophren erkranken.

Menschliches Bewusstsein, ein Zusammenspiel von Geist und Seele

Alle unsere Bewusstseinsinhalte haben einen geistigen und einen seelischen Anteil. Die Begriffe »Geist« und »Seele« sind im Lauf der Geschichte in verschiedener Bedeutung verwendet worden. Hier ist mit Geist die rationale, kognitive und mit Seele die emotionale Seite unseres Bewusstseins gemeint. Beide sind gleich wichtig für unsere Orientierung in der Welt. Mit den geistigen Funktionen können wir neue Erlebnisse in schon vorhandene Vorstellungen einordnen und daraus Schlüsse für unser Handeln ziehen. Mit den seelischen Funktionen modulieren wir diesen Einordnungsprozess, bestimmen die Wichtigkeit einer Erfahrung. Emotionen sind die Begleitmusik der Kognitionen. Wir neigen dazu, sie weniger wahrzunehmen und ihre Bedeutung zu unterschätzen, weil der kognitive Anteil uns viel bewusster ist als der emotionale. Wenn etwas für uns emotional von Bedeutung ist, ob positiv oder negativ, finden wir dafür meist rationale Begründungen.

Von Geburt an lernen wir die Dinge unserer Umwelt mit ihren sprachlichen Namen kennen und speichern sie als Begriffe mit ihrer kognitiven und emotionalen Bedeutung. Dadurch entstehen sehr individuelle »innere Landkarten« unserer Umwelt. Jeder von uns verbindet mit »Zähneputzen«, »Käsebrot« oder »Wettlauf« andere emotionale und kognitive Bedeutungen, entsprechend unserer kindlichen und späteren Entwicklung. Ein Zahnarztbesuch oder der Anblick einer Maus werden daher von verschiedenen Menschen unterschiedlich erlebt.

Unser Bewusstsein ist einzigartig wie unser Fingerabdruck und prägt unsere Persönlichkeit. Es ist aber nicht statisch. Die gespeicherten Vorstellungen von der Welt werden vielmehr jeden Tag mehr oder weniger stark überschrieben, bestätigt oder angepasst. Das geschieht durch neue Erfahrungen, vor allem im Austausch mit anderen Menschen.

Wie bei jedem Lernprozess entscheiden emotionale Bedeutung und Zahl der Wiederholungen, wie wichtig die Inhalte für uns sind und welchen Erinnerungswert sie für uns haben. Den rationalen Gehalt eines Gedankens tauschen wir untereinander vorwiegend mit Worten aus, den emotionalen eher nonverbal, zum Beispiel mit Mimik und Gestik. Auf diese Weise gleichen wir unsere Vorstellungen von der Welt untereinander ab und entwickeln sie weiter.

Sprache ist daher nicht nur ein Austausch von rationalen Informationen mit mehr oder minder starken emotionalen Bedeutungen, sondern auch ein Prozess, bei dem wir rationales Denken und emotionale Einstellungen in wichtigen Dingen untereinander angleichen. So gesehen ist unser individuelles Bewusstsein teilweise auch kollektives Bewusstsein, das wir mit den Menschen teilen, mit denen wir uns in der Beurteilung gemeinsamer Dinge einig sind: mit unserer Familie, unseren Freunden, Arbeitskollegen, Fans des gleichen Fußballklubs oder Mitgliedern der gleichen Religionsgemeinschaft. Das Ich-Bewusstsein benötigt Gemeinschaft: Jeder Mensch braucht Mitmenschen, die er versteht und von denen er sich verstanden fühlt. Menschen brauchen nicht nur eine regionale Heimat, in der sie sich zu Hause fühlen, sondern auch eine geistige und seelische Zugehörigkeit.

Einsamkeit und Verunsicherung bei seelischer Erkrankung

Seelische Erkrankungen sind so vielfältig und unterschiedlich wie körperliche Erkrankungen. Der wichtigste Unterschied liegt darin, dass körperlich erkrankte Menschen ihr Leiden als eine Funktionsstörung ihres Körpers wahrnehmen, als eine Krankheit mit den entsprechenden Beschwerden. Seelisch kranke Menschen leiden zwar unter ihren seelischen Problemen wie körperlich Kranke unter den körperlichen Symptomen, aber sie nehmen ihr Leiden nur teilweise als Funktionsstörung oder Krankheit wahr. Das liegt daran, dass seelische Störungen unser Ich-Bewusstsein verändern, also unseren Geist und unsere Seele. Wir erleben eine psychische Störung daher weniger als etwas Fremdes, das auf uns einwirkt, sondern eher als Teil unserer Persönlichkeit, als unsere individuelle Besonderheit.

Bei seelischen Störungen, die auf wenige Symptome begrenzt sind wie Ängste oder Zwänge, gelingt eine Distanzierung vom Ich leichter als bei Psychosen, die mit einer umfassenden Veränderung der kognitiven und emotionalen Bewertung der Umwelt einhergehen. Ein depressiv oder wahnhaft wahrnehmender Mensch erlebt Umwelt und Mitmenschen auf eine depressive oder wahnhafte Weise, aber genauso real, wie andere die Welt erleben. Zu Recht wird er oder sie deshalb sagen: »Ich bin doch nicht verrückt!« Das, was Fachleute oft als »fehlende Krankheitseinsicht« und »Mangel an Compliance« beklagen, ist zu Beginn einer schweren seelischen Erkrankung völlig normal.

Bei einer seelischen Krankheit ist das kognitive und emotionale Bewusstsein in Teilbereichen unserer Vorstellungswelt so verändert, dass diese Vorstellungen für andere kognitiv nur schwer nachvollziehbar und emotional kaum einfühlbar sind. Es gelingt auch kaum, die für andere ungewöhnlichen Vorstellungen und Empfindungen durch verbalen Austausch anzugleichen oder zu korrigieren: Man kann sie jemanden mit einer seelischen Störung nicht »ausreden«. Deshalb sind Angehörige bei einer seelischen Erkrankung immer mitbetroffen. Nicht selten leiden sie sogar mehr als die erkrankte Person. Deren Denken und Verhalten ist plötzlich in Teilbereichen ohne erkennbaren Sinn und im Zusammensein irritierend und störend, manchmal auch unheimlich oder bedrohlich. Bislang selbstverständliche gemeinsame Vorstellungen bestehen nicht mehr. Dieser Anteil der Persönlichkeit eines erkrankten Menschen wird als fremd erlebt.

Ein seelisch kranker Mensch kann nicht aus seiner Haut heraus. Aber er spürt natürlich das Unverständnis seiner Mitmenschen und deren Versuche, ihn vom Unsinn seines Denkens, Fühlens und Handelns zu überzeugen. Das Erleben, mit Teilen des Denkens und Empfindens allein zu sein und nicht verstanden zu werden, verunsichert und macht einsam. Diese existenzielle Art der Einsamkeit und der Verunsicherung des Ich-Erlebens ist vielleicht das größte Leid bei schweren seelischen Erkrankungen. Deshalb ist es besonders wichtig, in der Zusammenarbeit mit einem seelisch kranken Menschen eine empathische Beziehung zu entwickeln, in der sich der Klient verstanden fühlt.

Eine empathische und wertschätzende Beziehung entwickeln

Stellen Sie sich vor, Sie selbst wären in einer schweren seelischen Krise und müssten sich Hilfe holen, seelischen Beistand oder Psychotherapie. Was wäre für Sie die wichtigste Eigenschaft dieser Person?

Die meisten werden sich an erster Stelle eine Fachkraft wünschen, die verständnisvoll und empathisch ist. Das ist eine Erwartung an die Qualität der Beziehung. Diese Art der Beziehungsgestaltung kann man lernen. Es kommt dabei auf zwei Aspekte an: die nonverbale, vorwiegend emotionale und die verbale, vorwiegend kognitive Kommunikation.

Nonverbale Kommunikation: Emotionen wahrnehmen und Blickkontakt suchen

Nonverbale Kommunikation bedeutet hier nicht, dass man mehr Informationen als sonst ohne Worte austauschen soll. Es geht darum, neben dem, was man sagt, auch auf die andere Ebene der Kommunikation zu achten. Ratgeber für gute nonverbale Kommunikation empfehlen manchmal, besonders auf die Körperhaltung zu achten: die Arme nicht verschränken, das Bein zum Gesprächspartner hin über das andere schlagen statt von ihm weg usw. Allerdings wird eine gespielt zugewandte Haltung eher als unecht erlebt. Unsere Körperhaltung ist der unwillkürliche Ausdruck unserer emotionalen Haltung. Und auf die kommt es an.

Sich selbst als Resonanzkörper wahrnehmen Achten Sie im Kontakt immer wieder auf Ihre Gefühlsregungen, ganz besonders in schwierigen Situationen. Es geht darum, die eigenen Gefühle zu erkennen und wenn möglich jene zu verändern, die eine empathische Beziehung stören können, wie Ärger oder Ungeduld. Am einfachsten gelingt das durch gezielte Wahrnehmung des eigenen Körpers. Im Kontakt mit anderen Menschen reagiert unser Körper wie der Resonanzboden eines Musikinstruments. Alle Menschen haben diese Antennen, das »Bauchgefühl«. Damit reagieren wir körperlich auf die Signale, die wir empfangen. Diese emotionale Wahrnehmungsebene können wir gezielt sensibilisieren, weiterentwickeln und professionell nutzen. Signale für negative Emotionen sind häufig »ein ungutes Gefühl im Bauch«, Nackenverspannung oder eine flache, gehemmte Atmung.

Störende Emotionen verändern Meistens entstehen störende Emotionen durch gegenseitige Erwartungen, die nicht zueinander passen: Wir wollen etwas, was unser Klient nicht will – oder umgekehrt. Beispielsweise sind wir in der Verantwortung, herausforderndes Verhalten zu verändern, um andere Personen zu schützen. Ärger oder Ungeduld können dann aus der frustrierenden Erfahrung entstehen, zunächst nur wenig ausrichten zu können. Das ist nicht die »Schuld« unseres Klienten. Seine Vorstellungen und Handlungen sind aus seiner Perspektive genauso berechtigt, wie wir unsere als richtig erleben. Störende emotionale Reaktionen stehen uns aber im Weg, eine Beziehung herzustellen, über die wir schließlich auch Einfluss auf das Handeln des Klienten nehmen können. Sie machen uns die Arbeit schwerer und können sogar zu einer Eskalation führen. Denn auch der Klient hat Antennen für Emotionen und könnte unsere negativen Emotionen als gegen sich gerichtet erleben.

Die gezielte Wahrnehmung eigener Emotionen ist eine Voraussetzung, um Störfaktoren für den Beziehungsaufbau zu reduzieren. Nur wenn wir sie wahrnehmen, können wir sie verändern. Zunächst sollten wir überprüfen, ob eine aktuelle Erwartung an den Klienten Grund für die Irritation ist. Wenn das der Fall ist, sollten wir sie zurückstellen. Außerdem können wir über unseren Körper eine emotionale Distanzierung und Entspannung einleiten. Wenn wir eine angespannte Körperhaltung wahrnehmen, hilft uns ein bewusster Wechsel unserer Körperhaltung, um auch die innere Haltung zu entspannen. Wenn z. B. die Atmung flach wird, sollten wir einige Male ruhig und tief ein- und ausatmen. Gerade bei Klienten mit herausforderndem Verhalten ist eine empathische Beziehung entscheidend für eine gelingende Zusammenarbeit.

Man sollte nicht zu hohe Ansprüche an die emotionale Qualität der Beziehung stellen. Eine enge oder freundschaftliche Beziehung ist nicht erforderlich. Um Empathie zu entwickeln, genügt eine Haltung von Offenheit, Neugier und Interesse am Gegenüber. Im besten Fall entsteht im Laufe der Zeit eine Beziehung von gegenseitiger Wertschätzung, die von beiden Seiten als Gewinn erlebt wird. Klienten und Fachkräften der Gemeindepsychiatrie in den Berichten dieses Buches ist das gelungen.

Blickkontakt Wenn die emotionale Basis der Beziehung ungestört ist, gelingt eine zugewandte Körperhaltung von allein, eine besondere Selbstbeobachtung ist dabei nicht erforderlich. Es genügt, authentisch zu sein, wie in privaten Beziehungen auch. Auf den Blickkontakt zum Klienten sollten wir jedoch achten. Er macht den Gesprächskontakt enger und erhöht die Aufmerksamkeit unseres Gesprächspartners. Ohne Blickkontakt gehen viele unserer verbalen und nonverbalen Botschaften verloren. Sie kommen dann nur in geringerem Maße im Bewusstsein des anderen an.

Blickkontakt ist wie der Körperkontakt beim Tanzen, der es erleichtert, die Bewegungen aufeinander abzustimmen. Dafür ist es nicht nötig, einen dauernden oder stets lächelnden Augenkontakt zu haben. Ein regelmäßig wiederkehrender, freundlicher Blickkontakt hilft aber sehr, besser verstanden zu werden.

Natürlich gibt es Klienten, denen ein Blickkontakt schwerfällt. Das kann verschiedene Gründe haben: Scheu oder Angst vor dem Gesprächspartner, Ablehnung, Abgelenktsein von Stimmen oder anderen inneren Wahrnehmungen. Umso wichtiger ist es, die wenigen möglichen Blickkontakte aufzufangen und freundlich zu erwidern. Und wenn man etwas sagen will, was »ankommen« soll, macht es Sinn, einen Blickkontakt gezielt herbeizuführen. Je nach Situation kann das eine kurze Sprechpause sein, bis der andere aufschaut, die Aufforderung »Bitte schauen Sie doch mal, das ist mir jetzt wichtig!« oder eine nicht als aufdringlich erlebte Berührung, zum Beispiel ein kurzes Antippen am Arm.

Verbale Kommunikation: Papageien, verstehendes Fragen und Humor

Die Verwendung der Sprache ist bei jedem Menschen einzigartig. Der emotionale und kognitive Inhalt unseres Bewusstseins drückt sich in unserer Sprache aus. Sie bildet sich seit der frühen Kindheit und wird vorwiegend von unserer Familie und Altersgenossen übernommen. Auch Gegend und Zeitepoche, in der wir groß werden, beeinflussen unsere Sprache. Es gibt viele individuelle Unterschiede in der Verwendung von Begriffen und in der Art, wie wir einen bestimmten Gedanken in Worte fassen. Sprache ist ein umfassender Ausdruck unserer Persönlichkeit und Denkwelt. Was meinen Sie passiert, wenn jemand sich genauso ausdrückt wie Sie selbst, etwas, was unter Geschwistern oder Eheleuten häufig vorkommt? Sie merken nicht, dass der andere sich ähnlich ausdrückt wie Sie – aber fühlen sich verstanden! Geben Sie auch Ihren Klienten dieses Gefühl. Carl Rogers hat diese Art der Kommunikation und Beziehungsgestaltung als Grundlage seiner personenzentrierten Gesprächstherapie beschrieben.

Papageien In einer seiner Comicgeschichten von Tim und Struppi erzählt Hergé die Episode, in der Kapitän Haddock einen Papagei geschenkt bekommt. Das Tier scheint lange Zeit nichts dazuzulernen. Plötzlich aber wiederholt der Papagei die für Haddock typischen Redewendungen: sein Schimpfen und Fluchen. Um diese Fähigkeit geht es hier auch. Papageien ist kein Nachsprechen beliebiger Worte unseres Gesprächspartners, sondern das Übernehmen von typischen Redewendungen, Schlüsselworten oder der besonderen Art, wie unser Klient etwas ausdrückt. Die Bezeichnung »Papageien« soll ausdrücken, dass es auf einfache Weise möglich ist, über die Sprache eine verständnisvolle Beziehung herzustellen. Man muss allerdings gezielt darauf achten, bis man Routine darin entwickelt hat.

Mit Papageien vermittelt man seinem Gesprächspartner Gemeinsamkeit und Verstehen, unabhängig vom Thema. Besonders hilfreich ist das, wenn Klienten über ihr seelisches Erleben sprechen. Sie finden oft sehr persönliche Beschreibungen, um dem Ungewöhnlichen einen Namen zu geben und es emotional und kognitiv für sich einzuordnen. Dabei spüren sie, dass sie mit ihrem Erleben weitgehend alleine sind. Wenn wir ihre Ausdrucksweise übernehmen, mindern wir dieses irritierende Gefühl, nicht verstanden zu werden. Und wir können uns selbst besser eindenken und einfühlen in das, was die Klienten erleben.

Winston Churchill, der an einer bipolaren Störung litt, wurde in seinem Leben immer wieder von schweren depressiven Phasen gequält. Er nannte das »mein schwarzer Hund«. Papageiend könnte man reagieren: »Aha, Ihr schwarzer Hund.« Würde Churchill erwidern: »Ja, der verfolgt mich jeden Tag«, könnte man antworten: »Er verfolgt

Sie also dauernd, der schwarze Hund.« Natürlich muss man nicht beim Papageien stehen bleiben. Man könnte Churchill z. B. fragen, was den schwarzen Hund so bedrohlich macht und wie man ihn besänftigen kann.

Verstehendes Fragen   Eine noch wirksamere Methode ist »verstehendes Fragen«. Sie hilft, sich zu vergewissern, ob man den Klienten verstanden hat. Und was noch wichtiger ist: dass er sich verstanden fühlt. Fassen Sie von Zeit zu Zeit die letzte Aussage des Klienten zusammen, indem Sie Teile seiner Formulierungen übernehmen, und stellen Sie diese Aussage als Frage. Sie können beispielsweise einleiten mit: »Habe ich Sie richtig verstanden, dass ...?« So entsteht eine Interaktion, bei der Sie den Gedanken des Klienten mit seinen Worten aufgreifen und mit diesem sprachlichen Gleichklang eine Übereinstimmung zwischen Ihnen beiden herstellen. Durch Ihre Nachfrage geben Sie seinen Überlegungen Bedeutung, zeigen Anteilnahme und Respekt. Die Antwort auf »verstehendes Fragen« ist natürlich »Ja!«. Es ist ein Ja des Klienten, dass er sich von Ihnen verstanden fühlt.

Papageien und verstehendes Fragen sind einfache, aber wirksame Methoden, um mit seinem Gesprächspartner zu einer guten Zusammenarbeit zu finden. Sie gelingt in allen Situationen, auch bei Klienten mit herausforderndem Verhalten. Wenn Sie skeptisch sind, dass es nicht wirkt oder dass Ihr Gegenüber die Methode als künstliches Echo erleben könnte: Probieren Sie es bei einem Freund oder einer Kollegin aus. Und wenn Sie sich nach und nach diese Art der Kommunikation zu eigen machen, wird Ihnen noch ein weiterer Effekt auffallen. Sie können mehr reagieren als agieren zu müssen, greifen auf, was gesagt wird, vertiefen und entschleunigen dadurch die Kommunikation. Es wird einfacher.

Papageien und verstehendes Fragen lassen sich in jedem Gespräch verwenden, unabhängig vom Inhalt. Geht es aber darum, eine verständnisvolle Beziehung für eine gute

Zusammenarbeit herzustellen, sind anteilnehmende Themen besonders geeignet, etwa zum bisherigen Lebensweg des Klienten (vergleiche das Kapitel »Biografiearbeit«).

Humor Eine »Königsdisziplin« verbaler Kommunikation ist der Humor. Humor wird verbal vermittelt, aber seine wichtigste Wirkebene ist die emotionale Botschaft. Nichts schafft schneller eine vertrauensvolle Atmosphäre und eine Beziehung auf Augenhöhe, als gemeinsam zu lachen. Humor ist nicht nur gemeinschaftsstiftend, sondern auch geeignet, angespannte Situationen zu entspannen.

Humor erfordert Kreativität und Initiative im Gespräch, denn es geht nicht darum, Witze zu machen, sondern einem passenden Aspekt der aktuellen Situation eine witzige Bedeutung zu geben. Kleinigkeiten lassen sich humorvoll deuten oder umdeuten, hervorheben oder übertreiben. Über ein Missgeschick kann man gemeinsam lachen, statt es als Ärgernis wahrzunehmen. Humor, der ankommt, verbindet. Vielleicht haben Sie bisher noch nicht die Chancen gesehen, die im Humor stecken, oder Sie scheuen sich ein wenig, Ihren Humor auch beruflich zu nutzen. Jeder Mensch hat Humor. Vertrauen Sie darauf – und trauen Sie sich!

Selbstachtsamkeit

Stellen Sie sich vor, Sie hätten für Ihre aktuellen beruflichen Aufgaben doppelt so viel Arbeitszeit zur Verfügung wie bisher. Anfangs wäre es ein willkommener Luxus für Klienten und Kollegen, dass Sie jeder Aufgabe und jedem Klienten sehr viel mehr Zeit widmen könnten. Wahrscheinlich würde kein Leerlauf entstehen, es wäre immer genug sinnvolle Arbeit zu tun. Und nach einiger Zeit hätten sich alle an diesen neuen Versorgungsstandard gewöhnt.

Fachkräfte der Gemeindepsychiatrie sind in einem Umfeld tätig, wo die Nachfrage immer größer ist als die zur Verfügung stehenden Ressourcen. Deshalb ist es wichtig, damit achtsam umzugehen. Die Ressourcen sind nämlich wir selbst.

Bedarfs- und Auftragsklärung zuerst

Am meisten Arbeitsenergie geht unnötig verloren, wenn wir ungefragt oder sogar ungewünscht helfend tätig werden. Das passiert leicht, weil wir aufgrund unserer Erfahrung mit kranken Menschen ziemlich schnell erkennen, welche Unterstützung erforderlich ist. Dieser Wissensvorsprung verführt allzu oft zu professioneller Ungeduld. Wir versuchen dann mit Zeit und Energie, Klienten dazu zu bringen, sich in unserem Sinne helfen zu lassen. Manche finden es gut, wenn wir für sie Dinge erledigen, die sie auch selbst tun könnten. Andere leisten Widerstand: Das Tauziehen beginnt.

Es sind Stärken, wenn eine Fachkraft den Hilfebedarf schnell erkennen kann und bereit ist, mit Engagement Unterstützung zu leisten. Aber die Hilfe muss auch »ankommen«, sonst ist der Arbeitseinsatz wenig effektiv. Hilfe gelingt zielgerichteter, wenn wir erst eine sorgfältige Bedarfs- und Auftragsklärung durchführen: Welche Hilfebedarfe hat er oder sie aktuell? Was erwarten Klienten, das wir für sie tun sollen? Und was davon sind wir bereit zu tun?

»Klärung« heißt immer wieder auch: verhandeln. Wir müssen unsere vermutlich umfassendere Problemsicht nicht verschweigen und auch nicht jeden Klientenwunsch erfüllen. Solange wir uns aber nur auf gemeinsam verabredete Unterstützungsbedarfe konzentrieren, gelingt die Hilfe leichter und belastet nicht die Zusammenarbeit.

Meistens ist es nicht ganz so einfach. Manche Klienten können nicht genau beschreiben, welche Hilfe sie im Einzelnen brauchen. Oder sie lehnen Unterstützung ab, aber wir müssen trotzdem für sie tätig werden, um Gefahren abzuwenden. In diesem Fall macht die Auftragsklärung allen Beteiligten deutlich, dass wir im Auftrag einer anderen Person oder Institution handeln. Gerade in der Zusammenarbeit mit Menschen, die uns mit ihrem Verhalten herausfordern, macht eine sorgfältige Problem- und Auftragsklärung Sinn. Wir vermindern möglichen Widerstand, machen den Klienten ihre Wahlmöglichkeiten zugänglich und haben größere Chancen, ein gutes Arbeitsbündnis zu entwickeln (vgl. »Der Runde Tisch«).

Eigene Grenzen beachten

Gewalt ist nicht das größte Problem in der Zusammenarbeit mit Menschen, die herausforderndes Verhalten zeigen. Fachkräfte haben feine Antennen für gegen sie gerichtete Aggression, und es ist keine Schande, in gefährlichen Situationen kollegiale Hilfe anzufordern. Schwieriger ist es, wenn die eigenen Grenzen unbemerkt überschritten werden.

In der Gemeindepsychiatrie tätige Fachkräfte sind oft über viele Jahre für chronisch kranke Menschen die wichtigsten Bezugspersonen. Teilweise ersetzen sie die Position, die sonst Geschwister oder Eltern, Freund oder Partner einnehmen. So wie es Klienten gibt, die grenzenlos Zuwendung fordern, gibt es auch Fachkräfte, die bereit sind, grenzenlos zu geben. Allzu verführerisch ist das Gefühl, den Klienten zu verstehen wie kein anderer, gebraucht zu werden oder aus Sicht eines Klienten unersetzlich zu sein. Auch Psychotherapeuten gehen enge persönliche Beziehungen zu ihren Klienten ein, aber sie haben die Distanz begrenzter Termine, mit Wartezimmer und Praxisraum. In der Gemeindepsychiatrie begleiten die Fachkräfte ihre Klienten meist mehrmals in der Woche und in allen Lebenssituationen. Fachkräfte, die schon als Kind lernen mussten, für ein Familienmitglied viel Verantwortung zu tragen, sind besonders gefährdet, die Grenzen ihrer Belastbarkeit zu überschreiten.

Kein Mensch kann seine eigenen blinden Flecke erkennen. Daher ist gegenseitige kollegiale Unterstützung wichtig. In der Zusammenarbeit mit chronisch kranken Menschen sollte man nicht als »Einzelkämpfer« tätig werden, sondern »im Tandem«, also mit zwei Bezugsbetreuern, die sich abwechseln und untereinander austauschen. Teambesprechungen und Supervisionen, kollegiale Fürsorge untereinander und eine wertschätzende Teamkultur sind weitere wichtige Hilfen.

Wertschätzende Teamkultur

Einen großen, wenn nicht den größten Teil unseres wachen Lebens verbringen wir am Arbeitsplatz. Er ist sozusagen der Teich, in dem wir schwimmen. Deshalb spielt es eine große Rolle, wie die Wasserqualität in diesem Teich beschaffen ist und dass wir ihn nicht vergiften.

Jede Einrichtung und jedes Team entwickelt eine eigene Betriebskultur. Sie ist nie statisch, meistens aber auch nicht leicht zu verändern. Die Kultur in einem Team hängt von der bisherigen Tradition ab, von der aktuellen personellen Zusammensetzung und ganz besonders von der jeweiligen Leitung. Leitungskräfte haben auf allen Ebenen Einfluss darauf, wie motiviert und langfristig gesund die Mitarbeiterinnen sind. Sie können am ehesten für vorbeugende Maßnahmen sorgen, um Belastungsphänomene wie Rückenleiden, depressive Störungen oder Mobbing gering zu halten. Am wichtigsten ist ihr Vorbild im Umgang mit konflikthaften Situationen, etwa mit dem Betriebsrat oder mit »schwierigen« Mitarbeitern.

Organisationen sind lebendige Systeme. Vorgegebene Regeln funktionieren nur, soweit sie auch gelebt werden. Genauso wichtig sind die informellen Regeln im Umgang miteinander, die für jedes Team typische Umgangskultur. Wertschätzung untereinander lässt sich nicht verordnen, sie ist eine fortwährende Leistung jedes Teammitglieds. Sie muss allen oder zumindest den Meinungsführern in einem Team wichtig sein und vorgelebt werden. Stellen Sie sich Ihre Position als Teil in einem Mobile vor: Jede Bewegung von Ihnen hat automatisch Einfluss auf alle anderen Positionen.

Was Sie tun können:
- Seien Sie Ihren Kolleginnen und Kollegen gegenüber großzügig mit Freundlichkeit, Wertschätzung und Anteilnahme. Nicht alle, aber viele werden das erwidern. Das erleichtert auch Ihnen Ihren Arbeitsalltag.
- Seien sie hilfsbereit bei schwächeren Kolleginnen und Kollegen, ohne sich ausnutzen zu lassen, und seien Sie fürsorglich. Sprechen Sie Kollegen an, wenn Sie merken, dass sie stark belastet sind oder sich zu viel zumuten.

Es ist leicht, attraktive und liebenswürdige Menschen mit Wertschätzung zu behandeln. Zu einer wertschätzenden Teamkultur gehört die Kunst, auch jene nicht ins Abseits geraten zu lassen, die »schwirig« sind. Es helfen die gleichen Methoden wie im Umgang mit »schwierigen« Klienten: störende Emotionen bei sich wahrnehmen und wenn möglich verändern, eine empathische und wertschätzende Beziehung herstellen – und Humor!

Geduld und Zuversicht, die Basis der Rehabilitation

Fachleute der Gemeindepsychiatrie begleiten vorwiegend chronisch kranke Menschen. Dadurch entstehen lange dauernde Beziehungen mit häufigen und regelmäßigen Kontakten, wie man sie sonst nur zu engen Familienmitgliedern oder guten Freunden pflegt. Hinzu kommen sich ergänzende, komplementäre Positionen in der Beziehung. Pflegekräfte, Sozialarbeiter oder Pädagogen haben sich oft für ihren Beruf entschieden, weil sie schon als Kind gelernt haben, für einen anderen Menschen besondere Verantwortung zu übernehmen, meistens für ein Geschwisterkind oder einen Elternteil. Soziale Sorge und Verantwortung ist für sie weniger Last als Berufung. Menschen mit herausforderndem Verhalten können davon profitieren.

Bei chronisch seelisch kranken Menschen sind die akuten Krankheitsbeschwerden wie Wahn, Angst oder depressive Verstimmung nicht das Hauptproblem. Es sind vielmehr die Auswirkungen der Erkrankung auf ihre beruflichen, sozialen und lebenspraktischen Fähigkeiten, die das Leiden chronisch und zu einer Behinderung machen. Die meisten chronisch kranken Menschen können keinen Beruf auf dem allgemeinen Arbeitsmarkt mehr ausüben. Es fällt ihnen meistens schwer, enge und stabile Freundschaften oder eine Partnerschaft zu pflegen.

In akuten Krankheitszeiten ist es ein sinnvoller Selbstschutz, alle Kräfte auf die Krankheitsbewältigung zu konzentrieren. Zu viele oder enge Kontakte oder Arbeiten über längere Zeit sind dann eine Überforderung. Im langfristigen Verlauf geht es aber darum, Fähigkeiten und Interessen wieder neu zu entwickeln. Bei diesem Recoveryprozess ist eine Vertrauensbeziehung zu einer Fachkraft, die langfristig ermutigt und begleitet, eine enorme Unterstützung. Geduld zu haben und Zuversicht zu vermitteln sind wichtige Hilfen in diesem Rehabilitationsprozess. Fachkräfte der Gemeindepsychiatrie haben dafür die besten Voraussetzungen.

Geduld

Menschen, die unter einer chronischen seelischen Erkrankung leiden, brauchen in der Regel Jahre, bis die Krankheit Teil der Selbstwahrnehmung wird, Erwartungen an das Leben neu ausgerichtet und vorhandene Fähigkeiten und Stärken wieder optimal genutzt werden können. »Fehlende Krankheitseinsicht« und »unzureichende Compliance« sind zunächst normale Reaktionen, mit denen Menschen auf den Einbruch der Krankheit in ihr Ich-Bewusstsein reagieren. Einige verhalten sich dabei lauter, unangepasster, zerstörerischer als andere. Menschen mit herausforderndem Verhalten machen den Fachkräften auf unterschiedliche Weise das Leben schwer. Es gibt daher keinen einheitlichen Lösungsweg, sondern nur individuelle

Wege der Unterstützung. Sie funktionieren langfristig nur dann, wenn sie einvernehmlich vereinbart werden. Jede Form von Nötigung oder Zwang ruft Widerstand hervor und verzögert diesen Prozess, auch wenn Zwang in lebensbedrohlichen Situationen unumgänglich ist. Die kreative Herausforderung für Fachkräfte in der Zusammenarbeit mit diesen Klienten liegt darin, Formen der Unterstützung zu finden, die gerne angenommen werden.

Von Menschen mit herausforderndem Verhalten können wir lernen, dass der Prozess der Reorganisation eines Lebens mit Krankheit einer eigenen Dynamik folgt, die Geduld erfordert, eine Planung in langen Zeiträumen und kleinen Veränderungsschritten, Gelassenheit bei scheinbaren Rückschritten und Toleranz gegenüber ungewöhnlichen Verhaltensweisen, solange sie nicht gefährlich sind. Zur Geduld gehört auch das So-sein-Lassen, der Respekt vor der Besonderheit. Vermeiden Sie Veränderungsdruck!

Zuversicht

Bei Klienten mit herausforderndem Verhalten wurde über lange Zeit scheinbar alles versucht, um ihre Situation zu verbessern, bislang ohne Erfolg. Belastende, gefährliche Situationen wiederholen sich, in denen man nur reagieren kann, ohne dass eine Stabilisierung abzusehen ist. Kurzum: Man könnte den Mut verlieren, als Fachkraft oder Angehöriger. Das gilt aber auch für die Klienten. Sie haben viel von dem verloren, was früher ihr Leben ausgemacht hat. Finanziell geht es ihnen oft schlecht, sie sind auf eine kleine Rente oder Sozialhilfe angewiesen. Die Menschen, die sie umgeben, können sie zu einem großen Teil nicht verstehen und kritisieren ihr Verhalten. Versuche, beruflich wieder Tritt zu fassen, gelingen nicht. Lebensmut und Selbstvertrauen sind zutiefst erschüttert.

Es ist für Klienten wie Fachkräfte eine Gefahr, sich an Chronizität zu gewöhnen, an die immer gleichen Abläufe, die scheinbare Unveränderlichkeit der Situation. Die

Erfahrung zeigt aber, dass auch sehr schwere seelische Erkrankungen sich im Lauf der Jahre bessern, vor allem mit gezielter Unterstützung. Es sind Prozesse der Neuorganisation, der Selbstbefähigung und des Lernens, um sich auf veränderte Lebensumstände einzustellen und neue Perspektiven zu entwickeln.

Das Schmerzhafte der Erkrankung soll hier nicht beschönigt werden. Seelische Störungen sind häufig aber auch mit positiven Erfahrungen verbunden, etwa mit einem intensiven nicht alltäglichen Erleben während einer akuten Psychose, das viele davon Betroffene nicht missen wollen, oder mit einer ungewöhnlichen Sensibilität. Ein achtsamer Umgang mit der eigenen Verletzlichkeit kann zu einer wohltuenden Entschleunigung des Alltags und zu mehr Aufmerksamkeit für die wichtigen Dinge im Leben führen, zu einer besonderen Lebensqualität trotz psychischem Anderssein.

Aus fachlicher Sicht geht es um einen langfristig angelegten Prozess der Rehabilitation, des geduldigen Erprobens und Trainierens neuer beruflicher, sozialer und alltagspraktischer Tätigkeiten, balancierend zwischen Unter- und Überforderung. Selbstbewusstsein gewinnt man am besten durch Erfolgserlebnisse zurück. Rehabilitation gelingt daher am besten in kleinen Schritten und durch Konzentration auf neue Aufgaben, die so angelegt sind, dass sie wahrscheinlich auch gelingen werden. Genauso wichtig wie die praktische Unterstützung ist dabei eine Grundhaltung von Zuversicht und Ermutigung. Sie können sicher sein: Ihre Klienten spüren, ob Sie auf eine Besserung vertrauen.

Wie lässt sich Zuversicht kultivieren? Fachlich ist es die Gewissheit, dass herausforderndes Verhalten im Laufe der Zeit nachlässt. Es ist keine Eigenschaft, sondern Teil der Interaktion mit anderen Menschen und lässt sich verändern. Wir können Recovery unterstützen, aber auch auf die dabei wirkenden Selbstheilungskräfte vertrauen. Ermutigende Beispiele wie die Berichte in diesem Buch können helfen, auch in schwierigen Situationen zuversichtlich zu bleiben. Viele Menschen finden in ihrem Glauben Kraft und Zuversicht. Und nicht zuletzt sollten wir auf unsere eigenen Grenzen achten und eine Teamkultur gegenseitiger Wertschätzung pflegen (vgl. das Kapitel »Selbstachtsamkeit«).

Biografiearbeit

Schwere seelische Erkrankungen bringen das Leben völlig durcheinander. Sie verändern nicht nur die berufliche und private Lebensplanung, sondern belasten auch die Beziehungen zu vertrauten Mitmenschen, besonders zu Eltern und Geschwistern. Zerrüttete Verhältnisse und Beziehungsabbrüche sind nicht selten. Das Leben mit der Krankheit kann so in den Vordergrund rücken, dass das Leben davor weitgehend in Vergessenheit gerät. Dabei sind Kindheit und Jugend unsere Wurzeln, der Ursprung unserer Persönlichkeitsentwicklung.

Biografiearbeit gehört zum zentralen Handwerkszeug der Zusammenarbeit mit chronisch seelisch kranken Menschen. Soweit Kontakte zu Angehörigen möglich sind, sollten sie in die Zusammenarbeit einbezogen werden, auch im biografischen Austausch. Eltern und Geschwister haben ihre eigene Geschichte. Zu guter Gemeindepsychiatrie gehört ein respektvoller Austausch der drei Perspektiven von Klienten, Angehörigen und Fachkräften. Der Trialog ist geeignet, eine Beziehung auf Augenhöhe zu entwickeln und sich auf gemeinsame Ziele zu verständigen (vgl. »Der Runde Tisch«).

In den hier gesammelten Berichten spielt die Krankheit bei einigen Angehörigen noch eine große Rolle, während bei den meisten Klienten die Organisation des Alltags wie bei psychisch gesunden Menschen im Mittelpunkt steht. Ein Handicap wirkt nur so lange als Behinderung, wie einzelne Funktionen oder die Interaktionen mit anderen Menschen eingeschränkt sind. Es kommt also darauf an, die Interaktionen mit der Umwelt so zu gestalten, dass sie so ungehindert wie möglich gelingen.

Wenn ein Mensch einen Arm verliert, bedeutete Rehabilitation, das Leben so zu organisieren, dass die Einarmigkeit im Alltag kaum noch als Einschränkung erlebt wird. Bei schweren seelischen Störungen ist dieser Prozess komplexer und dauert länger. Anders als bei fehlenden Gliedmaßen ist nichts verloren gegangen. Vielmehr hat sich das Ich-Bewusstsein in Teilbereichen verändert. Die Vorstellungen von sich selbst und der Welt müssen deshalb an diese Veränderungen so angepasst werden, dass sie wieder ganzheitlich und in sich stimmig erlebt und erzählt werden können. Das gelingt am besten im regelmäßigen Gespräch mit einer vertrauten Fachkraft, die langfristig begleiten und Zuversicht vermitteln kann.

Biografiearbeit ist keine Psychotherapie im üblichen Sinn, nämlich seelische Beschwerden in vereinbarten Zeiteinheiten und mit gezielten Techniken zu lindern. Es geht eher um einen Gesprächsprozess im Rahmen einer umfassenden Alltagsbegleitung, wie sie nur in der Gemeindepsychiatrie üblich und möglich ist. Biografiearbeit schafft eine Erzählkultur, die zur Weiterentwicklung der Selbstwahrnehmung, der Lebensgeschichte und Lebensplanung einlädt. Sie schafft eine Atmosphäre der Salutogenese, der Orientierung an dem, was gelingt. Und sie geht über das Sprechen hinaus, indem sich neue Ideen und Möglichkeiten aus der Alltagsbegleitung ergeben und im Alltag erprobt werden können. Dabei gibt es mehrere Ebenen:

Beziehungsebene Jedem Menschen tut es gut, wenn andere sich für sein Leben interessieren, nachfragen und Anteil nehmen. Menschen mit herausforderndem Verhalten erleben diese Art der Wertschätzung ihrer Person eher selten. Gespräche über den bisherigen Lebensweg können dazu beitragen, zu einer vertrauensvollen Zusammenarbeit zu finden.

Wahrnehmungsebene Im Gespräch mit Klienten über ihr Leben erweitert sich der Blick zu einer ganzheitlichen Wahrnehmung der Persönlichkeit, über die aktuelle Situation und Krankheitsfolgen hinaus. Nach und nach entstehen mehr Nähe und Verständnis. Erzählungen der Lebensgeschichte laden dazu ein, eigene ähnliche Erlebnisse oder Interessen zu erwähnen und sich so mehr auf Augenhöhe zu begegnen, sich gegenseitig gleichberechtigt wahrzunehmen.

Narrative Ebene Wie alle unsere Bewusstseinsinhalte sind auch Lebenserinnerungen nicht statisch, sondern werden mit jedem Erzählen emotional und kognitiv ein wenig weiterentwickelt. Auf diese Weise kann beispielsweise die Zeit vor der Erkrankung und die Folgezeit wieder zu einer zusammengehörigen Lebensgeschichte integriert werden. Erklärungen für das Krankheitsgeschehen entstehen im Gespräch darüber oder es gelingt eine Distanzierung zu traumatischen Ereignissen. Biografiearbeit hilft, Worte zu finden für das, was einem widerfahren ist.

Ressourcenebene Unsere Vergangenheit ist ein großer Schatz, der mit zunehmender Lebenserfahrung wächst. Im gemeinsamen biografischen Rückblick lassen sich Stärken entdecken, die für die weitere Lebensplanung genutzt werden können. Professionelle Unterstützung kann auch darin bestehen, konkrete Erfahrungen dazu möglich zu machen: Ein altes Hobby oder eine frühere Berufserfahrung erneut erproben, gemeinsam zu wichtigen früheren Orten fahren, bei unterbrochenen Beziehungen Unterstützung geben, den Kontakt wiederherzustellen oder dabei helfen, belastete Beziehungen wieder positiv zu beleben.

Der Runde Tisch: Hilfeplanung und Clearingverfahren

Wir sind in unseren sozialen Beziehungen vielfältigen, teils widersprüchlichen Einflüssen ausgesetzt. Jeder kennt das von Jugendlichen in der Pubertät: Darf die Tochter in der Wohnung rauchen, wie Papa erlaubt hat, oder gilt Mamas Verbot? Solange die Eltern sich nicht einigen, bestehen wechselnde Regeln, je nachdem, wer gerade anwesend ist. Solche Widersprüche sind normalerweise kein größeres Problem. Im Umfeld von seelisch kranken Menschen, bei denen bisher keine gute Unterstützung gelungen ist, lohnt sich dagegen die Abstimmung untereinander.

In der Psychiatrie sind unterschiedliche, zum Teil unvereinbar gegensätzliche Vorstellungen an der Tagesordnung. Je schwieriger ein psychiatrisches Problem, umso mehr gehen die Meinungen über das richtige Vorgehen schon zwischen den Fachleuten auseinander, je nach ihrem persönlichen, beruflichen oder institutionellen Hintergrund. Die von seelischer Erkrankung Betroffenen erleben das, was mit ihnen geschieht, aus einer anderen Perspektive mit dem Effekt, dass sie zum Teil völlig andere Forderungen haben, was für sie das Beste ist. Angehörige wiederum, je nach ihrer Position zum Klienten, sind in vielerlei Hinsicht mitbetroffen – mit entsprechenden Vorstellungen, wie eine fachgerechte Hilfe auszusehen hat. Es wäre falsch, die unterschiedlichen Vorstellungen von angemessenem psychiatrischem Handeln nicht zu beachten oder so zu tun, als sei eine der anderen überlegen. Vielmehr sind die Sichtweisen der Fachleute, Angehörigen und Psychiatrieerfahrenen sich ergänzende Perspektiven von ein und derselben komplexen Wirklichkeit.

Menschen mit herausfordernden Verhaltensweisen polarisieren die Menschen in ihrem Umfeld häufig besonders stark. Was ist das richtige Vorgehen? Das fragen sich nicht nur die Angehörigen, sondern auch die vielen Fachkräfte und Fachdienste, die für den Klienten zuständig sind: gesetzlicher Betreuer, Fachkräfte des Betreuten Wohnens, der Pflege, der Einrichtung für Arbeit oder Tagesstruktur sowie die behandelnden Ärzte und Psychotherapeutinnen. Durch unterschiedliche Auftraggeber und Finanzierungssysteme sind sie nicht selten zwar für denselben Klienten tätig, stimmen sich aber kaum untereinander ab.

Der erste Runde Tisch entstand in Polen, als die oppositionelle Gewerkschaftsbewegung Solidarnósc so mächtig geworden war, dass ihre gewaltsame Unterdrückung oder der Einmarsch der Russen drohte. Im gemeinsamen nationalen Interesse, ansonsten aber als Kontrahenten, trafen sich Vertreter der Regierung und der Gewerkschaft zu Verhandlungen. In der Folgezeit bewährte sich der Runde Tisch in den unblutigen Revolutionen der anderen ehemaligen Ostblockländer, einen Konsens zwischen unterschiedlichen Meinungen und Interessen zu finden.

Für jedes psychiatrische Problem gibt es immer verschiedene mögliche Vorgehensweisen. Es kommt darauf an, die jeweils passende, d.h. von den beteiligten Personen annehmbare Vorgehensweise zu finden. Die Lösung für herausfordernde psychiatrische Problemstellungen liegt im System der beteiligten Personen. Die Probleme, die diese Klienten so schwierig machen, sind in der Regel mit einem Mangel an Kooperation verbunden. Der Runde Tisch in der Psychiatrie fördert die Kooperation der Klienten, aber auch die der übrigen Teilnehmer. Fast immer entsteht eine konstruktive, lösungsorientierte Eigendynamik, bei der die Suche nach Verbesserungschancen im Vordergrund steht.

Die Methode »Runder Tisch« legt die Basis für ein personenbezogenes Netzwerk der Zusammenarbeit, bei dem der psychisch kranke Mensch im Mittelpunkt steht. Jeder Mensch ist in seinen sozialen Beziehungen unterschiedlichen Einflüssen ausgesetzt, die man sich wie einwirkende Kraftpfeile vorstellen kann, Vektoren, die einen in unterschiedliche Richtungen ziehen. Die Einflüsse im Umfeld eines psychisch kranken Menschen wirken oft gegensätzlich. Dadurch passiert es nicht selten, dass die Bemühungen einer Person oder Institution von einer anderen in ihrem Einfluss gemindert werden. Durch die vom Runden Tisch ausgehende Zusammenarbeit besteht die Chance, dass aus unterschiedlichen Vektoren – wie in der Physik im Parallelogramm der Kräfte – eine gemeinsame Kraftlinie wird, im besten Fall also alle an einem Strang ziehen.

Der Runde Tisch fokussiert die Aufmerksamkeit auf eine Person mit dem Ziel, deren Wahrnehmung von einer eher resignativ-ablehnenden zu einer zuversichtlich-annehmenden Haltung zu verändern. Je mehr Menschen im Umfeld des Psychiatrieerfahrenen zu dieser Haltung finden, desto mehr entsteht auch ein gemeinsames emotionales Kraftfeld, eine etwas veränderte Wahrnehmung und Selbstwahrnehmung, die oft auch zu einem veränderten Verhalten führt: Das irritierende Verhalten lässt allmählich nach, Akzeptanz und Inklusion nehmen zu.

Der Runde Tisch ist eine Konferenz aller wichtigen Bezugspersonen zusammen mit einem Klienten mit herausforderndem Verhalten. Sie dient der individuellen Hilfeplanung und hat sich besonders dann bewährt, wenn bisherige Hilfeversuche unzureichend geblieben sind: als ein Clearingverfahren zur Klärung von Auftrag und Zuständigkeiten. Sie verläuft in vier Arbeitsschritten:

Einladung an Klient, Angehörige und zuständige Fachleute

Die Einladung zum Runden Tisch sollte eine Person oder Institution übernehmen, die von den einzuladenden Personen als unparteiische Autorität wahrgenommen wird. Je nach Region kommen z. B. Psychiatriekoordinator, Sozialpsychiatrischer Dienst, Sprecher des Gemeindepsychiatrischen Verbundes oder ein Vertreter des Krankenhauses infrage. Eine langfristige Terminplanung erhöht die Chance, dass alle wichtigen Personen teilnehmen können: Klient, gesetzlicher Betreuer, Angehörige, Vertreter aller aktuell zuständigen Fachdienste. Wenn nicht nur die Hilfeplanung zwischen den aktuell beteiligten Kräften abgestimmt werden soll, sondern die Hilfe grundsätzlich neu zu klären ist, sind alle dafür infrage kommenden Dienste wichtig.

Zur Vorbereitung der Konferenz gehört nicht nur die Mitteilung von Termin und Ort, sondern auch der Dauer (Empfehlung: 90 Minuten), Einholen der Schweigepflichtsentbindung, eventueller Versand von Unterlagen zur Vorgeschichte und Klärung, wer die Ergebnisse protokolliert.

Gesprächsmoderation: Trialog unterschiedlicher Sichtweisen

Besondere Qualität gelingt in der Psychiatrie immer dann, wenn die Vorstellungen der Betroffenen, ihrer Angehörigen und der zuständigen Fachkräfte gleichermaßen berücksichtigt werden. Dazu müssen Hemmnisse überwunden werden: Grenzen zwischen Hierarchien und Berufsgruppen, Konkurrenzbarrieren zwischen verschiedenen Einrichtungen und Diensten und manchmal auch Vorbehalte, wenn Psychiatrieerfahrene und Angehörige als Experten aus Erfahrung mitreden. Ihr Beitrag ist aber nicht nur inhaltlich wichtig, etwa indem deutlich wird, welche Lösungswege sie mitgehen und welche nicht. Durch ihre Anwesenheit entsteht eine andere Gesprächsatmosphäre als ohne sie, selbst wenn ein Klient sich krankheitsbedingt kaum am Gespräch beteiligen kann.

Am Runden Tisch wird ausgesprochen, was ohnehin zwischen den Beteiligten besteht: unterschiedliche Meinungen. Das gelingt nur bei einer wertschätzenden Gesprächsmoderation. Sie stellt einen Austausch auf Augenhöhe her und verschafft neben den Wortführern auch den übrigen Teilnehmern Gehör.

Klärung der Probleme und Lösungswege

Die Suche nach gemeinsamen Vorstellungen konzentriert sich in den meisten Fällen auf drei Themen, die den inhaltlichen Ablauf der Konferenz bestimmen:

- Was ist überhaupt das Problem, sind die Hilfebedarfe – und was nicht?
- Was hat sich in der Vergangenheit positiv, was negativ ausgewirkt?
- Was ist ein realistisches Fernziel und wie sehen die nächsten Schritte dahin aus?

Weil es bei Klienten mit herausforderndem Verhalten noch nicht gelungen ist, eine ausreichende Hilfe zu organisieren, gibt es immer eine Vorgeschichte unzureichender Hilfeversuche. Es lohnt sich herauszufinden, warum etwas nicht gelungen ist, aber ebenso, was kurzfristig erfolgreich war.

Schon während unterschiedliche Meinungen ausgetauscht werden, passiert etwas Wichtiges. Zunächst erweitert sich die Wahrnehmung der vermuteten Probleme, je mehr Sichtweisen das Gesamtbild vervollständigen. Gleichzeitig verändert sich die Wahrnehmung der Beteiligten untereinander. Solange man nicht an einem Tisch sitzt, lassen sich Vorurteile besser pflegen: Der Klient wäre weniger schwierig, wenn sich die Mutter nicht so verhalten würde, die Wohnheimmitarbeiter kompetenter wären, der Betreuer seine Pflicht täte. Solche Vorbehalte treten in den Hintergrund, wenn die gesprächsmoderierende Person alle einbezieht und Konflikte ausgetragen werden, ohne dass jemand sein Gesicht verliert.

Oft bemühen sich professionelle Helfer, etwas zu erreichen, was der Klient weder will noch als sein Problem sieht, zum Beispiel eine Verbesserung der Körperhygiene, Tagesstruktur oder Alkoholabstinenz. Kompromissbildungen und eine Einigung auf eine gemeinsame Beschreibung des Hilfebedarfs führen vielfach zu einer Reduzierung der zu lösenden Probleme und Entlastung der Beteiligten.

Vereinbarungen

Ein Runder Tisch bietet die Möglichkeit, Vereinbarungen zwischen allen Beteiligten für das weitere Vorgehen zu treffen. Deshalb sollte ein Protokoll geschrieben und an alle Teilnehmer verschickt werden. In der Regel wird darin beschrieben, welche Vereinbarungen gelungen sind: Wer macht was? Weil die Probleme des herausfordernden Verhaltens sich auch in Zukunft zeigen werden, sollten dafür vorsorglich Regelungen getroffen werden, zum Beispiel in welchen Situationen eine Krankenhauseinweisung erforderlich ist. Wenn ein Klinikvertreter beteiligt ist, lassen sich »unnötige Einweisungen« aus Sicht des Krankenhauses und »vorzeitige Entlassungen« aus Sicht der Gemeindepsychiatrie verringern. Für den Klienten und seine Angehörigen entsteht mehr Transparenz, wer was unter welchen Umständen tut, und damit auch mehr Handlungssicherheit.

Gründung eines Konsultationsverbunds

Seit 2004 gibt es am Niederrhein, wo die in diesem Buch vorgestellten Menschen leben, einen Verbund von fünf Trägern der Gemeindepsychiatrie, die sich in ihrer Zusammenarbeit mit Klienten mit herausforderndem Verhalten gegenseitig unterstützen. Dazu finden reihum Beratungstreffen statt, die sogenannten Konsultationen. Es gibt zehn Treffen pro Jahr, bei jedem Träger also zweimal. An den Konsultationen nehmen Klienten, Angehörige und alle wichtigen zuständigen Fachkräfte teil. Ihre besondere Qualität entfalten die Konsultationen jedoch, weil die jeweils vier anderen Träger ein bis zwei leitende Mitarbeiter oder besonders erfahrene Fachkräfte entsenden, die als »Konsulenten« an der Besprechung teilnehmen.

Fast immer sind ähnliche Problemstellungen auch in den eigenen Einrichtungen und Diensten der Konsulenten bekannt. Dadurch können unterschiedliche Erfahrungen und Herangehensweisen bei einem bestimmten Problem aus Sicht verschiedener Betreuungskulturen diskutiert werden. Da die Konsulenten sich vorher nicht abstimmen, führt die Suche in unterschiedliche, zum Teil auch gegensätzliche Richtungen. Erst in der Resonanz mit den am Problem Beteiligten wird deutlich, welche davon Erfolg versprechend ist. Fast immer entsteht eine Atmosphäre besonderen Engagements, verbunden mit einem gewissen Erfolgsdruck. Nicht unerheblich ist auch die Kollegialität der Konsulenten. Fachkräfte akzeptieren häufig leichter einen Rat von Fachkollegen, die die gleiche Arbeit in einer anderen Einrichtung leisten, als von einem Supervisor. Und anders als für einen Supervisor ist die Rolle der Konsulenten einfacher, weil sich die Erwartungen auf fachliche Unterstützung nicht an eine einzelne Person richten, sondern an eine Gruppe.

Eine eigene Auswertung von 63 Konsultationen ergab, dass 68 % der vorgestellten Klienten männlich waren. Es erstaunt auch nicht, dass die meisten Klienten sich auf die Altersgruppen unter 50 Jahre verteilten, da die meisten psychischen Störungen ab dem 50. Lebensjahr an Dynamik verlieren. Die Ergebnisse zeigten, dass »emotionale Erregung/Gespanntheit« sowie »belastendes, sozial störendes Verhalten« von den Fachkräften als größte Probleme erlebt wurden. Weitere schwerwiegende Probleme waren »Gereiztheit/Aggressivität« und »Angst/Zurückgezogenheit«. Die Ansicht, Selbst- oder Fremdgefährdung seien die größten Probleme in der Zusammenarbeit mit Menschen mit herausforderndem Verhalten, wird durch diese Daten nicht bestätigt. Im Vergleich zur Situation vor der Konsultation ergaben Folgebefragungen nach zwei bis vier Wochen und nach einem Jahr eine deutliche Verbesserung bei allen erfragten Problembereichen. Der Erfolg nach einem Jahr entsprach weitgehend der Verbesserung nach zwei bis vier Wochen. Das zeigt, dass Konsultationen nicht nur zu einer kurzfristigen Entlastung führen, sondern einen langfristig positiven Effekt haben.

Die Problemstellungen waren von Fall zu Fall anders, aber manche Muster wiederholten sich. Häufig bemühten sich Betreuungskräfte über lange Zeit und mit großem Engagement um eine Verhaltensänderung ihrer Klienten, ohne dass diese eintrat. Kleine Fluktuationen im Verhalten ließen immer wieder auf einen Fortschritt hoffen, aber der gewünschte Erfolg blieb aus. Das führte teilweise zu einem Gefühl von Frustration, Ärger oder Hilflosigkeit. Die Konsulenten kamen oftmals zu der Einschätzung, dass eine wesentliche Änderung aktuell gar nicht erwartet werden kann, und rieten zu mehr Gelassenheit.

Aussichtslose Veränderungskämpfe können langfristig die Beziehung zwischen Klient und Mitarbeiter oder auch einem ganzen Team zerrütten. Teilweise wurde erst durch die Konsultation deutlich, wie belastet einzelne Mitarbeiter oder das Team in der Zusammenarbeit mit einem bestimmten Klienten waren. Ein Wechsel der Zuständigkeit war daher eine häufige und entlastende Folge der Konsultation.

Schritte zum Aufbau eines Konsultationsverbundes

Start Konsultation ist eine kollegiale Beratung durch mehrere Konsulenten mit dem Ziel, die Zusammenarbeit mit Klienten mit herausforderndem Verhalten zu verbessern. Sie findet im Rahmen einer Konferenz von Klientin bzw. Klient und allen wichtigen beteiligten Personen statt. Dazu gründen drei bis fünf Träger der Gemeindepsychiatrie einen Konsultationsverbund. Nur in einem festen Konsultationsverbund entsteht genug Vertrauen für erfolgreiche Konsultationen.

Konsulenten benennen Jeder Träger des Konsultationsverbundes benennt zwei seiner Mitarbeiter als Konsulenten, die für Konsultationen bei anderen Trägern des Verbundes zur Verfügung stehen. Empfohlen werden leitende oder fachlich besonders erfahrene Kolleginnen. Die Konsulenten eines Trägers vertreten sich gegenseitig oder nehmen beide an den Konsultationen teil. Sie sollten über ähnliche Expertise und fachliche Erfahrung wie die der anderen Träger verfügen. Ein Konsultationsverbund gelingt langfristig nur bei gleichwertigem Geben und Nehmen.

Terminplanung Konsultationen finden reihum in den Einrichtungen des Konsultationsverbundes statt. Empfohlen werden zwei Konsultationen pro Träger und Jahr nach einem zum Ende des Vorjahres abgestimmten Terminplan. Spontantermine gelingen auch bei großer Dringlichkeit kaum. Eine langfristige Terminplanung erhöht die Qualität der Vorbereitung und Teilnahmedisziplin aller Beteiligten. Empfohlen wird eine Dauer der Konsultation von höchstens zwei Stunden.

Unterlagen und Schweigepflicht Der Konsultationsnehmer verschickt vor der Konsultation Unterlagen zur Vorgeschichte, aktuellen Problematik und Fragestellung an die Konsulenten und übrigen Teilnehmer. Er holt Schweigepflichtsentbindungen ein. Während der Besprechung sorgt der Konsultationsnehmer für eine Gesprächsmoderation und ein Protokoll der Ergebnisse.

Teilnehmer Der Konsultationsnehmer sorgt dafür, dass zum Konsultationstermin alle wichtigen Personen anwesend sind:
- die Klientin bzw. der Klient,
- gesetzliche Betreuerin oder Betreuer,
- wichtige Angehörige,
- wichtige zuständige Fachkräfte,
- die Konsulenten der anderen Träger.

Die Beteiligung von Klienten und wichtigen Bezugspersonen ermöglicht den Konsulenten eine direkte Rückkopplung, welche Vorschläge Erfolg versprechend sind. Zugleich führt eine so umfassende Expertenkonferenz und die damit verbundene Wertschätzung und Aufmerksamkeit zu positiven Veränderungsprozessen bei allen Beteiligten.

Matthias Rosemann, Michael Konrad (Hg.)
Selbstbestimmtes Wohnen
Mobile Unterstützung bei der Lebensführung
2., vollständig überarbeitete Auflage 2017
ISBN Print 978-3-88414-655-2
Auch als E-Book erhältlich

Wohnung und Hilfen zur Alltagsbewältigung unabhängig voneinander zu gewähren, ist seit der Einführung des Bundesteilhabegesetzes selbstverständlich. Das Handbuch führt in die neuen Rahmenbedingungen des Betreuten Wohnens ein. Die Vorstellung der dazugehörigen fachlichen Instrumente und Methoden der Alltagsbegleitung und der Wohnversorgung ist praxisnah und regt zur Nachahmung an. Nach der Lektüre weiß man, welche Assistenzleistungen soziale Teilhabe ermöglichen und wie sie aussehen sollen – auch aus der Perspektive der Nutzenden. Außerdem gibt es Kapitel zu Vor- und Nachteilen bestimmter Wohnformen, zur Hilfeplanung und zur Mitarbeiterqualifikation.
Mit diesem Buch gelingt mobile Unterstützung bei der Lebensführung von psychisch erkrankten Menschen!

Psychiatrie Verlag

Telefon 0221 167989-0, Fax 0221 167989-20,
E-Mail: verlag@psychiatrie.de,
Internet: www.psychiatrie-verlag.de